Politik und Wirtschaft

Kursthemen für die Sekundarstufe II

Band 3:

GESELLSCHAFT

Soziales Handeln und soziale Ordnung

Herausgegeben von Peter Jöckel und Dirk Lange

Erarbeitet von Peter Jöckel

Cornelsen

Politik und Wirtschaft
Kursthemen für die Sekundarstufe II
Band 3: Gesellschaft – Soziales Handeln und soziale Ordnung

Herausgegeben von Peter Jöckel und Prof. Dr. Dirk Lange

erarbeitet von Peter Jöckel

Redaktion:	Jürgen Schmidt
Umschlaggestaltung:	Rosendahl Grafikdesign
Grafik:	Infotext, Berlin
Layout und technische Umsetzung:	Stephan Hilleckenbach, Berlin

www.cornelsen.de

1. Auflage, 1. Druck 2013

Alle Drucke dieser Auflage sind inhaltlich unverändert und können im Unterricht nebeneinander verwendet werden.

Druck: Mohn Media Mohndruck, Gütersloh

ISBN 978-3-06-065150-4

Inhalt gedruckt auf säurefreiem Papier aus nachhaltiger Forstwirtschaft.

Liebe Lehrerinnen und Lehrer, liebe Schülerinnen und Schüler,

die Bände der Reihe „Kursthemen Politik und Wirtschaft" sind für die gymnasiale Oberstufe konzipiert und bieten umfassende Materialien zur Abiturvorbereitung. Die Bände „Soziologie", „Demokratie" und „Wirtschaft" greifen die grundlegenden Problemstellungen der Bezugswissenschaften des Faches auf. Die Bände „Sozialpolitik", „Globalisierung", „Wirtschaftspolitik" und „Europa" gehen von diesen Grundlagen aus und behandeln zentrale Leitthemen, wie sie auch in den Lehrplänen ihren Niederschlag finden. Die drei erstgenannten Bände eignen sich daher insbesondere für die Einführungsphase der gymnasialen Oberstufe, die vier weiteren für die Qualifikationsphase.

Hilfestellung und Orientierung

In fast allen Bundesländern sind die Schülerinnen und Schüler der gymnasialen Oberstufe aufgrund der Schulzeitverkürzung jünger geworden. Die Bände der Reihe tragen diesem Umstand Rechnung und geben mit verschiedenen Mitteln Hilfestellung und Orientierung. Sie beruhen auf dem Verfahren des kooperativen Lernens. Die Arbeitsanregungen sind differenziert und ermöglichen ein problemorientiertes und urteilsbildendes Vorgehen. Der Aufbau der Bände folgt dem Doppelseitenprinzip. Das zu behandelnde Thema wird auf zwei gegenüberliegenden Seiten abgehandelt. Ist es komplexer, so können auch zwei oder mehr Doppelseiten einem Thema gewidmet sein.

Förderung von selbstständiger Arbeit

Die Themen knüpfen an aktuelle politische, wirtschaftliche und gesellschaftliche Fragestellungen an und ermöglichen es, zum gegenwärtigen politischen Geschehen selbst Stellung zu nehmen. Da jedes Thema in Zeiten raschen sozialen, politischen und ökonomischen Wandels ständig der Aktualisierung bedarf, werden den Schülerinnen und Schülern vielfältige Möglichkeiten zur Weiterarbeit geboten. Hierbei hilft ihnen ein ausführlicher Methodenanhang, den jeder Band enthält. Die Schülerinnen und Schüler werden stets aufgefordert, sich selbstständig mit den Problemstellungen zu befassen und zur Bearbeitung eine passende Methode aus dem Methodenanhang auszuwählen und zu nutzen. Zudem ist in jedem Band eine Methode exemplarisch ausgeführt.

Fachspezifischer Kompetenzerwerb

Die Bände tragen zu einem fachspezifischen Kompetenzerwerb bei. Die gymnasiale Oberstufe soll die Voraussetzungen für ein wissenschaftliches Studium schaffen. Deshalb bieten die Bände der Reihe Materialien, die den Erwerb entsprechender Kompetenzen ermöglichen sollen. Jedem Kapitel ist ein „Kompetenzcheck" zugeordnet, der nach den Anforderungsbereichen (AFB) der Prüfungsanforderungen für das Fach Politik und Wirtschaft bzw. Sozialwissenschaften gegliedert ist. Damit können die Schülerinnen und Schüler überprüfen, ob sie sich anhand des jeweiligen Kapitels sozialwissenschaftliche Kompetenzen erworben haben.

Merkmale der Reihe

Kurz zusammengefasst zeichnen sich die Bände der Reihe „Kursthemen Politik und Wirtschaft" aus durch

- Einüben politischer Urteilsbildung
- Kompetenzorientierung
- Kontroversität
- Problemorientierung
- Methodenorientierung
- Handlungsorientierung

Herausgeber und Verlag

1 Individuum und Identität

2 Soziale Zusammenhänge

3 Was trennt mich vom Anderen? – Soziale Abgrenzungen

4 Soziale Wirklichkeit

5 Wie leben wir zusammen? – Soziale Ordnung

6 Soziale Organisationen und Institutionen

7 Wie ist Gesellschaft? – Gesellschaftstheorien

8 Methoden in den Sozialwissenschaften

1 Individuum und Identität

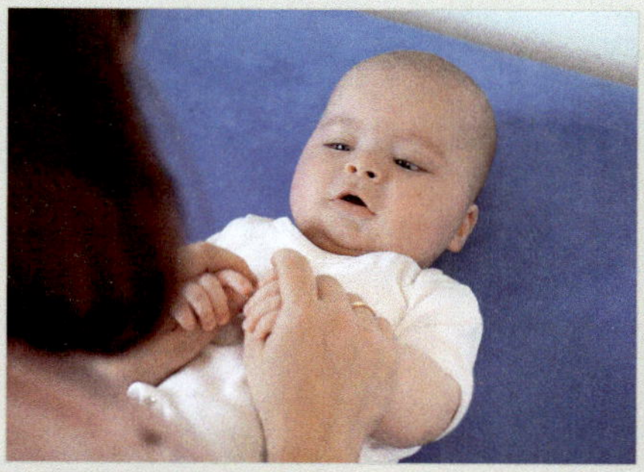

Wer ist „Ich“? Wie werden wir das, was wir sind? Was macht dieses Konzept „Ich“ eigentlich aus? In jüngster Zeit hat die Hirnforschung zur Frage der individuellen Identität einige neue Fragen aufgeworfen. Sie geht von einem engen Zusammenhang zwischen psychischen und physiologischen Prozessen im Gehirn aus. Ihre wichtigste These lautet, dass Erleben, Verhalten und Handeln vom Gehirn und seinen Funktionen ausgingen und davon abhängig seien. Die Soziologie beschäftigt sich wie die Psychologie schon etwas länger mit dem Individuum und stellt dabei auch und vor allem die Frage nach unserer Identität. Dabei geht es um Einflussgrößen, um Bestimmungsmerkmale, aber auch um den Wandel von Identität.

Ich – wer ist das? – Individualität

Wenn wir in den Spiegel sehen, dann glauben wir zu wissen, wen wir sehen: Das sind wir selbst – ob uns das gefällt oder nicht. Aber sind wir das wirklich? Gibt es einen Kern dessen, was uns ausmacht – früher Seele genannt? Oder ist dieses Ich nur eine physische Funktion des Gehirns, letztlich eine Illusion, die verweht, etwa wenn uns die Krankheit Alzheimer trifft, und die erlöscht im Tod?

M1 Wer ist „Ich"?

„Wer ist ‚Ich'?" Um das Recht, diese Frage zu stellen und zu beantworten, streiten sich verschiedene akademische Disziplinen. Allen voran die Psychologie, traditionell aber auch die Philosophie und seit einigen Jahren die Gehirnforschung und sogar die Genforschung. Aber auch die Soziologie hat hierzu Überlegungen angestellt und Begriffe gebildet, die wichtige Aspekte hervorheben, die auch für andere Disziplinen von Bedeutung sind.

„Der Prozess, aus dem heraus sich die Identität entwickelt, ist ein gesellschaftlicher Prozess, der die gegenseitige Beeinflussung der Mitglieder der Gruppe, also das vorherige Bestehen der Gruppe selbst voraussetzt" (Mead).

„Wer ist ‚Ich'?" Im Alltagsverständnis ist dies eine sehr persönliche Frage, die sich gerade auf das Eigene und Innerste eines Menschen als eigenständigem Subjekt richtet, die also gerade nicht von außen oder durch Verweis auf „die Gesellschaft" beantwortet werden kann. Diese Sichtweise ist auch nicht falsch, und sie ist für das Selbstgefühl der bzw. des Einzelnen auch unverzichtbar. Andererseits ist es aber sehr wohl möglich und auch notwendig, soziologische Antworten auf diese Frage zu geben. Dabei sind diese Frage und die soziologischen Antworten darauf ein gutes Beispiel sowohl für das Verhältnis von alltäglichen Erklärungen und Normalitätserfahrungen einerseits und soziologischer Perspektive andererseits als auch für die Perspektivität aller wissenschaftlichen Begriffe und Modelle: Es sind Antworten auf Fragen unter bestimmten Gesichtspunkten, die Aspekte solcher Fragen beleuchten und erklären, aber niemals alle denkbaren Gesichtspunkte abdecken.

Thomas Schwietring: Was ist Gesellschaft? Einführung in soziologische Grundbegriffe, Konstanz und München (UTB) 2011, S. 254

Georg Simmel (1858–1918), deutscher Soziologe und Philosoph

M2 Individuum und Individualität

Georg Simmel hat sich intensiv mit dem Begriff der Individualität befasst; in seiner „Soziologie" beschreibt er den Zusammenhang von Individualisierung und gesellschaftlichem Wandel:

„So kann man sagen: Aus Individuen entsteht die Gesellschaft, aus Gesellschaften entsteht das Individuum. Wenn die fortgeschrittene Kultur den sozialen Kreis, dem wir mit unserer ganzen Persönlichkeit angehören, mehr und mehr erweitert, dafür aber das Individuum in höherem Maße auf sich selbst stellt und es mancher Stützen und Vorteile der eng geschlossenen Gruppe beraubt, so liegt nun in jener Herstellung von Kreisen und Genossenschaften, in denen sich beliebig viele, für den gleichen Zweck interessierte Menschen zusammenfinden können, ein Ausgleich jener Vereinsamung der Persönlichkeit, die aus dem Bruch mit der engen Umschränktheit früherer Zustände hervorgeht" (...).

Für Simmel ist klar, dass Individualisierung als historischer Prozess nicht primär von einzelnen Individuen ausgeht, sondern von einem strukturellen Wandel von Gesellschaften. Je größer und abstrakter die sozialen Zusammenhänge sind, in denen ein Individuum lebt, umso stärker ist seine Individualität gefordert. Individualität ist eine Anforderung an das Subjekt, die gesellschaftlichen Verhältnissen entspringt.

Freiheit, Selbstverwirklichung, Selbstbestimmung – hinter diesen Zielen, die in aufgeklärten und freiheitlichen Gesellschaften sehr positiv besetzt sind, steht der Wert der „Individualität" und ein mit ihm verbundener emphatischer Begriff des Individuums. Beide Begriffe beschreiben ein zentrales Merkmal der modernen westlichen Kultur.

Mit ihrer Hilfe lassen sich viele Phänomene verstehen, die unsere Gegenwart kennzeichnen: Lebensstile, Berufsentscheidungen, der Wechsel intimer Beziehungen, Konsum, die Verlängerung der Jugendphase, Freizeitverhalten, Scheidungsraten und familiärer Wandel und Single-Haushalte. Fragt man Menschen beispielsweise nach Gründen für ihre Berufs- oder Studienentscheidung, lautet die Antwort häufig, eine Tätigkeit oder ein Fach „mache ihnen Spaß" oder „keinen Spaß". Entscheidend daran ist nicht bloß, dass die Antwort eben nicht lautet „das hat schon mein Großvater gemacht" oder „damit kann man viel Geld verdienen", sondern dass wir sofort bereit sind, die Antwort als eine völlig hinreichende Erklärung von Gründen zu akzeptieren. Das ergibt aber nur Sinn, wenn wir das Streben nach individueller Selbstverwirklichung, die als Wert hinter der Antwort „Spaß" steht, selbst internalisiert haben und für selbsterklärend halten.

Thomas Schwietring: Was ist Gesellschaft? Einführung in soziologische Grundbegriffe, Konstanz und München (UTB 2011), S. 255 f.

M3 Das soziologische Menschenbild oder „Man ist not born human"

Peter L. Berger (...) verdeutlicht in seiner recht anschaulich geschriebenen *Einladung* zur Soziologie unsere sozialwissenschaftliche Perspektive durch einen Vergleich von zwei für das Tier wie den Menschen charakteristischen Situationen:

– In der ersten Situation trifft eine hungrige Katze auf eine vorbeihuschende Maus. Da Katzen einen ererbten Instinktapparat haben, muss niemand der Katze erst beibringen, was zu tun ist, um eine Maus zu fangen. Vielmehr ist der durch diese Situation ausgelöste Verhaltensablauf bereits entsprechend vorprogrammiert. Das Auftauchen der Maus bedeutet für die Katze einen „Reiz", auf den sie eine fix und fertige „Reaktion" als Antwort parat hat. „Wahrscheinlich", vermutet Berger, „steckt etwas in der Katze, das, sobald sie eine Maus sieht, unüberhörbar verlangt: Friss, friss, friss. Die Katze fasst nicht etwa den Entschluss, auf ihre innere Stimme zu hören. Sie folgt einfach dem Gesetz ihrer angeborenen Natur und packt die unselige Maus, deren innere Stimme übrigens wahrscheinlich nicht minder unüberhörbar fordert: Lauf, lauf, lauf. Die Katze aber kann nicht anders" (...).

– In der zweiten Situation kreuzt ein Mädchen den Weg eines Jünglings und erweckt in ihm vielleicht zum ersten Male heftige und leidenschaftliche Gefühle der Zuwendung und Liebe. Zwar gibt es auch hier für den jungen Mann einen Imperativ, den er – wie Berger verschmitzt bemerkt – mit allen jungen Katern, Schimpansen oder Krokodilen gemeinsam hat. Doch für diesen hinreichend bekannten Imperativ interessieren wir uns hier nicht, da er den jungen Mann in aller Regel eben nicht erfolgssicher leitet, um seine Angebetete für immer zu besitzen. Im Gegenteil, ein allzu ungestümer und plumper Annäherungsversuch würde wohl auf heftige Widerstände stoßen und das erstrebte Ziel wahrscheinlich endgültig verfehlen lassen.

Berger zeigt, wie an die Stelle eines beim Tier ererbten primitiven Mechanismus in der Menschenwelt ein komplexeres Verhaltensprogramm als Katalog gesellschaftlicher Spielregeln tritt. Im Sinne einer sozialen Strategie und Taktik stecken solche Regeln einen verlässlichen Rahmen ab, wie man sich in solchen Fällen zu verhalten hat. (...)

Kaum eine Verhaltensweise, die der Mensch benötigt, um am gesellschaftlichen Leben teilzunehmen, kaum eine Strategie, aufgrund derer er seine Wünsche verwirklichen kann, werden dem Menschen etwa durch ein erblich verankertes Steuerungsprogramm einfach in die Wiege gelegt. Vielmehr sind nahezu alle menschlichen Verhaltensweisen nach soziologischer Auffassung Ergebnisse von Erfahrungen und Lernprozessen, die das Individuum mit seinem jeweiligen genetischen Potenzial in einem komplizierten Wechselspiel mit seiner Umwelt erwerben muss.

Hans Peter Henecka: Grundkurs Soziologie, 9. Aufl. Konstanz (UVK) 2009, S. 73 ff.

Peter L. Berger (geb. 1929), US-amerikanischer Soziologe und Philosoph

1 Beurteilen Sie, inwieweit die Zweiheit von Individuum und Gesellschaft für die Erkenntnis des Ichs wichtig ist.

2 Erstellen Sie nach der Bearbeitung der Materialien dieses Kapitels ein Lernplakat zum Bild der Soziologie vom Ich. Berücksichtigen Sie dabei besonders das Verhältnis des Ichs zur Gesellschaft.

Wie bin ich „Ich“ geworden? – Sozialisation

Die Soziologie betont die Zweiheit von Individuum und Gesellschaft. Dementsprechend trägt die Gesellschaft zur Ichwerdung des Menschen bei, indem sie ihn in sich integriert. Dieser Prozess ist alles andere als widerspruchsfrei und problemlos. Die Soziologie bezeichnet ihn als Sozialisation.

M4 Die Mitgliedschaft in der Gesellschaft: Sozialisation

Die Vermittlung sozialer Normen und Wertvorstellungen erfolgt in einem Prozess, den die Soziologie als Sozialisation bezeichnet. Der Begriff Sozialisation (engl.: socialisation) stammt aus den angelsächsischen Sozialwissenschaften. (...)

Sozialisation meint mehr als der klassische pädagogische Begriff der Erziehung, der sich ja vor allem auf jene, in der Regel absichtsvollen und bewusst geplanten Bemühungen und Handlungsschritte von Eltern oder Lehrern bezieht, die zum Ziel haben, die Persönlichkeitsentwicklung des Kindes pädagogisch positiv zu beeinflussen, d. h. bestimmte Verhaltensdispositionen zu entwickeln oder vorhandene zu verändern.

Vielmehr schließt Sozialisation den Vorgang der Erziehung mit ein und umfasst darüber hinaus auch jene ungeplanten, aber persönlichkeitsprägenden Lernvorgänge, die sowohl das Kleinkind wie auch später noch der Erwachsene durch eigene Erfahrungen machen kann. Hierzu zählen auch jene unspezifischen Lernvorgänge, für die selbst in Gesellschaften mit breit entwickeltem Erziehungswesen keine erziehende Instanz und keine erzieherischen Maßnahmen als explizite Einwirkungen auszumachen sind. Überhaupt lassen sich solche Einflüsse – denkt man beispielsweise an die prägenden Wirkungen von jugendlichen Freundschaftsgruppen, Fan-Clubs, Reklame, Massenmedien, Interessenorganisationen, politischer Öffentlichkeit usw. – nach pädagogischem Selbstverständnis schwerlich alle sinnvoll als Erziehung oder Ausbildung charakterisieren, während sie indessen zweifellos sozialisierende Prozesse darstellen.

Es sind jedoch gerade diese Lernvorgänge, die den Soziologen besonders interessieren. Denn dass der Mensch durch seine Umwelt geformt werden kann, ist zunächst keine exklusive Erkenntnis der Sozialwissenschaft: Alle Erziehung fußt auf dieser Voraussetzung. Unser Alltagswissen verbucht erst dann durch die soziologische Perspektive einen Zugewinn an „Weltverständnis“, wenn prägende Einflüsse dort entdeckt werden, wo man zunächst keine vermutet, oder wenn wir als Soziologen zeigen können, dass die intendierte Erziehung oder die geplante Ausbildung noch andere als die beabsichtigten Effekte hat: eben die Vermittlung jener sozialen Regeln und Gepflogenheiten menschlichen Zusammenlebens und konkreter Lebenswirklichkeit, die kein Erziehungsprogramm und kein Curriculum thematisieren.

Sozialisation begegnet uns damit als ein relativ weit gefasster Begriff, der alle sozialen Geschehensverläufe abbildet, durch die das Individuum, das mit rudimentären Instinkten, aber mit dispositionell großer Plastizität und Lernfähigkeit, also „mit einer enormen Variationsbreite von Verhaltensmöglichkeiten geboren wird, zur Ausbildung seines faktischen, weit enger begrenzten Verhaltens geführt wird – wobei die Grenzen des üblichen und akzeptablen Verhaltens durch die Normen der Gruppe, der es angehört, bestimmt werden“. In anderen Worten: Der Begriff Sozialisation bezeichnet einen Vorgang, der aus unendlich vielen Einzelereignissen zusammengesetzt ist, die sich unmöglich nur einem einzigen, z. B. dem pädagogischen Handlungssystem und -feld zuordnen lassen. Sozialisation ist vielmehr allgegenwärtig und beinhaltet alle prozessualen Zusammenhänge, durch die der zunächst nur „biologisch“ geborene Mensch allmählich zu einem Mitglied seiner ihn umgebenden Gruppe und Gesellschaft wird, eben zur sozial-kulturellen Person. Emile Durkheim (s. S. 88) hat diesen Aspekt der Sozialisation sehr zutreffend mit „Vergesellschaftung der menschlichen Natur“ umschrieben, was allerdings nicht „soziologistisch“ verkürzt als einseitige soziale Vereinnahmung der Persönlichkeit bzw. als totale Unterwerfung des Menschen unter gesellschaftliche Anforderungen verstanden werden darf.

Hans Peter Henecka: Grundkurs Soziologie, 9. Aufl. Konstanz (UVK) 2009, S. 73 ff.

M5 Sozialisation als aktiv-aneignender Prozess

Entscheidend ist, dass sich Sozialisationsprozesse nicht durch bewusstes Erlernen oder gar durch geplante Erziehung vollziehen, also durch etwas, das von außen an das Individuum herangetragen wird, sondern Sozialisation bezeichnet eine aktive Leistung des heranwachsenden und sich entwickelnden Einzelnen.

Sozialisation – Allgemeine Definition:

„Unter Sozialisation versteht man den Prozess des Aufwachsens in einer sozialen, materiellen und medialen Umwelt, in dem der Einzelne durch Ausprobieren, Nachahmen, Interaktion, Lernen, Prägung und aktive Aneignung von Sprache, Wissen, Alltagsgewissheiten, Deutungen, kulturellen Mustern usw. zu einem autonomen und handlungsfähigen, ‚erwachsenen' Subjekt und Mitglied einer Gesellschaft wird. Aus dem neugeborenen biologischen Organismus entsteht nur in der Gesellschaft eine menschliche Persönlichkeit, die umgekehrt in ihrem Wesen durch jenen kulturellen Kontext geprägt ist, in dem sie aufgewachsen ist. Dieser Prozess endet nicht in einem ‚Erwachsenenalter', sondern setzt sich in verschiedenen Formen lebenslang fort."

Sozialisation geschieht zunächst in *Primärgruppen*, besonders in der Familie. Das, was der Einzelne subjektiv als ein sich nach und nach entfaltendes „Verstehen" seiner Umwelt, seiner Mitmenschen und ihres Handelns und Denkens erfährt, ist – aus soziologischer Sicht – zugleich ein Prozess der Aneignung und aktiven Übernahme dieser Welt und ihrer Formen. Ein Kind beobachtet seine Umwelt und versucht, sie aktiv zu verstehen. Das bedeutet, es versucht unbewusst, aus dem Beobachteten und Erlebten auf die Regelmäßigkeiten und Gründe zu schließen und sich in seinem eigenen Handeln daran zu orientieren. (…)

Die Ausbildung des Selbst nach George Herbert Mead:

– Das menschliche Selbst ist ein Bild, das ein fragendes und beobachtendes Ich („I") von sich selbst („Me") entwirft. Das „I" (als Subjekt) kann sich dabei nie direkt und als Ganzes erfahren, sondern es kann sich nur beobachten (also als „Me" zum Objekt machen), indem es in der Welt handelt und aus seinen Erfahrungen ein Selbstbild erzeugt, das dann auch in weiteres Handeln eingeht. Das Subjekt und sein Selbstbild entwickeln sich also in einem „I" (Ich) und einem „Me" (Mich).

– Konstitutiv für die Entwicklung des menschlichen Selbst sind eigenes Handeln, die dabei gemachten Erfahrungen sowie nachahmendes Lernen. Nachahmend meint dabei keine Imitation, sondern eine Perspektivübernahme („role taking"), ein Sich-Hineinversetzen in einen anderen, aus dessen Sicht dann die Welt und auch das eigene Handeln gedeutet und bewertet wird. Die Rollenübernahme orientiert sich in frühen Phasen der Sozialisation zunächst an „konkreten Anderen", später werden auf dieser Grundlage Annahmen über die Erwartungen und abstrakten Verhaltensregeln „generalisierter Anderer" entwickelt. (…)

In den 1980er-Jahren fasste Klaus Hurrelmann (…) die Einsichten aus verschiedenen psychologischen, soziologischen und erziehungswissenschaftlichen Sozialisationstheorien in seinem *Modell des produktiv realitätsverarbeitenden Subjekts zusammen*:

„Kinder, Jugendliche und Erwachsene (werden) als produktive Verarbeiter der äußeren und der inneren Realität und als Gestalter ihrer Beziehungen zur sozialen und dinglichen Umwelt verstanden. Die Konzepte der Bildung und Entwicklung werden auf die gesamte Lebensspanne angewandt und stehen für den lebenslang anhaltenden Prozess der Auseinandersetzung eines Menschen mit seinen Lebensbedingungen und mit seiner eigenen Person." (…)

Hinter dem etwas sperrigen Begriff ‚produktiv realitätsverarbeitendes Subjekt" steht die Auffassung, dass Sozialisation aus der Sicht des Subjektes als eigenständiges und sinnhaftes Handeln, als Interaktion und als deutende Auseinandersetzung mit seiner Umwelt verstanden werden muss.

Thomas Schwietring: Was ist Gesellschaft? Einführung in soziologische Grundbegriffe, Konstanz und München (UTB) 2011, S. 263 ff.

Klaus Hurrelmann (geb. 1944), deutscher Sozialwissenschaftler und Bildungsforscher

George Herbert Mead (1863–1936), US-amerikanischer Philosoph und Psychologe

1 Unterscheiden Sie Sozialisation von Erziehung, indem Sie die Begriffe gemeinsam in einem Schaubild erläutern.

2 Erläutern Sie die Begriffe der Sozialisationsphase und der Sozialisationsinstanz.

3 Erstellen Sie nach der Bearbeitung der Materialien dieses Kapitels eine Zeitleiste der frühkindlichen Entwicklung aus soziologischer Sicht.

M6 Sozialisationsphasen in Deutschland

	Soziologische Lebensaltersphase	Soziales Feld, sozialisationsdominante Orientierungen und Rollenpartner
1	Klein(st)kind (bis 2 oder 3 Jahre)	Mutter/Vater, aber auch Alleinerziehende (und evtl. andere biologische oder soziale Mitglieder der Kleinfamilie), ggf. auch Großeltern, Tagesmutter, professionelles Betreuungspersonal in Kinderkrippen, Kitas u. Ä.
2	Familienkind (ca. 2.–4. Lebensjahr)	Familie (traditionell oder in einer modernen Alternativform) und ihr Verkehrskreis (Verwandte, Nachbarn, Freunde, Handwerker, Postbote, Arzt u. a. m.).
3	Nachbarschaftliches Spielkind (ca. 3.–6. Lebensjahr)	Neben Feld 1 und 2 werden nachbarschaftliche Spielgruppen und Kindergarten- bzw. Vorschulgruppe einflussreich.
4	Schulkind (ca. 6.–16. Lebensjahr)	Neben den Feldern 1–3 erhält die staatlich bestimmte Organisationsstruktur der Schule mit den Lehrern als Autoritätspersonen in Schulorganisation, Lehre und Prüfung große Bedeutung; Motivierung und Disziplinierung zu systematischem schulischen Lernen, individuelle Leistungskonkurrenz und individuelle Zertifikate als Voraussetzung für künftigen Sozialstatus, Integration in das gesellschaftlich-politische System.
5	Auszubildender, Berufs-, Fach- oder Hochschüler (ca. ab 16. und vielfach über das 25. Lebensjahr hinaus)	Zu den Sozialisationsinstanzen aus den Feldern 1–4 kommen die Gruppe der Gleichaltrigen in einer stark jugendspezifischen Freizeitkultur sowie die Berufsschule und der Betrieb bzw. weiterführende und Hochschulen; Probleme der Berufswahl, der Ausbildungs- oder Studienplatzsuche und der Geschlechtspartnerbeziehung werden dominant.
6	Lediger, junger Erwachsener (ab ca. 18. Lebensjahr) Hinausgeschobene Elternschaft und evtl. Heirat (…)	Der öffentliche Raum mit Wahlpflicht und mit der militärischen oder der Ersatzdienstorganisation kommen zu den Feldern 1–5; mit Ende der Lehr- oder Studienzeit ergibt sich das Problem der Arbeitsplatzfindung, möglicherweise auch eine notwendig gewordene Um- oder Weiterqualifizierung unter den Anforderungen beruflicher Flexibilität und Mobilität. Fragen der Lebenspartnersuche und eine evtl. Vereinbarkeit von beruflicher und familialer Lebensperspektive treten in den Vordergrund.
7	Phase des mittleren Erwachsenendaseins (etwa von der Heirat bis zum Ausscheiden der Kinder aus dem elterlichen Haushalt, ca. bis zum 50./55. Lebensjahr)	Soziale Strukturen aus den Feldern 1–6 wirken selektiv nach. Neue Sozialisationsanforderungen ergeben sich aus eigenem Haushalt; ggf. Gattenrolle, Elternrolle; dazu treten evtl. zusätzliche Sozialisationswirkungen durch Mitgliedschaften bei Verbänden, Elternbeiräten. Freizeitvereinigungen. Erfahrungen der Abhängigkeit des eigenen und des familialen Status' nicht nur von beruflicher Ausbildung, Fortbildung und Initiative, sondern auch von unvorhersehbaren Effekten raschen ökonomischen Wandels mit u. U. temporärer Arbeitssuche oder längerfristiger Arbeitslosigkeit. Zunehmend auch krisenhafte Eheerfahrungen mit tendenziell steigender Scheidungshäufigkeit. Ggf. auch Rückzug als „Single" oder Bildung neuer Stief- bzw. „Patchworkfamilien".
8	Phase des älteren Erwachsenen (etwa vom 55. Lebensjahr bis zur beruflichen Pensionierung)	Schwiegerkinder und schwiegerelterliche Rollenprobleme; Nachlassen beruflicher Leistungs- und Konkurrenzfähigkeit. Konfrontation mit konkurrierendem jüngeren beruflichen Nachwuchs; Altersabstieg der eigenen Eltern in die statusmindernde Pensionierung, die Verwitwung und evtl. in die Pflegebedürftigkeit.
9a	Die Phase des rüstigen alten Menschen im Pensionsalter (ab 60./65. Lebensjahr)	1. Konfrontation mit dem Problem der stetigen Altersfreizeit und des Ausgeschiedenseins aus Berufstätigkeit und Berufseinfluss; 2. mit der materiellen Versorgung im Alter: „Altersreichtum" vs. zunehmendes Problem versteckter oder offener Armut; 3. mit Fragen und Möglichkeiten früherer oder Entwicklung neuer Hobbies, der hobbyartigen Weiterführung früherer Berufsinteressen und Berufsbeziehungen; 4. mit dem Problem einer adäquaten und optimalen Distanz zu Haushalt, Ehe und Familie der Kinder. 5. Konfrontation mit einem schrumpfenden Haushalt, mit Pflegebedürftigkeit und Verlust des Ehepartners; Notwendigkeit des Umzugs in ein Altenheim. 6. Zunehmende Begegnung mit den Organisationsstrukturen des Gesundheitswesens und der Altersfürsorge und 7. mit dem Problem des sich nähernden Lebensendes.
9b	Die Phase des pflegebedürftigen alten Menschen	

Hans Peter Henecka: Grundkurs Soziologie, 9. Aufl. Konstanz (UVK) 2009, S. 96 ff.

M7 Sozialisationsinstanzen der Kindheit und Jugend

Der britische Soziologe Anthony Giddens:
Wir können die Gruppen oder sozialen Kontexte, innerhalb derer signifikante Sozialisationsprozesse ablaufen, als *Sozialisationsinstanzen* bezeichnen. In allen Kulturen ist die *Familie* die hauptsächliche Sozialisationsinstanz des kleinen Kindes. Doch in späteren Stadien des Lebens des Individuums kommen viele andere Sozialisationsinstanzen ins Spiel.

Die Familie
Da sich Familiensysteme sehr voneinander unterscheiden, ist die Bandbreite der Kontakte des Kleinkindes keineswegs in allen Kulturen dieselbe. Im Allgemeinen ist zwar die Mutter überall die wichtigste Einzelperson im frühen Leben des Kindes, doch wird, wie wir bereits erwähnt haben, die Art der Beziehungen zwischen Müttern und ihren Kindern von der Form und der Häufigkeit des Kontaktes beeinflusst. Dies wiederum hängt von der Beschaffenheit der Familie als Institution und von ihrer Beziehung zu anderen gesellschaftlichen Gruppierungen ab.
In modernen Gesellschaften findet ein Großteil der Frühsozialisation innerhalb der Kleinfamilie statt. Obwohl die britische Gesellschaft viele verschiedene subkulturelle Gruppen umfasst und die Sozialisationsprozesse ziemlich variieren, verbringt doch ein Großteil der britischen Kinder seine frühen Jahre in einem Haushalt, der aus der Mutter, dem Vater und vielleicht einem oder zwei anderen Kindern besteht. Im Gegensatz dazu sind in vielen anderen Kulturen Tanten, Onkel und Enkel häufig Teil eines einzelnen Haushalts und übernehmen die Aufgabe, sich sogar um sehr kleine Kinder zu kümmern. Doch gibt es in der britischen Gesellschaft viele Variationen der Familienkonstellation. Manche Kinder werden in Ein-Personen-Haushalten erzogen, andere wiederum werden von zwei verschiedenen Paaren von Müttern und Vätern (geschiedenen Eltern und Stiefeltern) versorgt. (…)

Peer-Beziehungen
Eine andere Sozialisationsinstanz ist die Peer-Gruppe. Peer-Gruppen sind Gruppen von Kindern in ungefähr demselben Alter, die auf Freundschaft beruhen. In manchen Kulturen, besonders in kleinräumigen und traditionellen Gesellschaften, werden Peer-Gruppen als Altersstufen formalisiert. Jede Generation hat bestimmte Rechte und Pflichten, die sich mit dem Alter ihrer Mitglieder verändern. (Altersstufen-Systeme sind normalerweise auf Männer beschränkt.) Es gibt häufig spezifische Zeremonien oder Riten, die den Übergang der Individuen von einer Altersstufe zur nächsten markieren. Zwischen den Mitgliedern einer bestimmten Altersgruppe bestehen im Allgemeinen enge und freundschaftliche Bindungen, die sich ein Leben lang erhalten. (…)
Das Wort „Peer" bedeutet „Gleichrangiger", und die freundschaftlichen Beziehungen zwischen Kindern sind im Allgemeinen hinreichend egalitär. Ein Kind mit viel Durchsetzungsvermögen oder großer Körperkraft kann in gewissem Ausmaß versuchen, andere zu dominieren. Da jedoch Peer-Beziehungen auf wechselseitiger Zustimmung beruhen statt auf der der Familiensituation innewohnenden Abhängigkeit, müssen sehr häufig Kompromisse geschlossen werden. (*Der Schweizer Psychologe Jean*) Piaget verweist darauf, dass Eltern aufgrund ihrer Macht (in verschiedenem Ausmaß) fähig sind, ihren Kindern Verhaltensregeln aufzuzwingen. Im Gegensatz dazu entdeckt das Kind in Peer-Gruppen einen anderen Kontext der Interaktion, innerhalb dessen Verhaltensregeln getestet und erkundet werden können.

Schulen
Die schulische Erziehung ist ein formaler Prozess: Es gibt einen festgelegten Lehrplan der Schulfächer. Doch sind Schulen auch in subtilerer Hinsicht Sozialisationsinstanzen. Neben dem formalen Lehrplan gibt es das verborgene Curriculum, wie es manche Soziologen genannt haben, das das Lernen der Kinder beeinflusst. Man erwartet von Kindern, dass sie lernen, in der Klasse still zu sitzen, pünktlich zum Unterricht zu erscheinen und die Regeln der schulischen Disziplin zu befolgen. Sie sind aufgerufen, die Autorität des Lehrkörpers zu akzeptieren und entsprechend zu handeln. Die Reaktionen der Lehrer beeinflussen auch die Erwartungen, die Kinder gegenüber sich selbst haben. Diese wiederum haben Auswirkungen auf die Erfahrungen, die sie nach dem Schulbesuch in der Arbeitswelt machen. Peer-Gruppen bilden sich häufig in der Schule, und das System, Kinder in Klassen von Gleichaltrigen zusammenzufassen, verstärkt die Bedeutung dieser Gruppen.
Anthony Giddens: Soziologie, Graz (Nausner & Nausner) 1995, S. 84 ff.

Anthony Giddens (geb. 1938)

M8 Beeinflussung durch die Massenmedien

Seit dem Ende des 18. Jahrhunderts erlebten Zeitungen und Zeitschriften eine Blütezeit, doch waren sie auf einen ziemlich kleinen Leserkreis beschränkt. Es dauerte noch ein Jahrhundert, bis derartiges gedrucktes Material zum Teil der alltäglichen Erfahrung von Millionen von Leuten wurde – und ihre Einstellungen und Meinungen beeinflusste. Die Ausbreitung der Massenmedien unter den Druckschriften wurde sehr bald durch die elektronische Kommunikation ergänzt. Britische Kinder verbringen das Äquivalent von fast hundert Schultagen pro Jahr vor dem Fernseher. Erwachsene sehen fast ebenso viel fern. Untersuchungen haben nahegelegt, dass mehr als zwei Drittel der Leute die im Fernsehen gezeigte Version glauben, wenn sich eine Meldung im Fernsehen von einer Zeitungsmeldung unterscheidet.

Es wurden unzählige Untersuchungen durchgeführt, um den Einfluss bestimmter Fernsehprogramme oder Typen von Programmen auf die Einstellungen von Kindern und Erwachsenen zu analysieren. Die meisten dieser Untersuchungen kommen zu keinem endgültigen Befund. So gibt es z. B. noch immer keine Einigkeit dahingehend, inwieweit die Darstellung von Gewalttätigkeit das aggressive Verhalten von Kindern fördert. Was jedoch keinesfalls bezweifelt werden kann, ist, dass die Medien die Einstellungen und Auffassungen der Leute in grundlegender Weise beeinflussen. Sie übermitteln eine große Vielfalt von Information, die Individuen in anderer Weise nicht erwerben könnten. Zeitungen, Bücher, das Radio, Fernsehen, Filme, Musikaufnahmen und populäre Magazine bringen uns in engen Kontakt mit Erfahrungen, die uns ansonsten kaum zugänglich wären.

In der heutigen Zeit gibt es wenige Gesellschaften, auch unter den traditionelleren Kulturen, die von den Massenmedien gänzlich unberührt bleiben. Elektronische Kommunikationsmedien stehen auch jenen zur Verfügung, die Analphabeten sind, und in den isoliertesten Gebieten der Länder der Dritten Welt findet man häufig Leute, die Radios oder sogar Fernsehgeräte besitzen.

Anthony Giddens: Soziologie, Graz (Nausner & Nausner) 1995, S. 87

M9 Die Massenmedien als Sozialisationsinstanz

Grundlage des Konzeptes von Sozialisation ist die Beziehung eines Menschen zu seiner Umwelt, in der sich die Persönlichkeit entwickelt. Diese Umwelt konstituiert sich immer sozial, kulturell und dinglich. Selbstverständlich gehört zur sozialen, kulturellen und dinglichen Umwelt notwendigerweise eine Generationenbeziehung, wofür Familie und Schule typisch sind. Aber auch die Medien werden nahezu ausschließlich von der Erwachsenengeneration produziert. Mit Blick auf Mediensozialisation geht es sicherlich erst einmal um Medien als Teil der Umwelt eines Menschen. Damit ist noch wenig über die Beziehung von Kindern bzw. Jugendlichen und Medien ausgesagt, z. B. über die Geschichten, die Medien erzählen und die sich ein Kind individuell angeeignet hat, indem es möglicherweise aus Hauptfiguren Nebenfiguren, aus dem Verlierer den Gewinner macht, Gewaltdarstellungen übertreibt oder für sich nicht zulässt. Es bleibt auch noch unbestimmt, was Persönlichkeit und Subjektivität konkret meint. In einer Militärgesellschaft wäre schon das Wort Persönlichkeit unangemessen, geschweige denn das Phänomen einer „eigenverantwortlichen Persönlichkeit", die der heutige Jugendmedienschutz als Ziel formuliert. Zudem gilt es, die aktuelle Medienentwicklungen systematisch einzuordnen: Was heißt „Medien als Teil der Umwelt eines

Frühkindliche Medienerziehung?

Menschen", wenn die Menschen bei Casting-Shows vom Typ Pop Stars oder Big Brother nicht mehr der fertigen Sendung gegenübersitzen, sondern zu deren Protagonisten werden, zumindest prinzipiell, um danach wieder ins zuschauende Publikum zurückzukehren? In der kulturhistorischen und gesellschaftlichen Entwicklung sind ebenso wie in der theoretischen Modellierung unterschiedlichste Ausprägungsformen von „Persönlichem", von „Entwicklung", „Umwelt" und Beziehung zwischen Menschen und Umwelt möglich. Für die Beziehung zwischen Menschen und ihrer Umwelt, also auch für ihre mediale Umwelt, sind seit Platon und Aristoteles zwei Paradigmen denkbar, eine „mimetisch" abbildende und eine „poetisch" gestaltende Beziehung. Ein Blick zurück in die neuere Theoriegeschichte zeigt, wie sehr noch Anfang der 70er-Jahre des letzten Jahrhunderts, also zu einer Zeit, in der Persönlichkeitsentwicklung und Entfaltung von Individualität in der Bundesrepublik für wichtig genommen wurden, das Modell von Prägung, Übernahme und Reproduktion im Vordergrund des Sozialisationskonzeptes stand. (...)
Jedoch noch vor der theoretischen Wende in der Sozialisationstheorie hin zu einem Modell der gestaltenden Persönlichkeit in ihrer Lebenswelt als Grundlage von Sozialisation wandte sich die innovative Medienwissenschaft dem Modell des aktiven Mediennutzers zu, der nicht „abgefüllt" wird. Im so genannten Uses-and-Gratifications-Approach begannen Jay G. Blumler und Elihu Katz die Mediennutzer als Subjekte des massenmedial vermittelten Kommunikationsprozesses herauszustellen. Menschen sehen fern, weil sie damit etwas bekommen oder erreichen wollen. Wissenschaft sah in der Aktivität des Fernsehens eine Form sozialen Handelns, das sich auch auf die mediale Umwelt richtet und diese mediale Umwelt zum Teil der subjektiven Lebenswelt macht. Diese subjektive Lebenswelt ist immer eine soziale Welt und deswegen angefüllt mit Zeichen und Bedeutungen, wozu in der augenblicklichen kulturellen Figuration der entwickelten Industriegesellschaft industriell produzierte und als Konsumobjekt individuell verfügbare Medien gehören. (...)
Dem Sozialisationsprozess liegt eine Aneignungsdynamik zugrunde, die sich vom Alltag und der psychosozialen Entwicklung der Kinder bzw. Jugendlichen her theoretisch beschreiben lässt. Ralf Vollbrecht unterscheidet zwischen

- situativen Funktionen von Medien: Information, Unterhaltung, Vertreiben von Langeweile (Zeitfüller), Stimmungsregulierung, Eskapismus (Flucht aus dem Alltag), Habitualisierungsfunktion (Zeitstrukturierung);
- sozialen Funktionen der Medien: Gesprächsanlässe in Familien und Peer groups, Meinungsbildung, Gruppenidentität (z. B. in Jugendkulturen), sich in Medienwelten positionieren;
- und biografischen, Ich-bezogenen Funktionen von Medien: Identitätsentwicklung (Vorbilder, Normen, virtuelle Erprobung); Selbst-Vergewisserung, Selbst-Reflexivität und Selbst-Darstellung; Modell-Lösung für persönliche oder entwicklungsbezogene Themen.

Ben Bachmai: Mediensozialisation. Entwicklung von Subjektivität in medialen und kulturellen Figurationen, in: Dagmar Hoffmann u. a. (Hg.): Mediensozialisationstheorien. Neue Modelle und Ansätze in der Diskussion, Wiesbaden (Verlag für Sozialwissenschaften) 2007, S. 69 ff.

Fernsehen als Sozialisationsinstanz

Wie bin ich „Ich"? – Identität

Was erwähnen Sie, wenn Sie sich vorstellen sollen? Natürlich Ihren Namen und vielleicht Ihr Alter, aber was sonst noch? Was davon ist erwähnenswert? Dass wir ganz besonders gern eine bestimmte Fernsehsendung sehen? Dass wir grüne Tapeten in Wohnräumen schrecklich finden? Dass Schokoladeneis unsere Lieblings-Eissorte ist? All dies könnte man erwähnen wie vieles andere auch. Aber jedem ist klar, dass es auf die jeweilige Situation ankommt, was wir erwähnen sollten.

M 10 Merkmale von Identität

Was würden Sie auf die Frage antworten: „Wer sind Sie?" Vielleicht würden Sie Ihren Namen nennen oder Ihren Beruf? Ihre Staatsangehörigkeit? Ihren Studiengang? Ihren Musikgeschmack? Ihre Zugehörigkeit zu einem Fußball-Fanklub oder Ihre Position innerhalb der Fußballmannschaft? (...)

Das Fragen nach der eigenen Identität (*ist*) ein typisches Kennzeichen von modernen Gesellschaften, die sich durch die Auflösung traditioneller Lebensformen und Weltdeutungen auszeichnen. Damit sind neben den Fragen, die von außen an uns herangetragen werden, gerade auch die Fragen gemeint, die wir an uns selbst stellen. Einen erheblichen Teil unseres Lebens verbringen wir damit, eine – immer wieder neue – Antwort auf die Frage nach unserer Identität zu suchen. In diese Suche fließt ein nicht geringer Teil der Energie und Arbeit, die wir auf die Bewältigung unseres alltäglichen Lebens verwenden. Die Frage danach, wer wir selbst sind, spielt eine Rolle bei vielen Aspekten des Lebens, etwa in Partnerschaften, bei der Entscheidung für Kinder, bei der Wahl eines Studienfachs oder später bei beruflichen Veränderungen.

Was und wer jemand ist, hängt dabei offenbar von der Situation ab, in der er danach fragt oder danach gefragt wird. Solange wir nicht Auskunft darüber geben müssen, sind wir uns sicher, wer wir sind. Unsere Identität ist unproblematisch, und zwar gerade deshalb, weil wir uns keine Gedanken darüber machen müssen. Problematisch wird es, wenn unsere Identität infrage steht. Wenn wir im Ausland unseren Pass verloren haben oder in einem Bewerbungsgespräch einer Gruppe von Fremden präsentieren müssen, wer wir sind und was wir können. Besonders deutlich, aber keineswegs nur dann, tritt das Problem der Identität bei einer Reise in ein anderes Land oder gar im Fall einer Auswanderung hervor. Konnte man in seiner „Heimat" noch ganz selbstverständlich interagieren und musste keine Erklärungen zu sich selbst abgeben, wird die Verständigung nun zu einem ausdrücklichen Problem. Jeder zögerlich hervorgebrachte Satz, der doch eigentlich eine Verständigung erzielen soll, kann nach außen hin zum Symbol der eigenen Fremdheit werden. Nicht einmal auf die mitgebrachten Bildungszertifikate ist Verlass, unter Umständen verweigern Sachbearbeiter in einer Behörde deren Anerkennung. Ist man tatsächlich noch ein redegewandter und belesener Mensch, wenn man sich nur mühsam beim Einkauf verständigen kann, und ist man ein studierter Arzt, wenn das Medizinstudium in einem anderen Land nicht anerkannt wird? Das sind äußerliche Merkmale von Identität, aber sie bleiben nicht äußerlich. Mit den organisatorischen Fragen sind automatisch auch Fragen der Identität aufgerufen, und hieran wird deutlich, wie sehr das eigene Selbstbild von der Zuverlässigkeit und Regelmäßigkeit der sozialen Rückmeldungen und der gesellschaftlichen Anerkennung der Merkmale abhängig ist, auf die man die eigene Identität stützt.

Thomas Schwietring: Was ist Gesellschaft? Einführung in soziologische Grundbegriffe, Konstanz/München (UTB 2011), S. 275 f.

M 11 Identität zwischen Individuum und Gesellschaft

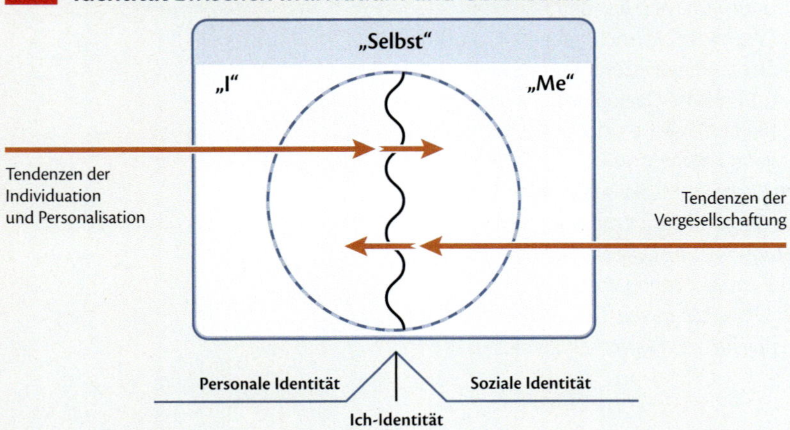

Nach: Hans Peter Henecka: Grundkurs Soziologie, 9. Aufl. Konstanz 2009, S. 128

M 12 Soziale und personale Identität

Die Ebene der sozialen Identität meint die Aufgabe, in einem sozialen Kontext und gegenüber einer Gruppe von Personen ein bestimmtes Bild des Selbst aufrechtzuerhalten. Das kann das Bild eines belesenen Studenten sein, der sich keine Blöße geben darf, oder das Bild einer engagierten Mitarbeiterin, die allen Aufgaben ihres Berufs mühelos gewachsen ist. Aber auch im privaten Bereich, als Liebhaber, Elternteil oder Mitglied in einem Verein, achtet jedes Individuum darauf, sich auf eine bestimmte Weise und als eine bestimmte Person zu präsentieren. Andere Seiten, besonders solche, die nicht zu dem in einem bestimmten Kontext präsentierten und gegebenenfalls auch erwarteten Bild passen, werden gezielt verborgen, bestimmte Themen etwa werden in Gesprächen vermieden. Ein solches Identitätsmanagement gehört zu den ganz selbstverständlichen und alltäglichen Leistungen des Individuums. (...) Soziale Identität meint also die Aufgabe, sich in verschiedenen sozialen Kontexten jeweils als jemand Bestimmtes darzustellen. Der Begriff der sozialen Identität impliziert dabei, dass jedes Individuum über eine Vielzahl von sozialen Identitäten verfügt, die in jeweils verschiedenen sozialen Kontexten präsentiert werden und die sich unterschiedlich stark voneinander unterscheiden können.

Je heterogener die sozialen Kontexte sind, in denen ein Individuum im Laufe seines Lebens oder auch während eines Tages agiert, desto größer werden die Herausforderungen. Genau an dieser Stelle ist die Ebene der personalen Identität angesiedelt. Die Wahrung der personalen Identität beschreibt eine entgegengesetzte Aufgabe zur sozialen Identität. Denn personale Identität meint die nach innen gerichtete Herstellung eines kohärenten Selbstbildes, das die verschiedenen Facetten der Persönlichkeit, die in den unterschiedlichen sozialen Identitäten, über die ein Individuum verfügt, jeweils selektiv nach außen getragen werden, umgreift und in irgendeiner Weise verständlich integriert. Je mehr und je unterschiedlichere soziale Identitäten ein Individuum je nach Situation ins Spiel bringen kann, umso größer ist die Herausforderung, nach innen dennoch zu wissen, wer es ist, und sich vor sich selbst die Vielfalt seiner Erlebnisse und Eigenschaften als eine, wenn auch gebrochene, personale Identität, als mehr oder minder kohärentes Selbstbild zu erzählen. Nur gegenüber bestimmten Personen und in ausgewählten sozialen (intimen) Kontexten wird üblicherweise ein größerer Teil der personalen Identität als soziale Identität nach außen sichtbar gemacht.

Thomas Schwietring: Was ist Gesellschaft? Einführung in soziologische Grundbegriffe, Konstanz/München (UTB) 2011, S. 275 f.

Zeichnung: Poloczek

1 Fertigen Sie in Gruppen Mindmaps zum Inhalt des Identitätsbegriffs.

2 Untersuchen Sie in diesen Gruppen Blog- und Facebook-Einträge sowie abgelegte Fotos, inwieweit sie geeignet sind, Identität auszudrücken (s. **M 13**, **M 14**). Definieren Sie dazu Kontexte im Internet, die der ausgedrückten Identität einen Rahmen geben, u. a. z. B.
- Freundeskreis,
- Verwandtschaft,
- möglicher Arbeitgeber,
- Bank, die sich über die Kreditwürdigkeit ein Bild machen will,
- Online-Versandhandel, der mögliche Kunden sucht.

3 Sammeln Sie in einer Blitzumfrage kollektive Identitäten und beurteilen Sie, inwiefern sie geeignet sind, zum Zusammenhalt der Gesellschaft beizutragen (**M 15**).

4 Interpretieren Sie die obenstehende Karikatur.

M13 Soziale Netzwerke und Identität

Soziale Netzwerke wie studiVZ/meinVZ oder Facebook verleihen der eigenen Persönlichkeit Ausdruck und werden nicht genutzt, um eine idealisierte virtuelle Identität zu kreieren. Das zeigen neueste Ergebnisse der Psychologen Mitja Back, Juliane Stopfer und Boris Egloff von der Johannes Gutenberg-Universität Mainz. (...)

„Ob es nun unsere Sprache, unsere Kleidung, unser Verhalten, unsere E-Mail-Adresse, unser Büro oder Schlafzimmer, unser Musikgeschmack oder unser Online-Profil ist – überall spiegelt sich unsere Persönlichkeit wider", so Back. Die aktuellen Ergebnisse sprechen dafür, dass sich Online-Profile wegen der Vielzahl an persönlichen Informationen und Handlungsoptionen besonders gut eignen, die eigene Persönlichkeit auszudrücken.

„Da ist es nicht verwunderlich, dass sich soziale Netzwerke solcher Beliebtheit erfreuen", resümiert Back. „Zum einen können die Nutzer einander informieren, wer sie sind. Damit kommen sie dem Bedürfnis nach, von anderen wahrgenommen zu werden. Zum anderen verlassen sich Nutzer sozialer Netzwerke auf die Informationen, die sie fremden Profilen entnehmen. Das fördert das Vertrauen in solche Online-Netzwerke und begünstigt deren Nutzung für soziale Interaktionen." Derzeit nutzen weltweit mehr als 700 Millionen Menschen Online-Netzwerke zum Kommunizieren und Kontakteknüpfen.

Presseerklärung der Johannes Gutenberg-Universität Mainz vom 18.11.2009, http://www.uni-mainz.de/presse/33250.php (Zugriff: 20.2.2013)

M14 Facebook-Dialoge

Kai [redacted]
folgendes spiel: der erste sagt ein wort, das aus 2 wörtern besteht (z. B. FensterBrett), der nächste antwortet dann, indem er das letzte wort nimmt und daraus wieder ein neues wort bildet (BrettSpiel). Ich fang mal an: standheizung
vor 5 stunden • Gefällt mir • Kommentieren

4 Personen gefällt das

Olaf [redacted] heizungsstab
Vor 5 Stunden • Gefällt mir

Carina [redacted] stabmixer
Vor 5 Stunden • Gefällt mir

Sophie [redacted] mixermacher
Vor 5 Stunden • Gefällt mir

Kai [redacted] macherqualität
Vor 5 Stunden • Gefällt mir

Stefan [redacted] Qualitätskontrolle
Vor 4 Stunden • Gefällt mir

Pia [redacted] Kontrollwahn
Vor 4 Stunden • Gefällt mir

Lena [redacted] Wahnweste
Vor 2 Stunden • Gefällt mir

Pia [redacted] !? was soll denn ne wahnweste sein?
Vor 57 Minuten • Gefällt mir

Lena [redacted] im auto gibt es eine wahnweste!!! Wenn ein unfall ist muss man die anziehen damit man gesehen wird!!! hat signalfarbe orange!!!
Vor 48 Minuten • Gefällt mir

Michael [redacted] lol ... Lena mäuschen das ding heißt WARN-Weste ... weil es warnen soll und nicht von wahnsinn kommt
Vor 4 Minuten • Gefällt mir

Felix [redacted]
Hab gelesen Facebook klaut uns alle Daten! Gibt's irgendeine Alternative zu Facebook um sich mit seinen Freunden zu unterhalten?
vor 6 stunden • Gefällt mir • Kommentieren

Eugen [redacted] Versuch mal in echt mit ihnen zu kommunizieren.
Vor 5 Stunden • Gefällt mir • 3 Personen

Felix [redacted] Hab nach „echt" gegoogelt, aber nichts gefunden. Kannst mir ne Adresse sagen?
Vor 5 Stunden • Gefällt mir

Nenad Marjanovic/Manuel Iber: Geaddet, gepostet, Webfail! Die peinlichsten und lustigsten Facebook-Dialoge, München (riva) 2011

M 15 Gibt es eine „kollektive Identität"?

Es ist weitverbreitet, von Formen kollektiver Identität zu sprechen, etwa von „nationaler", „ethnischer" oder „kultureller" Identität. Und dennoch ist der Begriff der kollektiven Identität eigentlich paradox. Nach allem, was bislang zum Begriff der Identität erörtert wurde, kann nur ein individuelles Subjekt, also ein Wesen, das in der Lage ist, „ich" zu sagen, eine Identität haben. Ein Kollektiv, einerlei ob eine Nation oder eine „Kultur", ist aber ein Abstraktum, kein Subjekt. Es gehört zu den wichtigen soziologischen Einsichten, dass es Kollektivsubjekte nicht geben kann: Eine Gemeinschaft, eine Nation, ein Volk, eine Klasse „hat" keinen Willen und keine Identität. Alle diese sozialen Phänomene entstehen bloß aus den Absichten und Interessen konkreter Subjekte, die sich zu Kollektiven zusammengeschlossen haben und sich mit diesen Kollektiven identifizieren. Nur in diesem Sinn kann von kollektiver Identität die Rede sein. Wer sich dennoch auf eine solche kollektive Identität oder einen kollektiven Willen beruft, versteckt mit dieser ideologischen Rhetorik tendenziell die eigenen Interessen hinter der Berufung auf ein vermeintliches Gemeininteresse.

Dennoch spielen Formen kollektiver Identität im sozialen Alltag faktisch eine wichtige Rolle. Und vielleicht sogar deshalb eine zunehmend wichtige Rolle, weil es immer weniger plausibel ist, dass es sie gibt. Prozesse sozialer Integration und Desintegration hängen auch von der (faktisch vorhandenen oder nicht vorhandenen) subjektiven Identifikation mit einem imaginierten Kollektiv ab.

Soziale Konflikte auf unterschiedlichen Ebenen, von der Gang-Bildung auf Schulhöfen über Probleme bei der Integration von Migrantinnen und Migranten bis hin zu bewaffneten Auseinandersetzungen zwischen großen Gruppen, nehmen von Auseinandersetzungen über Identifikationen ihren Ausgang. Es werden sogar Kriege geführt, in denen es um die Wahrung einer vermeintlichen nationalen, ethnischen oder religiösen Identität geht. Es ist also soziologisch höchst bedeutsam zu untersuchen, was Menschen meinen, wenn sie in einer solchen Weise nicht bloß „ich", sondern „wir" sagen, dass ihr Handeln und ihr Selbstbild davon abhängig werden und dass sie unter Umständen bereit sind, ihr „Ich" für ein imaginäres „Wir" aufzugeben.

Thomas Schwietring: Was ist Gesellschaft? Einführung in soziologische Grundbegriffe, Konstanz/München (UTB) 2011, S. 281 f.

Dortmunder Fans, Fußball-Saison 2012/13

Spiele ich eine Rolle? – Soziale Rollen

Probleme mit der Darstellung von Identität kann es geben, wenn nur ein Ausschnitt unserer Persönlichkeit präsentiert wird. Gegenüber Freunden und gleichaltrigen Bekannten kann es chic sein, den (angeblichen) eigenen Alkoholkonsum in den Mittelpunkt zu stellen oder besonders cool zu wirken. In der Eigenschaft als Mitglied einer bestimmten Clique kann dies zum Ansehen beitragen, in anderen Kontexten, etwa in der Eigenschaft als angesehener Neffe oder Enkel oder als möglicher Auszubildender, kann dies schädlich wirken, obwohl wir durchaus in der Lage wären, deren Vorstellungen von unseren Eigenschaften zu erfüllen. Dieses Phänomen, dass wir bestimmte Eigenschaften zu bestimmten Zwecken hervorkehren, nennen die Soziologen Rollenverhalten.

Schauspieler – klassische Rollenspieler – in Heinrich von Kleists „Der zerbrochene Krug", Hamburg (Thalia-Theater), 2012

M 16 Die Regieanweisungen der Gesellschaft: soziale Rollen

Mit dem in der Soziologie weithin verbreiteten und akzeptierten Konzept der sozialen Rolle lassen sich leicht und anschaulich die vielfältigen wechselseitigen Beziehungen zwischen Individuum und Gesellschaft abbilden und die Rollenhaftigkeit des menschlichen Lebens illustrieren: Mit der Geburt betritt man die „Bühne der Gesellschaft", lernt nach und nach – nolens volens – diesen und jenen Part und damit verschiedene Rollen zu spielen, tritt in unterschiedlichen Masken auf, um mit dem Tod wieder von dieser Bühne abzutreten. Andere übernehmen dann „unseren" Part und spielen „unsere" Rollen. Zudem geschieht das Spielen der sozialen Rolle unter den kritischen Augen von Mitspielern und Zuschauern, die unser „Skript", d. h. den der Rolle zugrunde liegenden „sozialen Text", kennen und konkrete Vorstellungen und Erwartungen hinsichtlich unseres Verhaltens und Handelns sowie unserer Darstellungsqualität in der jeweiligen Szene hegen.

In einem solchen gesellschaftlichen Szenario werden meist recht unterschiedliche Tätigkeiten und Verhaltensweisen in einen sinnvollen Zusammenhang gebracht, ja oft sind diese sogar direkt aufeinander bezogen und damit unmittelbar voneinander abhängig. Dann handelt es sich um so genannte „komplementäre Rollen", wie etwa Arzt–Patient, Lehrer–Schüler, Meister–Auszubildender, Verkäufer–Kunde, Eltern–Kinder u. Ä. – soziale Rollen also, die ohne die entsprechenden Rollenpartner nicht nur keinen Sinn machen, sondern sich auch handlungsorientiert nicht realisieren lassen. Unser Rollenspiel muss also bewusst oder unbewusst auf die jeweilige „szenische" Situation und die dort uns gegenübertretenden Akteure abgestimmt werden, was letztlich auch plausible Erklärungen dafür liefert, dass die Menschen bei diesem oder jenem Auftritt verschiedene „Masken" tragen, in denen wir sie oft nicht mehr wiedererkennen – etwa, wenn wir ihr liebevolles und nachsichtiges Verhalten als Freund oder Partner vergleichen mit ihrem knallharten Habitus im Beruf oder anderswo.

Dass schließlich auch unsere gewöhnlichen Wahrnehmungen voneinander durch das gegenseitige Einschätzen und Einordnen von Rollen (aufgrund von gewissen typischen Merkmalen und Signalen) abläuft, mag folgendes Beispiel illustrieren:

„Eine Frau steht am Fenster einer Schule und schaut hinaus. Draußen fährt ein Mercedes vor, in dem ein Mann sitzt. Sie nimmt wahr: ein Autofahrer – ein Mercedesbesitzer. Ein Mann steigt aus, der einen blauen Overall trägt. Sie nimmt wahr: ein Monteur – ein Arbeiter. Widerspruch zwischen Mercedesbesitzer und Arbeiter. Der Mann geht auf den Schulhof, auf dem die Schüler gerade Pause haben. Ein Kind rennt auf ihn zu. Sie nimmt wahr: Vater. Kein Widerspruch. Der Hausmeister bringt dem Mann ein Bündel Plakate. Sie nimmt wahr: Parteimitglieder. Kein Widerspruch. Auch der Mann hat dieses Rollenraster. Als er hochsieht zur Frau am Fenster, nimmt er wahr: Lehrerin."

Dieses Beispiel zeigt deutlich, wie wir in alltäglichen Beobachtungen oder Begegnungen herauszufinden suchen, in welcher Rolle der andere auftritt bzw. wer oder was er „sozial" ist. Wenn wir seinen „sozialen Ort" kennen, den er in der Gesellschaft oder in einer Gruppe im Verhältnis zu anderen einnimmt, dann wissen wir meist auch, wie er sich verhalten wird und wie wir ihm begegnen müssen. In der Soziologie bezeichnet man diesen Ort als soziale Position.

Sicher sind soziale Wahrnehmungen wie „Mann", „Mercedesbesitzer", „Arbeiter", „Vater", „Parteimitglied" oder „Lehrerin" noch keine ausreichenden Informationen über die Persönlichkeit der beobachteten Menschen.

Aber dennoch wird durch derartige Wahrnehmungen oder durch solche Angaben bereits unsere soziologische Fantasie beflügelt. Wir glauben, konkrete Vorstellungen darüber entwickeln zu können, wie sich dieser Mann oder jene Frau mit hoher Wahrscheinlichkeit in ihren verschiedenen sozialen Positionen – weitgehend unabhängig von allen individuellen Besonderheiten – jeweils zu verhalten pflegen. (...) Damit entsprechen der sozialen Position auf der Verhaltensebene ganz bestimmte soziale Rollen. Oder in der griffigen Charakterisierung des amerikanischen Rollentheoretikers Ralph Linton: Der Begriff soziale Position bezieht sich auf den „strukturellen" oder „statischen" Aspekt, der korrespondierende Begriff der sozialen Rolle auf den „dynamischen" Aspekt des zwischenmenschlichen Handelns und Verhaltens. Die Gesellschaft erscheint uns dabei als ein riesiges organisiertes Gefüge, Netzwerk oder System, in dem von dem einzelnen Individuum unabhängige Positionen zu besetzen sind: die Eltern in der Familie, der Lehrer in der Schule, der Meister im Betrieb, der Pfarrer in der Kirchengemeinde, der Bürgermeister in der Verwaltung, der Offizier beim Militär, der Vorstand im Verein usw. Wird eine dieser sozialen Positionen z.B. durch freiwilliges Ausscheiden oder Tod ihres bisherigen Inhabers frei, so nimmt ein anderer die freigewordene Stelle ein. Soziologisch gesehen gibt es daher – anders als in Nachrufen – keine Lücke, die sich nicht wieder schließen lässt.

Hans Peter Henecka: Grundkurs Soziologie, 9. Aufl. Konstanz (UVK) 2009, S. 101 ff.

M 17 Grundbegriffe der Rollentheorie

Soziale Position	Rollen oder Rollenerwartungen sind nicht an Personen, sondern an soziale Positionen geknüpft, die von verschiedenen Personen eingenommen werden können.
Rollen	Rollen sind Bündel von Erwartungen, die an soziale Positionen gerichtet sind (bzw. deren Inhaber/-innen, nicht aber als individuelle Person).
Erwartungen	Rollen sind definiert durch Erwartungen. Unterschiedliche Rollen sind durch wechselseitige Erwartungen (Erwartungserwartungen) miteinander verschränkt.
Träger von Rollen	Träger von Rollen richten ihr Verhalten an den Erwartungen aus, von denen sie selbst erwarten, dass andere sie an die soziale Position richten, die sie gerade einnehmen.
Bezugsgruppen	Für das Rollenhandeln sind nicht alle Erwartungen aller Mitglieder einer Gesellschaft gleich relevant, sondern besonders die Erwartungen der Mitglieder einer relevanten Bezugsgruppe.
Muss-, Soll- und Kann-Erwartungen	Erwartungen mit unterschiedlich hoher Verbindlichkeit, die mit unterschiedlich schweren Sanktionen oder Belohnungen belegt sind.
Rollenvielfalt	Eine Person ist üblicherweise Träger mehrerer Rollen, weil sie in den verschiedenen Lebensbereichen unterschiedliche Positionen einnimmt.
Rollensegmente	Jede Rolle umfasst verschiedene Segmente, an die jeweils eigene Erwartungen gerichtet sind.
Inter-Rollenkonflikt	Eine Person ist üblicherweise Träger verschiedener Rollen, und zwischen den Erwartungen an diese Rollen kann es zu Konflikten kommen. Beispielsweise zwischen dem erwarteten Engagement im Beruf und den Erwartungen in der Familie.
Intra-Rollenkonflikt	Auch innerhalb einer Rolle kann es zu Konflikten zwischen unterschiedlichen Erwartungen kommen, die sich an verschiedene Segmente einer Rolle richten.
Rollendistanz	Rollendistanz ist gleichbedeutend mit dem Bewusstsein, eine Rolle zu spielen.

Thomas Schwietring: Was ist Gesellschaft? Einführung in soziologische Grundbegriffe, Konstanz/München (UTB) 2011, S. 167

1 Erarbeiten Sie in Gruppen Beispiele für die Aspekte der sozialen Rolle: Anhand der Rollen der Mutter, des Autofahrers, der Krankenschwester und des Chefs erstellen Sie jeweils Schaubilder zu:
- den Bezugsgruppen der Rolle,
- den Muss-, Soll- und Kann-Erwartungen,
- den Rollensegmenten,
- den Inter- und Intra-Rollenkonflikten.

Mann oder Frau? – Geschlechtsrollen und Stereotype

Eine besondere Rolle, die wir spielen, ist die Geschlechtsrolle. Besonders bemerkbar wird die Tatsache, dass auch das Geschlecht, sozial gesehen, eine Rolle ist, wenn jemand ihr nicht entspricht, wenn er in Bezug auf sein Geschlecht „aus der Rolle fällt", d. h. die gesellschaftlichen Vorstellungen von dem, was Mann und Frau zu sein haben, nicht erfüllt.

M 18 Geschlechtsattribute?

M 19 Das Geschlecht als „Platzanweiser" und Marketinginstrument

In der Geschichte wie in der Gegenwart benutzen praktisch alle Gesellschaften die Kategorie Geschlecht, um ihre soziale Ordnung zu strukturieren, um Hierarchien zu begründen, um Aufgaben, Arbeit, Belohnungen und Zugang zu sozialen Positionen und verschiedensten Ressourcen zu verteilen, um Verhaltenserwartungen festzulegen und um unterschiedliche Lebenschancen zu rechtfertigen. Welche Deutung der Kategorie „Geschlecht" in verschiedenen Kulturen gegeben wurde und wird, ist dabei extrem unterschiedlich, ebenso wie die Begründungen hierfür. Manchmal dürfen Frauen das Haus nicht verlassen, manchmal dürfen nur Frauen das Feld bestellen, eine bestimmte Arbeit verrichten, kochen, Geburtshilfe leisten oder sich um Kranke kümmern, manchmal sind ihnen genau diese Tätigkeiten verboten. Obendrein wandeln sich die Aufgabenzuteilungen im Laufe der Geschichte auch innerhalb derselben Gesellschaft. Der kulturellen Fantasie sind keine Grenzen gesetzt. Aber auf die eine oder andere Weise nutzt praktisch jede Gesellschaft die Kategorie „Geschlecht", um um sie herum eine soziale Struktur und eine bedeutungsvolle Wirklichkeit zu bauen.

Die Gemeinsamkeit besteht darin, dass Geschlecht als *Strukturgeber* oder (...) als *Platzanweiser* genutzt wird, und zwar vor allem in zwei Bereichen: soziale Ungleichheit und Arbeitsteilung. In den allermeisten Fällen schnitten und schneiden Frauen bei diesen Verteilungen bekanntlich erheblich schlechter ab. Die Kritik an dieser Ungleichheit war wiederum der Hebel, durch den das Geschlecht überhaupt Thema der Sozialwissenschaften wurde.

Auffällig ist aber auch, dass jede Gesellschaft für jede Form dieser ungleichen Verteilung umfangreiche Legitimationserzählungen liefert, die erklären sollen, warum die Dinge aus magischen, traditionellen, religiösen oder biologischen Gründen unabdingbar so und keinesfalls anders geregelt sein müssen. Zugleich zeigt die Vielfalt und geschichtliche Wandelbarkeit aber, dass in Wahrheit keine dieser Aufteilungen und Begründungen tatsächlich notwendig ist.

Hinzu kommen weitere Ungleichbehandlungen der Geschlechter je nach Zugehörigkeit zu einer sozialen Schicht oder kulturell geprägten Gruppe. Auch innerhalb ein und derselben Gesellschaft kann die Zugehörigkeit zu einem Geschlecht schichtspezifisch unterschiedliche strukturelle Auswirkungen haben. Beispielsweise erhielt im 19. Jahrhundert in gutbürgerlichen Familien die Frau typischerweise keinen Einblick in die finanziellen Verhältnisse, weil der Mann das gesamte Vermögen verwaltete, auch das, das sie in die Ehe eingebracht hatte; hingegen wurde in Arbeiterfamilien das Haushalten mit dem knappen Einkommen typischerweise der Frau übertragen. Die Platzanweiser „Geschlecht", „soziale Herkunft" und „kulturelle" oder „ethnische" Zugehörigkeit können sich gegenseitig verstärken, sich unter Umständen aber auch partiell aufheben. (...)

(Man muss) sich bewusst machen, wie sehr die verschiedensten Aspekte sozialer Wirklichkeit vergeschlechtlicht sind. Es gibt kaum einen Sachverhalt, dem nicht ein geschlechtliches Etikett angehängt und eine entsprechende Deutung übergestülpt würde. Dies galt und gilt für gravierende Aspekte sozialen Lebens wie Berufe, Sexualmoral und Verhaltenserwartungen unterschiedlichster Art, aber auch für triviale Aspekte wie Shampoos und Hautcremes, Handys und Umhängetaschen, Spielzeug und Musik, Fahrräder und Autos und besonders für Kleidung und Frisuren. Kein Aspekt ist zu wichtig und keiner zu trivial, als dass sich nicht eine geschlechtliche Bedeutung daran heften ließe. Kein Produkt kommt auf den Markt, ohne dass das Marketing den geschlechtlichen Bezug bedenken würde, und wenn es als besonderer Kick die Androgynie (Zwitterbildung) ist, die herausgestellt wird. Kein Detail ist zu nebensächlich oder zu albern, um nicht eine scheinbar unumstößliche geschlechtliche Bedeutung anzunehmen. Jacken werden nach links oder rechts geknöpft, und in minimalen Details werden nahezu alle Kleidungsstücke und Gebrauchsgegenstände geschlechtlich aufgeladen. Macht man sich dies bewusst und nimmt dann beliebige Alltagsdinge zur Hand, wird deutlich, wie schwer es dem Denken gleichwohl fällt, vom Geschlecht zu abstrahieren.

Thomas Schwietring: Was ist Gesellschaft? Einführung in soziologische Grundbegriffe, Konstanz/München (UTB) 2011, S. 288 ff.

1 Finden Sie in Ihrem Umfeld Rollenattribute von Geschlechtsrollen. Alle möglichen Gegenstände, Kleidungsstücke, Spielzeug usw. können solche Attribute sein. Finden Sie entsprechendes Bildmaterial.

2 Führen Sie unter den Mitschülerinnen und Mitschülern eine Umfrage durch, in der Sie ihnen die Attribute der Geschlechtsrollen vorlegen und sie zuordnen lassen.

3 Fassen Sie die Erkenntnisse der Soziologie zu den Geschlechtsunterschieden in einem Lernplakat zusammen.

4 Testen Sie die Stereotypen-Übersicht in einer Blitzumfrage bei Mitschülerinnen und Mitschülern. Sind die Stereotypen noch aktuell?

5 Befragen Sie Schülerinnen und Schüler über ihre Vorstellungen von der Zukunft; z.B.: „Wie stellst du dir dein Leben in 20 Jahren vor?" Analysieren und vergleichen Sie die verschiedenen Zukunftsvorstellungen im Hinblick auf die Geschlechtsrollen.

5 Diskutieren Sie anschließend die verschiedenen Zukunftsvorstellungen: Sind sie nachvollziehbar und realistisch? Orientieren sie sich an festen Vorstellungen, oder sind sie neuartig?

M 20 Lohngefälle zwischen den Geschlechtern

Geschlechtsspezifische Unterschiede bei mittleren Einkommen für Vollzeitkräfte, in Prozent, 2009

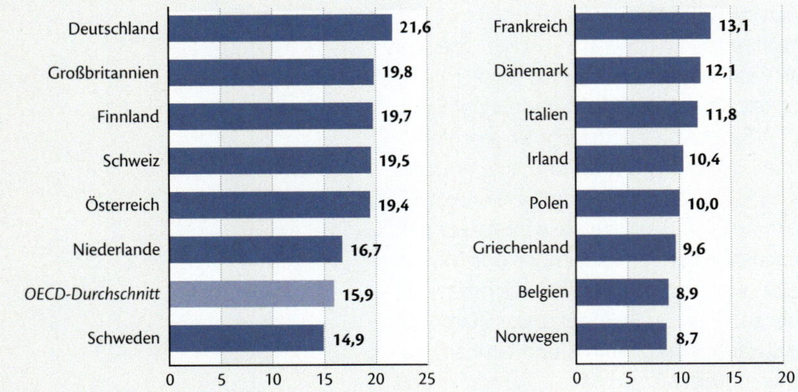

Quelle: OECD Employment Database, Stand 02/2012

M 21 Frauen verdienen in Deutschland ein Fünftel weniger als Männer

In keinem anderen europäischen Land ist der Gehaltsunterschied zwischen Frauen und Männern so ausgeprägt wie in Deutschland. Eine neue Datenbank der Organisation für wirtschaftliche Zusammenarbeit und Entwicklung (OECD) zeigt, dass eine vollbeschäftigte Frau in Deutschland knapp 22 Prozent weniger verdient als ein Mann – der OECD-Schnitt liegt bei einem Minus von 16 Prozent. Die Datenbank erfasst den mittleren Verdienst aller erwerbstätigen Frauen und Männer. Das Gefälle zwischen den Geschlechtern ist vor allem darauf zurückzuführen, dass Frauen in der Regel in schlechter bezahlten Branchen arbeiten.

Auch was die Anzahl der Frauen in Führungspositionen angeht, ist Deutschland im internationalen Vergleich weit abgeschlagen: Auf kaum vier von hundert Vorstandsposten findet sich hierzulande eine Frau. Dagegen mutet der OECD-Durchschnitt beinahe fortschrittlich an, hier liegt die Frauenquote in den Aufsichtsräten bei immerhin zehn Prozent. Den höchsten Anteil an Führungspositionen haben Frauen in Norwegen inne, das im Jahr 2006 eine Frauenquote von 40 Prozent eingeführt hat. Auch in Schweden, Frankreich, Finnland und der Slowakei ist der Anteil von Frauen im Top-Management mit 15 bis 20 Prozent vergleichsweise hoch. Die Schlusslichter Europas bilden neben Deutschland die Tschechische Republik und die Niederlande.

Marcus Ostermann: Frauen verdienen in Deutschland ein Fünftel weniger als Männer, 2012, in: http://www.wiwi-treff.de (Zugriff: 20.2.2013)

M 22 Auch Jungen und Männer sind benachteiligt

- Viele Jungen haben größere Schwierigkeiten bei der Ausbildung ihrer Geschlechterrolle als Mädchen, weil sie hauptsächlich von Frauen erzogen werden.
- In die Sonder- und Hauptschulen werden viel häufiger Jungen als Mädchen überwiesen.
- Über 90 Prozent der Gefängnisinsassen sind Männer.
- Die meisten Mordopfer sind männlichen Geschlechts.
- In Westdeutschland lag die Opferziffer (Gewalttaten) männlicher Jugendlicher (14–18 Jahre) 1973 um 50 und 1997 um 370 (!) über der Vergleichszahl der weiblichen Jugendlichen.
- Die Selbstmordrate von Männern ist viel höher als die von Frauen.
- In Kriegen wurden und werden vor allem Männer getötet und verletzt.
- Nach einer Scheidung werden die Kinder in der Regel der Mutter zugesprochen, auch wenn der Vater das Sorgerecht haben möchte.
- Männer haben in den Industriestaaten eine kürzere Lebenserwartung als Frauen.

Klaus Feldmann: Soziologie kompakt, 4. Aufl. Wiesbaden 2006, S. 173

Zeichnung: Stuttmann

M23 Stereotype

Die Geschlechtsunterschiede zeigen sich nicht nur im Verhalten, sondern sie sind im Bewusstsein der Menschen verankert. Untersuchungen zeigen, dass viele Menschen klischeehafte Vorstellungen über Eigenschaften von Frauen und Männern haben. Im Folgenden werden in verschiedenen Ländern weit verbreitete Geschlechterstereotype aufgelistet:

Weibliche Stereotype	Männliche Stereotype
Unterwürfig	Dominant
Abhängig	Unabhängig
Harmonieorientiert/kooperativ	Konkurrenzorientiert
Passiv	Aktiv/tatkräftig
Sanft	Aggressiv
Furchtsam	Kühn/mutig
Schwach	Stark/kräftig
Träumerisch	Rational/realistisch
Fürsorglich/mütterlich	Egoistisch
Einfühlsam/emotional/gefühlvoll	Emotionslos

Solche Stereotype einfach als Bewusstseinsverirrungen oder falsches Bewusstsein abzutun, ist eine zu einfache Reaktion. Die Entstehung von Stereotypen ist unvermeidlich und dient der Orientierung. Stereotype sind psychische „Kristallisationen", Schemata, Skripte, „eingebrannte" semantische Netzwerke. Ein Beispiel: Frauen lächeln häufiger als Männer. Wenn wir darüber nachdenken, werden wir in unserem Bewusstsein viele Unterschiede zwischen dem Verhalten von Männern und Frauen finden – eine Mischung von teilweise richtigen Beobachtungen und Vorurteilen.

Klaus Feldmann: Soziologie kompakt, 4. Aufl. Wiesbaden 2006, S. 175 f.

M24 Frauenquote – Pro und Kontra

PRO

Frauen sollten die gleichen Chancen haben wie Männer, und Fakt ist nun einmal, dass dies nicht der Fall ist. Sicher, viele Frauen wollen gar nicht in die Chefetagen, denn sie wollen meist auch Kinder, und beides ist schlecht vereinbar. Und genau das ist diskriminierend. Eine Quote würde die Unternehmen zwingen, der Diskriminierung durch andere Arbeitsmodelle endlich ein Ende zu setzen.

Es gibt heute zwar mehr Teilzeitjobs als noch vor 20, 30 Jahren. Oberhalb einer bestimmten Karrierestufe ist aber nach wie vor meist Schluss. Da heißt es: Diese Aufgabe erfordert vollen Einsatz, sprich 150 bis 200 Prozent, permanente Verfügbarkeit auch abends und am Wochenende. Als ob zwei, die sich den Job teilen, das nicht viel besser hinbekommen würden.

Man kann auch volkswirtschaftlich argumentieren: Deutschland fehlen Fachkräfte und Kinder. Deshalb können wir es uns nicht leisten, auf das wirtschaftliche Potenzial von Frauen zu verzichten, aber eben auch nicht darauf, dass Frauen Kinder gebären. Wer beides haben will, der muss die Arbeitswelt familienfreundlicher gestalten. Das haben die männlich dominierten Chefetagen bisher einfach nicht hingekriegt. (…)

Der Weg dahin führt über die Frauenquote. Denn es gibt zwar auch viele Männer, die mehr Zeit für die Familie wollen. Doch die müssen gegen noch mehr Widerstände ankämpfen als ihre Kolleginnen. Das trauen sich unter diesen Bedingungen nur wenige.

Ulrike Scheffer

KONTRA

Sicher ist es bedauerlich, dass Wirtschaftsvorstände und Aufsichtsräte im Land deutlich männerdominiert sind. Wir haben tolle Frauen! Zu bezweifeln ist aber, ob die alle mit scharrenden Hufen im Wartestand stehen, um endlich Chefin zu werden, wenn man sie lässt.

Womöglich sind Führungsjobs aus Sicht vieler Frauen gar nicht reizvoll. Sind Frauen schlichtweg weniger machtgeil, müssen nicht erst ein Dutzend Menschen im Organigramm unter sich haben, um sich wertvoll zu fühlen. Die meisten Frauen wissen, was sie können. Und sie ziehen ihre Befriedigung aus anderen Dingen. Wenn jemand für sich entscheidet, dass er lieber mehr Stunden mit seinen Kindern oder einem guten Buch verbringen möchte, statt in den Flugzeugen und Konferenzsälen dieser Welt, finde ich das nachvollziehbar. Das Modell Karrieremensch ist einfach stark überholungsbedürftig. Wo Erfolg an ein möglichst hohes Quantum von Anwesenheit im Büro gekoppelt ist, verschenkt ein Land die Chance, Menschen einzubinden, die mehr vom Leben wollen.

Was fehlt, sind flexible Arbeitszeiten, höhere Gehälter für Frauen und ein familienfreundliches Berufsumfeld. Andernfalls würden wohl viele Frauen das Projekt Chefetage energischer angehen. Schön blöd das Unternehmen, das dafür nichts unternimmt: Frauen bringen andere Qualitäten in einen Beruf ein als Männer. Sie haben das bessere Gespür für Stimmungen, für Zwischenmenschliches, sie sind diplomatischer und anpassungsfähiger – auch disziplinierter. All das sind Gründe, weshalb zahlreiche Frauen um uns herum bereits Führungskräfte geworden sind. (…)

Maris Hubschmid

Maris Hubschmid/Ulrike Scheffer: Brauchen wir eine Frauenquote? Tagesspiegel v. 6.3.2012

Kompetenzcheck

Anforderungsbereich I:

- Stellen Sie die wichtigsten Sozialisationsphasen dar.
- Benennen Sie die Sozialisationsinstanzen, die im Kindheitsalter besonders wichtig sind.
- Benennen Sie die für das Jugendalter besonders wichtigen Sozialisationsinstanzen.
- Legen Sie dar, welche Sozialisationsinstanzen auch im Erwachsenenalter noch Bedeutung haben.

Anforderungsbereich II:

- Erläutern Sie die Sichtweise der Soziologie vom Individuum.
- Skizzieren Sie den Begriff der Sozialisation und unterscheiden Sie ihn von dem der Erziehung.
- Erläutern Sie den soziologischen Begriff der Identität.
- Erläutern Sie den soziologischen Begriff der Rolle.
- Analysieren Sie die Rolle des Vaters.
- Analysieren Sie die nachstehende Karikatur unter Verwendung soziologischer Begriffe und beurteilen Sie ihre Aussage.

Anforderungsbereich III:

- Beurteilen Sie den Einfluss der Medien als Sozialisationsinstanz.
- Nehmen Sie Stellung zu der Frage, ob ein Mensch verschiedene Identitäten annehmen und praktizieren kann.
- Sind wir alle Schauspieler? Nehmen Sie Stellung.
- Inwiefern ist das Geschlecht eine Rolle? Nehmen Sie Stellung zur soziologischen Erklärung des Geschlechts.

2 Soziale Zusammenhänge

Der Mensch ist ein soziales Wesen. Er ist zwar bei seiner Geburt ein biologisch nur wenig festgelegtes Wesen und hat noch keine ausgeprägten Persönlichkeitsmerkmale, Bedürfnisse und Interessen. Durch Teilnahme an sozialen Zusammenhängen und durch die Interaktion mit anderen Menschen kann er sich jedoch im Prozess der primären Sozialisation zu einem eigenständigen sprach- und handlungsfähigen Subjekt heranbilden und eine von den anderen unterschiedene Individualität entwickeln.
Doch auf welche Weise ist der Mensch sozial? Wie findet Vergemeinschaftung statt? Welches Verhältnis haben Ich und Wir zueinander, und auf welche Weise halten die Gemeinschaften zusammen?

Ist Gesellschaft mehr als Gemeinschaft?

Wenn wir betrachten wollen, was uns zusammenführt, sind das Nächstliegende die Familie und die „Familienbande", die uns verbinden. Hier ist das gemeinsame Band die genetische Verwandtschaft. Die Soziologie nennt diese Art der Verbindung Gemeinschaft. Hingegen sind etwa in Patchworkfamilien nicht alle Familienmitglieder genetisch verwandt. Besonders in größeren Gesellschaften gehen die Verbindungen aber über familiäre Bande hinaus.

Ferdinand Tönnies (1855–1936), deutscher Soziologe, Nationalökonom und Philosoph

M1 Gemeinschaft und Gesellschaft

Einer der ersten Versuche, soziale Zusammenhänge voneinander zu unterscheiden, stammt von dem deutschen Soziologen Ferdinand Tönnies. Er knüpfte hierbei an romantisch-philosophische Vorstellungen bei Johann Gottlieb Fichte (*1762–1814*) und Friedrich Schleiermacher (*1768–1834*) an und reduzierte die Vielfalt sozialer Beziehungsmöglichkeiten sowie deren Konkretisierungen und Verfestigungen auf eine Zweiteilung in soziale Gebilde vom Typus der „Gesellschaft" und solche vom Typus der „Gemeinschaft" – zwei elementare gesellschaftliche Formen, „zwischen denen sich das wirkliche soziale Leben bewegt". Diese zwei sozialen Gebilde konstituieren sich auch durch zwei unterschiedliche Arten des „Zusammenwollens", durch den „Wesenwillen" (bei der „Gemeinschaft") und den „Kürwillen" (bei der „Gesellschaft"). Entscheidendes Kriterium für die dichotomische Unterscheidung ist somit das Ausmaß an mitmenschlicher Vertrautheit und „seelischer, innerer" Verbundenheit:

- Soziale Gebilde vom Typus der „Gemeinschaft" sind demnach durch einen sozialen Zustand der gefühlsmäßigen, teilweise sogar ethnisch und „blutsmäßig" begründeten Zusammengehörigkeit bestimmt. Mitglieder der Gemeinschaft sind füreinander da, bedeuten einander etwas und helfen einander in der Not.
  Die Gemeinschaft stellt nach Tönnies die ursprüngliche Form menschlichen Zusammenlebens dar und herrscht noch in kleinen, überschaubaren sozialen Einheiten: in der Familie, in der Nachbarschaft, im Stamm, im Dorf.
- Dem gegenüber stehen die sozialen Erfahrungsbereiche der „Gesellschaft", in denen man eigentlich nur miteinander in Verbindung tritt, um in egoistischer Absicht für sich bestimmte Ziele zu verfolgen bzw. bestimmte Tauschinteressen möglichst vorteilhaft durchzusetzen: „Keiner wird für den anderen etwas tun oder leisten, keiner dem anderen etwas gönnen und geben wollen, es sei denn um einer Gegenleistung oder Gegengabe willen, welche er seinem Gegebenen wenigstens gleich achtet" (Tönnies 1887). Die Mitglieder der Gesellschaft bleiben einander fremd und akzeptieren sich nur im Hinblick auf ihr gemeinsames Schicksal. Im Gegensatz zur ursprünglichen Form der Gemeinschaft repräsentiert die Gesellschaft als Folge der Ausbreitung industrieller Lebensbedingungen die moderne Form des „förmlichen" und von eigenen Interessen geleiteten Zusammenlebens.

Soziale Konkretisierungen solcher anonymen und entfremdeten Beziehungen sind für Tönnies typischerweise die Lebensverhältnisse in den Groß- und Industriestädten, in Betrieben und Organisationen sowie überhaupt im modernen Staat.

Der positiven Einschätzung der Gemeinschaft steht – so Tönnies in kulturpessimistischer Tendenz – der „bedauerlicherweise" nicht mehr rückgängig zu machende Fortschritt von der „Kultur des Volkstums" zur „Zivilisation des Staatstums" bzw. von der „organischen Gemeinschaft" zur „mechanischen Gesellschaft" gegenüber. Hier zeichnet er – ganz ähnlich wie vor ihm Emile Durkheim (s. S. 88) – kulturkritisch den Übergang von der traditionalen zur modernen Gesellschaft nach, wie überhaupt die Nähe zu Durkheims Unterscheidung von „organischer" und „mechanischer Solidarität" auch terminologisch auffällig ist. Dass aber der zweifellos sozialromantische Gemeinschaftsbegriff von der nationalsozialistischen Propaganda dann später zur „Volksgemeinschaft" ideologisch hochstilisiert wurde, hat Tönnies allerdings besonders geschmerzt. Seine öffentliche Zurückweisung einer derart vulgären und demagogischen Umdeutung sowie seine damit verknüpfte Kritik an der Person Hitlers und am Nationalsozialismus hat ihn schließlich seinen Lehrstuhl in Kiel und die Entlassung aus dem Beamtenstand gekostet.

Hans Peter Henecka: Grundkurs Soziologie, 9. Aufl. Konstanz (UVK) 2009, S. 139 ff.

M2 Gemeinschaft und Gesellschaft: typische Merkmale

Gemeinschaft	Gesellschaft
Merkmale	
– Affektuelle, persönliche Bindung – Genosse, „Bruder"/„Schwester", Untertan; Zugehörigkeit mit allen Aspekten der Person. Umfassende, lebenslange Zugehörigkeit aufgrund von Herkunft – Unbegrenzte Solidarität aller Angehörigen – Persönliche Abhängigkeit – Konsens – Geteilte Überzeugungen, Werte und Sitten	– Rationaler Zusammenschluss – Bürger/-in, formelles Mitglied, Vertragspartner/-in – Mitgliedschaft beschränkt auf einzelne Aspekte der Person, Anonymität – Zugehörigkeit durch (vertragliche) Übereinkunft – Eintritt/Austritt möglich – Vertraglich festgelegte Rechte und Pflichten der Mitglieder – Öffentlicher Interessenskonflikt
Beispiele	
– Familie, Verwandtschaft – Ethnische oder religiöse Gemeinschaften – Traditionale, agrarische, ständisch, feudal organisierte Gesellschaften – Vorstellung eines „Volkes", einer Ethnie oder einer Religion als Grundlage des Staates	– Vertragsverhältnisse (GmbH) – Zweckverbände moderner Nationalstaat, demokratische, industrialisierte Gesellschaft usw. – Staatsbürgerschaft unabhängig von persönlichen Merkmalen – Mitgliedschaft aufgrund von Bürgerrechten und bürgerlichen Freiheiten

Die in der Tabelle beschriebenen Merkmale beziehen sich auf begrifflich „reine Typen", wie sie bei Max Weber in seinen soziologischen Grundbegriffen entwickelt werden (Weber 1921–22), wobei die Typologie gegenüber der Webers hier etwas erweitert wird. Viele reale Formen von Vergesellschaftung nähern sich einem der beiden Typen nur mehr oder minder an und enthalten sowohl Elemente von Vergemeinschaftung als auch von Vergesellschaftung.

Thomas Schwietring: Was ist Gesellschaft? Einführung in soziologische Grundbegriffe, Konstanz/München (UTB) 2011, S. 27

Max Weber (1864–1920), deutscher Nationalökonom und Soziologe

Zeichnung: Stuttmann

1 Stellen Sie eine Tabelle der Vor- und Nachteile von Gemeinschaft und Gesellschaft für die Einzelne/den Einzelnen auf.

2 Beschreiben Sie Bindungskräfte innerhalb von Gemeinschaften und innerhalb von Gesellschaften.

3 Analysieren und interpretieren Sie die Karikatur im Hinblick auf die Bindungskräfte der Familie. Nehmen Sie selbst Stellung dazu.

Wie werden wir „Wir"?

Nicht alle Menschen, die irgendetwas miteinander zu tun haben, verstehen sich als Gemeinschaft oder Gesellschaft. Es gibt Gruppierungen von Menschen, die ein Gemeinschaftsgefühl (noch) nicht entwickeln. Auch solche Gruppierungen stellen soziale Gebilde im weiteren Sinne dar. Dennoch können sich solche sozialen Gebilde auch zu Gemeinschaften entwickeln, in denen die Mitglieder ein „Wir"-Gefühl ausbilden. Von welchen Faktoren hängt dies ab?

M3 Statistische Gruppen

Mit „statistischer Gruppe" oder besser (weil unmissverständlich) mit „Kategorie" wird schlicht eine Anzahl von Personen bezeichnet, die sich aufgrund eines oder mehrerer gemeinsamer Merkmale rein rechnerisch zusammenfassen lassen. Hierunter fallen beispielsweise Brillenträger, Mopedfahrer, Linkshänder, Menschen mit der Blutgruppe A usw. Als rein statistische Kategorie hat diese formale Gemeinsamkeit keine weitere soziale Bedeutung mehr: Träger solcher Charakteristika haben weder spezifische Normen und Werte gemein, noch stehen sie (in der Regel wenigstens) aufgrund ihres statistischen bzw. kategorialen Merkmals miteinander in Interaktion und Kommunikation. Es handelt sich hier lediglich um eine gedankliche Zusammenfassung bzw. quantifizierende Zuordnung von Menschen aufgrund bestimmter Merkmale und Kriterien.

Hans Peter Henecka: Grundkurs Soziologie, 9. Aufl. Konstanz (UVK) 2009, S. 142

M4 Der ADAC – Versuch, aus einer statistischen Gruppe eine schlagkräftige Organisation zu machen

Der ADAC hat eine weitere Millionengrenze geknackt: Ende März (*2012*) trat das 18-millionste Mitglied in den Club ein. Damit setzt sich das Erfolgsjahr 2011 fort, in dem der ADAC netto um 581 000 Menschen wuchs. Ein stärkeres Wachstum registrierte der Club nur in den Jahren nach der Wiedervereinigung von 1990–1992. Heute stoßen pro Minute durchschnittlich zweieinhalb neue Mitglieder zum ADAC. Immer mehr Frauen bauen auf den ADAC: Ihr Anteil erhöhte sich von 2001 bis 2011 von 26 auf 36 Prozent. Dass dem Club auch immer mehr junge Menschen vertrauen, zeigen die Zahlen der Young-generation-Mitglieder. Mehr als 895 000 18- bis 23-Jährige können auf die Pannenhilfe und viele andere Leistungen des Clubs zählen. 2011 fanden 265 512 junge Menschen den Weg zum ADAC. Zur positiven Wahrnehmung des Clubs in der Jugend tragen vor allem die professionellen Auftritte in den sozialen Netzwerken wie Twitter, Facebook und in den ADAC-Blogs bei. Auch das 18-millionste Mitglied ist einer von mittlerweile über 110 000 Freunden auf www.facebook.com/adac. Die Hamburgerin Julia Sadowski kam über Facebook in den Club. Sie nahm bei einem Pressegespräch in München aus den Händen von ADAC-Präsident Peter Meyer ihre Mitgliedskarte in Empfang. Darüber hinaus kann die 27-Jährige drei Jahre lang kostenlos mit einer Mercedes A-Klasse E-CELL elektrisch fahren. Gegründet wurde der ADAC 1903 in Stuttgart als „Deutsche Motorradfahrer-Vereinigung", die 1911 in „Allgemeiner Deutscher Automobil-Club" umbenannt wurde. Dieser zählte 1965 eine Million Mitglieder, 1977 gehörten ihm fünf Millionen Menschen an, und 1990 überschritt er die Zehn-Millionen-Marke. Heute ist der ADAC nach dem amerikanischen AAA (American Automobile Association) der zweitgrößte Automobilclub der Welt und der größte Europas.

ots: Wachstum geht weiter, 12.4.2012, in: http://www.presseportal.de (Zugriff: 6.5.2012)

M5 Soziale Aggregate

Aggregat: Verbindung, Verknüpfung von Einzelteilen

Ganz ähnlich (*wie bei Menschen als statistische Gruppe*) verhält es sich auch, wenn Menschen im Zusammenhang mit irgendeinem Ereignis zu einem festgelegten Zeitpunkt an einem bestimmten Ort zusammenkommen. Man denke hier etwa an die Besucher eines

Klavierabends in einem Konzerthaus oder an die Zuschauer eines Fußballmatchs in einem Stadion. Obwohl solche Menschen aufgrund eines gemeinsamen Merkmals und gemeinsamer Interessen in einem räumlichen (und oft noch „hautnahen") Zusammenhang stehen, müssen sie dennoch überhaupt keine sozialen Kontakte und wechselseitigen Beziehungen aufweisen.

Nach Fichter ist bei der Definition und Beschreibung solcher so genannter sozialer Aggregate u. a. von folgenden Eigenschaften und Merkmalen auszugehen:

- Die Personen, die das Aggregat bilden, sind einander weitgehend fremd und bleiben auch *relativ anonym*.
- Das soziale Aggregat hat keine hierarchische Struktur im Sinne von spezifischen Rollen und Funktionen, d. h., es ist auch *nicht organisiert*.
- Trotz potenziell sehr großer physischer Nähe besteht innerhalb eines Aggregats – wenn überhaupt – nur *sehr beschränkte soziale Kontaktmöglichkeit*.
- Die meisten sozialen Aggregate sind durch bestimmte räumliche Begrenzungen umschrieben, sodass sich ihre soziale Bedeutung im Wesentlichen auch auf diese *territoriale* Dimension beschränkt.
- Die meisten Aggregate sind schließlich auch zeitlich definiert und haben *vorübergehenden Charakter*, insofern Menschen in rascher Abfolge in sie eintreten und sie wieder verlassen bzw. zwischen ihnen hin- und herpendeln.

Haupttypen sozialer Aggregate sind demnach:

- Die *Menschenmenge* als amorphe Ansammlung von Personen bei so unterschiedlichen und alltäglichen Anlässen wie als wartende Fußgänger am Zebrastreifen oder als neugierige Gaffer bei einem Verkehrsunfall.
- Der *Mob*, der sich meist spontan aus einem konkreten, stark emotionalisierten Anlass heraus entwickelt (z. B. bei Unzufriedenheit mit dem Ausgang eines Fußballspiels) und in meist von irgendwelchen „Rädelsführern" angestifteten destruktiven, antisozialen und gewalttätigen Verhaltensweisen (Randale, Aufruhr, Lynchjustiz) seinen aggressiven Ausdruck findet. (...)
- Das *Publikum* als eine Anzahl von Personen, die sich mit dem Vorsatz und Ziel an einem bestimmten Ort versammeln, um dort eine bestimmte Aufführung oder Vorstellung zu besuchen und die sich hierauf in rezeptiver Absicht mit einer gewissen Aufmerksamkeit konzentrieren.
- Als *öffentliche Demonstrationen* kann man oft kurzfristig geplante und organisierte soziale Aggregate bezeichnen, deren Personen sich in der bewussten Absicht zusammenfinden, eine bestimmte Idee oder Überzeugung zu unterstützen bzw. für eine Person oder eine Bewegung in sichtbarer Weise – und daher bevorzugt auf öffentlichen Straßen und Plätzen – Propaganda zu machen.
- So genannte *Wohnaggregate* werden ferner von Bewohnern großer – in der Regel urbaner – Wohnanlagen gebildet. (...)
- Als *funktionelle Aggregate* werden schließlich jene Aggregatsformen bezeichnet, deren Mitglieder und deren Grenzen meist von dritter Seite relativ willkürlich aufgrund bestimmter formaler Kriterien festgelegt werden. Hierzu zählen die kommunalen Abgrenzungen von Ortsteilen und Wohnvierteln, die verwaltungsmäßigen Einteilungen in Wahlkreise oder die räumlichen Zuordnungen zu Pfarrgemeinden usw.

Hans Peter Henecka: Grundkurs Soziologie, 9. Aufl. Konstanz (UVK) 2009, S. 142 ff.

Besucher eines Popkonzerts – ein soziales Aggregat

1. Erläutern Sie, was statistische Gruppen von anderen sozialen Gebilden unterscheidet.
2. Ordnen Sie den ADAC als soziales Gebilde ein.
3. Erläutern Sie am Beispiel des Mobs mögliche Wirkungen sozialer Aggregate.
4. Zeigen Sie an Beispielen, wie soziale Aggregate ein gemeinsames Bewusstsein oder sogar gemeinsames Handeln entwickeln können. Handelt es sich dann noch um soziale Aggregate?

Was sind wir? – Soziale Gruppe

Der Begriff der Gruppe wird im Alltag wie in der Soziologie mehrdeutig verwendet. Die für die Soziologie besonders wichtige kleine Menschengruppe mit bestimmten Eigenschaften wird deshalb auch als soziale Gruppe bezeichnet. Mit ihr beschäftigt sich die Gruppensoziologie, die wichtige Erkenntnisse über unser soziales Zusammenleben hervorgebracht hat.

Soziale Gruppen

M6 Merkmale sozialer Gruppen

Aufgrund gleicher – sozial relevanter – kategorialer Merkmale können sich bei den hiervon betroffenen Menschen unter bestimmten Voraussetzungen Gefühle der Zusammengehörigkeit entwickeln, die zur Aufnahme von engeren sozialen Beziehungen untereinander und zur Ausbildung systematischer Muster der Interaktion führen können. Wird das so entstandene Gebilde von den Beteiligten selbst oder auch von ihrer Umwelt als soziale „Einheit" angesehen und behandelt, dann können wir von der Existenz einer „sozialen Gruppe" sprechen.

Als Illustration zum Übergang von Quasi-Gruppen zu sozialen Gruppen mögen uns hier folgende alltägliche Beispiele dienen:

- Die Haarfarbe spielt zwar bei uns im Allgemeinen keine große Rolle, wenngleich sie auch nicht völlig folgenlos für mancherlei Zu- und Abneigungen ist. Eine auffallend rote Haarfarbe dagegen kann besondere Aufmerksamkeit erregen. Tatsächlich gelten Rothaarige oft als Außenseiter und als Objekte von negativen Vorurteilen, Spott und Diskriminierung. Dabei könnte sich bei Rothaarigen ein Wir-Gefühl entwickeln und also eine soziale Gruppe entstehen.
- Körpergröße ist zwar nicht unbedingt folgenschwer, zwergenhafter Wuchs war aber seit jeher vielfach Anlass für Hohn und Beschränkung auf besondere Tätigkeiten. Und selbst auffällige Körperlänge kann zum Keim einer sozialen Gruppe werden, wie der „Verein langer Menschen" zeigt.
- Die Sozialkategorie Einkommenshöhe bedeutet dann mehr, wenn die Bezieher höchster Einkommen beispielsweise der Oberschicht angehören und die Mitglieder der Oberschicht eine besondere Schichtmentalität aufweisen, die sich

etwa an gleichen Lebenseinstellungen, Überzeugungen und Handlungen ablesen lässt. In dem Fall hätte man es mit einer sozialen Gruppe zu tun.
– Ähnliches kann, muss aber nicht zutreffen beispielsweise für Hauseigentümer, hohes Alter, Rasse, Konfession und Pkw-Besitzer, desgleichen für Geschiedene, unehelich Geborene oder Handwerker.

Für das Vorhandensein einer sozialen Gruppe müssen demnach folgende Bedingungen gegeben sein:
– die Existenz gemeinsamer Motive, Ziele und Interessen, die die Einzelnen überhaupt erst zusammenführen;
– ein *„Wir"-Bewusstsein* der Mitglieder, das einerseits bestimmt, „wer dazu gehört" (Eigengruppe), und andererseits zur Abgrenzung nach außen gegenüber „den Anderen" (Fremdgruppe) dient;
– ein gemeinsames *Werte- und Normensystem*, das die Identität der Gruppenmitglieder wesentlich mitbestimmt, die orientierende Grundlage ihrer Interaktions- und Kommunikationsprozesse bildet und ggf. auch ihre sozialen Beziehungen nach außen begleitet;
– ein längerfristiges Zusammenwirken der Gruppenmitglieder und zumindest Ansätze, meist aber klar erkennbare Ausbildungen einer internen *Rollenstruktur* und *Statusdifferenzierung*. Dieses Rollen- bzw. Statusdifferenzial soll sowohl das Gruppenziel verfolgen wie auch den sozial-emotionalen Bedürfnissen der Gruppenmitglieder gerecht werden und mögliche Konflikte lösen.

Hans Peter Henecka: Grundkurs Soziologie, 9. Aufl. Konstanz (UVK) 2009, S. 146

M7 Primär- und Sekundärgruppe

Gruppen sind immer vor den Einzelnen da. Ein Baby wird in eine Gruppe hineingeboren. Es ist auf die Gruppe angewiesen, um zu überleben. Man nennt eine solche (Über-)lebensgruppe Primärgruppe – das wichtigste Beispiel ist die Familie.

	Primärgruppe	Sekundärgruppe
Prinzipien	Ganzheitliche Beziehungen	Gemeinsame Ziele
Dauer der Beziehungen	Langfristig	Mittel- oder kurzfristig
Bereiche, Aktivitäten, Rollen	Viele Bereiche	Wenige Bereiche
Grund der Mitgliedschaft	Basisbedürfnisse, Lebenssinn	Mittel zum Zweck
Beispiele	Familie, langjährige Freundschaft	Berufsgruppe, politische Gruppe

M8 Das Paar als kleinste Gruppe

Wenn Menschen zusammenleben oder regelmäßig zusammentreffen, entwickelt sich ein Wir-Gefühl, eine kollektive Identität. In der Gruppe gelten Normen und Werte. Wenn ein Gruppenmitglied die Regeln verletzt, wird es darauf hingewiesen und gedrängt, sich konform zu verhalten. Meist gibt es auch Arbeitsteilung und verschiedene Rollen in Gruppen. Die Rollenverteilung hängt von der Zielsetzung ab: Wenn die Gruppe in einem Betrieb arbeitet, wird die profitsteigernde Leistung für die Rollen entscheidend sein, wenn die Gruppe sich dagegen zum Wandern trifft, dann werden wahrscheinlich kommunikative Kompetenzen, Geschlecht und Alter für die Rollen wichtige Kriterien sein.

Es gibt kleine und große Gruppen. Warum ist das Paar, die kleinste Gruppe, in der modernen Gesellschaft so beliebt? Das heterosexuelle Paar wird als Basis für die wichtigste Gruppe in der modernen Gesellschaft, die Familie, angesehen.

Doch das – nicht nur heterosexuelle – Paar ist auch modern, es ist die Minimalgruppe, gerade recht für Individualisten und Aufsteiger, also für Personen, die ihre Zeit nicht verschwenden wollen. Die Zweiergruppe ist aber auch die Katastrophengruppe: Der Verlust nur einer Person zerstört die Gruppe. Doch der Verlust des Partners bzw. der Partnerin ist nicht nur eine Katastrophe, sondern auch eine Chance, eine Befreiung. Gruppen aus Individualisten sind labil, somit sind größere Wohngemeinschaften meist nur kurzlebig. Wenn zu einem Paar ein Kind hinzukommt, dann leben drei Personen zusammen. Dreiergruppen erzeugen Ungleichgewicht: Zwei verbünden sich gegen einen (s. M 9)!

Klaus Feldmann: Soziologie kompakt, 4. Aufl. Wiesbaden 2006, S. 186 f.

M9 Ungleichgewichte in Dreiergruppen

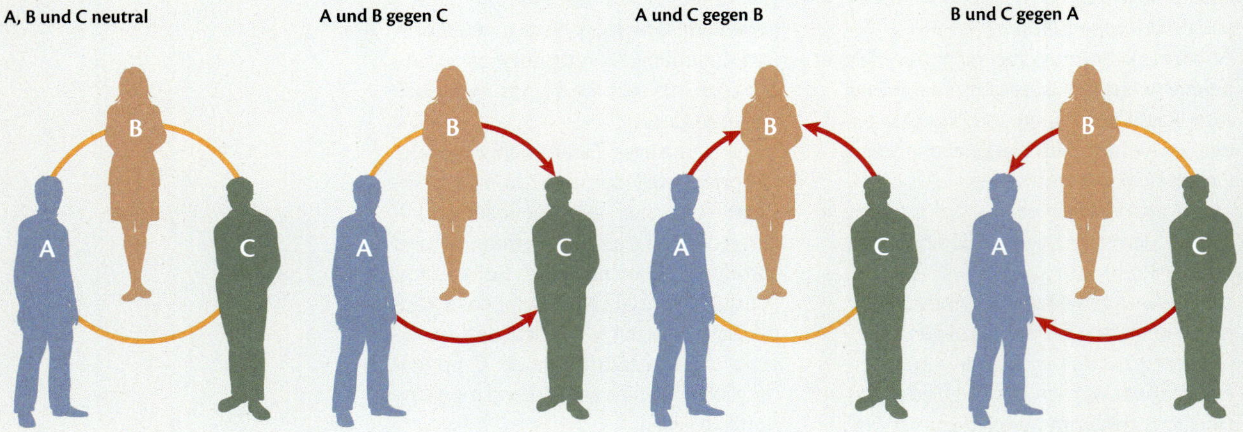

Eigene Darstellung

M10 Formelle und informelle Gruppe

Formelle Gruppen finden wir überall dort, wo Menschen zusammengeführt werden, um bestimmte Ziele aufgrund planvoller organisatorischer Festlegungen zu erreichen, also insbesondere im beruflichen Bereich. Wie bei Sekundärgruppen im Allgemeinen steht im Besonderen auch bei formellen Gruppen der jeweils genau fixierte Zweckcharakter im Vordergrund. Die Aufteilung von Arbeiten und das Zusammenwirken im Hinblick auf die zu erreichenden Ziele sind vielfach so weitgehend vorweggedacht und die damit verbundenen Positionen neben möglichst eingehenden und präzisen Rollenerwartungen über Organigramme und Arbeitsplatzbeschreibungen so stark vorbestimmt und definiert, dass in der Regel nur noch Menschen gesucht werden, die in der Lage sind, sich in die so entworfenen und organisierten Handlungsabläufe optimal einzufügen. An den Bewerbern für Aufgaben in solchen formellen Gruppen ist daher in erster Linie ihre leistungsorientierte Funktionalität im Hinblick auf den formellen Gruppenzweck interessant. Sie sollen sich möglichst reibungslos in das ihnen zugeordnete Funktionsgefüge einordnen, in der vorgeschriebenen Weise arbeitsteilig zusammenwirken und die erwarteten spezifischen Leistungsnachweise erbringen. (...)
Seitens der Organisationsleitung nicht berechenbar und im Hinblick auf die geplanten sozialen Beziehungen in formellen Gruppen durchaus nicht immer funktional, bringen die Gruppenmitglieder als Individuen doch immer auch nicht kalkulierbare Eigenschaften und Haltungen mit, persönliche Lebenserfahrungen und individuelle Arbeitsstile, mitmenschliche Wertungen und emotional getönte Zu- und Abneigungen, Kontaktbedürfnisse oder Distanzansprüche, sodass sie auf die ihnen dort zugedachten „objektiven" Anforderungen der Aufgaben im Allgemeinen nur mehr oder weniger „persönlich" gefärbte Antworten zu geben vermögen.
Diese Gegebenheiten führen beispielsweise in einem Industriebetrieb, einer Behörde oder einem Verband dazu, dass sich innerhalb oder auch außerhalb formeller bzw. organisierter Gruppen immer auch so genannte *informelle* Sozialbeziehungen entwickeln, die wesentlich auf persönlicher Sympathie, ähnlichen Gefühlslagen, gleichgerichteten Interessen und Erwartungen beruhen, formelle Strukturen oft durchkreuzen und sich auch in *informellen Gruppen* kristallisieren können. Diese informellen Gruppen sind vergleichsweise klein und dienen primär der Befriedigung persönlicher, privater und emotionaler Bedürfnisse wie z. B. nach Anerkennung und Achtung, Mitsprache und Mitwissen, spontaner Personenbeziehung, Geborgenheit, Kollegialität oder Freundschaft – individuelle Bedürfnisse also, die im Rahmen von Großgruppen formal nur ungenügend berücksichtigt werden (können).
Da sich informelle Gruppen jedoch nicht nur

auf die sie begründenden affektiven Aspekte und Verbundenheiten begrenzen lassen, wirken sie sich auch häufig in positiver (*funktionaler*) oder negativer (*dysfunktionaler*) Weise auf die formalen Organisationsstrukturen, -ziele und -zwecke aus. Da vorweg unmöglich alle Eventualitäten einer Organisation formal zu regeln sind, können informelle Beziehungen beispielsweise bestehende Lücken der formalen Organisation im Sinne flexibler, situativ und sachlich angemessener, „unbürokratischer" Problemlösungen (z.B. auf dem „kleinen Dienstweg") ausfüllen. Umgekehrt kann aber auch der von der Organisationsleitung unkontrollierbare Austausch einzelner Leistungen und Informationen „Sand ins Getriebe" bringen: Beispielsweise können sich leistungshemmende Cliquenstreitigkeiten und gruppenspaltende Rivalitäten entfalten, Gerüchte können sich ausbreiten, informelle, die offiziellen Arbeitsvorschriften unterlaufende Leistungs- und Verhaltensnormen können sich herausbilden u. v. m. Aus diesem Grunde können informelle Gruppen sowohl Folge wie Ursache von Spannungen und Problemen innerhalb formeller Gruppen sein.

Hans Peter Henecka: Grundkurs Soziologie. 9. Aufl. Konstanz (UVK) 2009, S. 150 ff.

M 11 Großgruppen und Kleingruppen

Wir wissen, dass jede Gesellschaft im Allgemeinen nach irgendwelchen Elementen und Kriterien (z.B. Alters-, Geschlechts-, Abstammungs-, Berufsgruppen) gegliedert ist. Diese interne funktionale Differenzierung gilt für kleine überschaubare Sozialgebilde, wie sie einfache Stämme und Naturvölker darstellen, ebenso wie für mittlere und große gesellschaftlich-politische Entitäten (*Einheiten*) wie beispielsweise die Schweiz oder auch die Bundesrepublik Deutschland und Frankreich bis hin zu den riesigen sozialen Gebilden vom Typ der Europäischen Union und der amerikanischen, russischen oder chinesischen Gesellschaft. Die hier überall nachweisbaren gesellschaftlichen Differenzierungen als Teile umfassender sozialer Einheiten lassen sich u.a. auch nach der Zahl ihrer jeweiligen Mitglieder aufteilen, wobei üblicherweise dann zwischen *Großgruppen* und *Kleingruppen* unterschieden wird. (...)

„Wie viel Soldaten eine Armee ausmachen, wie viel Teilnehmer nötig sind, um eine politische Partei zu bilden, wie viel Mittuende zu einem Auflauf gehören. Sie scheinen die klassische Rätselfrage zu wiederholen: wie viel Weizenkörner einen Haufen geben? Denn da ein, zwei, drei, vier Körner es noch keineswegs tun, tausend aber jedenfalls, so müsse doch zwischen diesen Zahlen eine Grenze liegen, an der das Hinzufügen eines einzigen Kornes die bisherigen zu einem Haufen ergänze; macht man aber diesen Versuch des Weiterzählens, so zeigt sich, dass niemand diese Grenze anzugeben vermag" (Simmel).

Wenn Simmel dennoch den Größenvariationen sozialer Gruppen besondere Bedeutung zumaß, dann deshalb, weil er klar erkannte, dass nicht nur die zunehmende Größe einer Gruppe ihre internen Strukturen verändert und unterscheidbare soziale Prozesse initiiert, sondern dass größere Gruppen auch inhaltlich und formal andere Probleme aufwerfen als kleinere soziale Gebilde. Hinzu kam seine Entdeckung, dass mit der numerischen Veränderung von Gruppen deren qualitative soziale Effekte nicht etwa linear, sondern vielmehr sprunghaft variieren, sodass nicht die relative, sondern die absolute Größe zur jeweils entscheidenden Variablen wird.

Hans Peter Henecka: Grundkurs Soziologie, 9. Aufl. Konstanz (UVK) 2009, S. 154 ff.

1 Erstellen Sie nach der Bearbeitung der Materialien dieses Kapitels ein Lernplakat zur Gruppensoziologie.

2 Finden Sie sich in Gruppen zusammen und schreiben Sie jeweils eine Alltagsgeschichte über das Zusammentreffen von vier Personen. Legen Sie dazu in der Gruppe fest, wer diese Personen sind und welche Beziehung sie untereinander haben. In der Geschichte werden diese Überlegungen aber nicht beschrieben, sondern durch die Art des Zusammentreffens und durch die Handlungen der Personen deutlich gemacht. Legen Sie Ihre Alltagsgeschichten dem Plenum vor. Die übrigen Gruppen beschreiben nun die entstehenden Konstellationen mit den Begriffen der Gruppensoziologie.

Was können wir? – Gruppenleistungen und „Schwarmintelligenz"

Gruppen werden häufig als „Gesellschaft im Kleinen" gekennzeichnet. So wie die Gesellschaft mehr ist als die Summe der Einzelnen, so soll auch die Gruppe zu Leistungen imstande sein, die die Einzelnen ohne ein Miteinander nicht vollbringen können. Das Zusammenwirken von Menschen bewirkt sicherlich in vielen Bereichen Dinge, die viele Einzelne nicht vollbringen könnten. In neuester Zeit ist in Analogie zum Bienen- oder Fischschwarm von „Schwarmintelligenz" die Rede, wenn verdeutlicht werden soll, dass zusammenarbeitende Menschen zu besseren Lösungen kommen als Einzelne.

M 12 Das NASA-Spiel

Eine gute Möglichkeit, Gruppenleistungen im Vergleich zu Individualleistungen zu bestimmen, ist das NASA-Spiel. Dabei handelt es sich um ein Diskussionsspiel für beliebig große Gruppen. Es wird meist in mehreren Etappen gespielt, zuerst jeder für sich, dann in Kleingruppen und anschließend alle gemeinsam. Spielziel sind die Erfahrungen in den Diskussionen (Gesprächsregeln, Argumentieren lernen, andere Meinungen bewerten usw.). Außerdem dient das Spiel als Übung zur Teambildung.

Sie gehören einer Raumfahrergruppe an. Sie hatten den Auftrag, sich mit dem Mutterschiff auf der beleuchteten Mondoberfläche zu treffen. Wegen technischer Schwierigkeiten musste Ihr Raumschiff 200 Meilen entfernt vom Mutterschiff landen. Die Bruchlandung hat Ihr Raumschiff völlig zerstört. Die Überlebenschance für Ihre Mannschaft hängt davon ab, ob Sie das Mutterschiff erreichen. Von Ihrer Ausrüstung sind nur 15 Gegenstände heil geblieben. Sie müssen jetzt die Ausrüstungsgegenstände auswählen, die für die Überwindung der 200 Meilen bis zum Standort Ihres Mutterschiffes am wichtigsten sind. Stellen Sie mithilfe der Tabelle eine Rangordnung der unzerstörten Gegenstände auf, die für die Mitnahme durch die Besatzung mehr oder weniger wichtig sind. Ordnen Sie „1" der wichtigsten Position, „2" der nächstwichtigen Position usw. zu.

Zeit: ca. 15 Min. für den Einzelnen/30–45 Min. für die Gruppe.

Gegenstand	Mein Ergebnis	Ergebnis Gruppe	Lösung NASA	Abw. Einzel	Abw. Gruppe
Streichhölzer					
Lebensmittelkonzentrat					
Fünfzig Fuß Nylonseil					
Fallschirmseide					
Tragbares Heizgerät					
Zwei 0,45 Kal. Pistolen					
Trockenmilch					
Zwei 100-Pfund-Tanks Sauerstoff					
Stellar-Atlas (Mondkonstellation)					
Sich selbst aufblasendes Lebensrettungsfloß					
Magnetkompass					
Fünf Gallonen Wasser					
Signalleuchtkugeln					
„Erste-Hilfe-Koffer" mit Injektionsnadeln					
Mit Sonnenenergie angetriebener UKW-Sender/Empfänger					
	...	...	Σ		

Hinweise:
Es handelt sich um eine Übung, in der es gilt, Entscheidungen so herbeizuführen, als seien Sie wirklich Mitglieder einer Raumfahrtmannschaft auf dem Mond.
Folgende Regeln sind bei der Gruppendiskussion zu beachten:

- Alle Beschlüsse müssen einstimmig gefasst werden. Der Rangplatz von jedem der 15 Gegenstände muss die Zustimmung eines jeden Gruppenmitgliedes erhalten.

  Es wird sich nicht in allen Punkten eine einheitliche Meinung erreichen lassen. Sie müssen aber versuchen, jeden Punkt so zu beschließen, dass alle, wenigstens teilweise, zustimmen können.
- Versuchen Sie nicht, ihre persönliche Meinung um jeden Preis durchzusetzen, sondern mit logischen Argumenten zur Klärung der Aufgabe beizutragen.
- Unterstützen Sie nur solche Lösungen, mit denen Sie wenigstens teilweise einverstanden sind, ändern Sie die Meinung also nicht einfach, um Einigkeit zu erzielen und Konflikte zu vermeiden.
- Technische Hilfsmittel, um Beschlüsse zu erreichen, sind unzulässig. Also keine Mehrheitsabstimmungen, Errechnung des Durchschnitts der von den einzelnen Mitgliedern festgelegten Punktzahlen oder Tauschgeschäfte mit Punkten.
- Falls Sie innerhalb der festgesetzten Zeit nicht zu einem Ergebnis kommen, stellen Sie ein Ergebnis durch Auslosen fest.

www.solution4u-online.de (Zugriff: 19.4.2012)

Bewegungen eines Fischschwarms

M 13 Schwarmintelligenz

Die Natur verblüfft uns immer wieder mit hochkomplexem Verhalten bei Tieren in großen Gruppen. Angefangen bei der blitzartigen Bewegung eines ganzen Fischschwarms, über die Nahrungssuche der Ameisen und Bienen bis hin zum Fluchtverhalten einer Elchgruppe. Bei genauerem Hinschauen beruht dieses Verhalten aber zumeist auf wenigen sehr simplen Regeln.
Doch nicht nur dort (*im Tierreich*) findet man intelligente Schwärme. Sie (*die Schwarmintelligenz*) findet sich auch im Verhalten des Menschen wieder und wird als neuer Lösungsansatz für Probleme genutzt, die mit herkömmlichen Algorithmen nur unzureichend lösbar sind. (…)
Auf der Internetseite digg.com geben täglich tausende Nutzer Links zu Artikeln, Videos und Podcasts ihr Vote (genannt digg), die zuvor von anderen eingepflegt wurden. Umso mehr diggs ein Link bekommt, umso populärer ist er und umso weiter vorn erscheint er auf digg.com. Mit diesem einfachen System ist es den Gründern von Digg gelungen, die Art, wie ihre Nutzer das Internet sehen, zu verändern. Sie erhalten Zugang zu Informationen, auf die sie sonst mit großer Wahrscheinlichkeit nicht gestoßen wären. Aufgrund der großen Nutzerbasis wird ein breites Spektrum an Informationsquellen abgedeckt und so einer großen Masse zugänglich gemacht und für sie gefiltert. (…)
Google macht sich die Intelligenz der Masse zu Nutze. Bei der Berechnung des Pagerank, der maßgeblich für die Platzierung einer Seite innerhalb der Suchergebnisse verantwortlich ist, bestimmt Google die Popularität unter anderem anhand der eingehenden Links auf diese Seite, welche andere Webmaster, Redakteure und Nutzer gesetzt haben. Google vertraut allerdings nicht nur darauf, da eine oft verlinkte Seite nicht automatisch ein gutes Suchergebnis bedeutet. Gründe hierfür sind Linkfarmen und minderwertiger Content.

Lydia Pintscher: Schwarmintelligenz, Universität Karlsruhe, in: http://lydiapintscher.de/uni/schwarmintelligenz.pdf (Zugriff: 19.5.2012)

Algorithmus: Rechenvorgang, der nach einem bestimmten sich wiederholenden Schema abläuft

M14 Lösung des NASA-Spiels

Gegenstand	1	2	3	4	5	6	7	8	Gruppe	NASA	Abw. Einzel	Abw. Gruppe
Streichhölzer										15		
Lebensmittelkonzentrat										4		
Fünfzig Fuß Nylonseil										6		
Fallschirmseide										8		
Tragbares Heizgerät										13		
Zwei 0,45 Kal. Pistolen										11		
Trockenmilch										12		
Zwei 100-Pfund-Tanks Sauerstoff										1		
Stellar-Atlas (Mondkonstellation)										3		
Sich selbst aufblasendes Lebensrettungsfloß										9		
Magnetkompass										14		
Fünf Gallonen Wasser										2		
Signalleuchtkugeln										10		
„Erste-Hilfe-Koffer" mit Injektionsnadeln										7		
Mit Sonnenenergie angetriebener UKW-Sender/Empfänger										5		
										Σ		

Basis des Vergleichs sind die Abweichungen der Einzelergebnisse/Gruppenergebnisse vom Musterergebnis.
Beispiele: Teilnehmerlösungen 7 – Musterlösung 9 → Abweichung 9–7 = 2/Teilnehmerlösung 11 – Musterlösung 8 → Abweichung 11–8 = 3

Gegenstand	Rang	Begründung der NASA-Lösung
Streichhölzer	15	Wenig oder kein Nutzen auf dem Mond
Lebensmittelkonzentrat	4	Täglicher Nahrungsbedarf
Fünfzig Fuß Nylonseil	6	Nützlich, um Verletzte zu leiten und zu klettern
Fallschirmseide	8	Sonnenschutz
Tragbares Heizgerät	13	Nur auf der dunklen Seite nötig
Zwei 0,45 Kal. Pistolen	11	Mit ihnen können Antriebsversuche gemacht werden
Trockenmilch	12	Nahrung mit Wasser gemischt trinkbar
Zwei 100-Pfund-Tanks Sauerstoff	1	Zum Atmen nötig
Stellar-Atlas (Mondkonstellation)	3	Eines der wichtigsten Hilfsmittel, um Richtungen zu bestimmen
Sich selbst aufblasendes Lebensrettungsfloß	9	CO_2-Flaschen (zum Aufblasen des Floßes) als Antrieb zum Überwinden von Klüften
Magnetkompass	14	Wahrscheinlich kein polarisiertes Magnetfeld auf dem Mond, daher nutzlos
Fünf Gallonen Wasser	2	Ersetzt Flüssigkeitsverlust, der durch Schwitzen entsteht
Signalleuchtkugeln	10	Notsignal, wenn man in Sichtweite ist
„Erste-Hilfe-Koffer" mit Injektionsnadeln	7	Wertvolle Tabletten oder Injektionen
Mit Sonnenenergie angetriebener UKW-Sender/Empfänger	5	Notsignal-Sender: Vielleicht ist Kommunikation im Mutterschiff möglich

www.solution4u-online.de (Zugriff: 19.4.2012)

M 15 Sind wir gemeinsam dümmer?

Der Modebegriff Schwarmintelligenz verheißt Positives – aus vielen guten Entscheidungen Einzelner wird die Weisheit der Masse. Wie kam es dann trotzdem zur Finanzkrise? Eine Studie zeigt, woran es liegen könnte: Das Individuum sollte besser nicht wissen, was der andere denkt.

Die Welt wird immer komplizierter, wie soll man da als Einzelner noch den Überblick behalten? Auf sich allein gestellt erscheint das unmöglich – aber wenn Hunderte oder Tausende Menschen sich zusammentun, sieht die Sache schon anders aus. Der Mensch profitiert von der so genannten Schwarmintelligenz, der Weisheit der Vielen.

Der Nachrichtendienst Twitter gilt als Musterbeispiel für erfolgreiche Schwarmintelligenz. Spannende Nachrichten finden rasend schnell Verbreitung, Langweiliges verschwindet bereits nach wenigen Tweeds im Datennirwana. Dass Menschen gemeinsam bessere Entscheidungen treffen als einer allein, haben Experimente schon mehrfach bewiesen. So können Personen das Gewicht eines Bullen relativ präzise bestimmen, wenn sie einfach den Mittelwert ihrer Schätzungen nehmen.

Aber es gibt auch immer wieder Zweifel an der Weisheit der Vielen. Wie konnte es beispielsweise zur Finanzkrise kommen? Ein Forscherteam von der ETH Zürich hat nun in einem Experiment gezeigt, wie schnell Schwarmintelligenz in Schwarmdummheit umschlagen kann. Sobald Menschen nämlich erfahren, dass andere über ein Problem anders denken als sie selbst, ändern sie ihre eigene Meinung – zumindest ein bisschen. (...)

Dirk Helbing und seine Kollegen stellten 144 Studenten der ETH Zürich sechs verschiedene Fragen. Unter anderem wollten sie wissen, wie hoch die Bevölkerungsdichte in der Schweiz ist, wie viele Kilometer die Grenze zwischen der Schweiz und Italien misst und wie viele Morde es 2006 in dem Land der Eidgenossen gegeben hat. Sämtlich Zahlen, die jeder irgendwann schon mal gehört hat, aber kaum genau kennt. Damit die Probanden auch motiviert waren, gute Antworten zu geben, bekamen sie etwas Geld als Belohnung, wenn sie dem tatsächlichen Wert besonders nahe gekommen waren.

Die Weisheit der Vielen wurde auf zwei verschiedene Arten berücksichtigt. Ein Teil der Probanden erfuhr nach der ersten eigenen Schätzung den Mittelwert aller anderen Studienteilnehmer, denen dieselbe Frage gestellt worden war. Ein anderer Teil der Probanden bekam sogar die Schätzwerte aller anderen Teilnehmer vorgelegt. Jede Frage wurde fünfmal wiederholt. Am Anfang und am Ende wurden die Probanden zudem gefragt, wie sicher sie sich mit ihrer eigenen Schätzung sind. Bei fast allen Fragen zeigte sich, dass die zuerst gegebenen Antworten im Durchschnitt die besten waren. Je mehr die Probanden über die Schätzungen der anderen Studienteilnehmer wussten, umso mehr sank die Schwarmintelligenz. Extremwerte verschwanden nach und nach, die Schätzwerte der einzelnen Probanden näherten sich immer mehr an, ohne dass der Mittelwert dem tatsächlichen Wert näher kam.

Holger Dambeck: Gemeinsam sind wir dümmer, in: www.spiegel.de (Zugriff: 1.5.2012)

Zeichnung: Breuer

1 Spielen Sie das NASA-Spiel (M 12). Reihenfolge der Arbeitsschritte: a) Individuelle Lösung eintragen („Mein Ergebnis"), b) Gruppenlösung eintragen („Ergebnis der Gruppe"), c) Abweichungen zwischen individueller und Gruppenlösung eintragen, d) NASA-Lösung eintragen, e) Abweichungen zwischen NASA-Lösung und individueller Lösung eintragen (jeweilige Gründe vergleichen), f) Abweichungen zwischen NASA-Lösung und Gruppenlösung eintragen (jeweilige Gründe vergleichen).

2 Werten Sie die Ergebnisse aus, indem Sie die Abweichungen Ihrer Ergebnisse von den von der NASA ermittelten richtigen Ergebnissen feststellen und die Vergleiche ziehen. Welche Schlüsse können Sie ziehen?

3 Analysieren Sie den Werdegang der wikipedia-Plattform unter dem Gesichtspunkt der „Schwarmintelligenz" (M 13).

4 Beurteilen Sie die Kritik am Konzept der Schwarmintelligenz (M 15).

5 Beurteilen Sie, inwiefern Konzepte der „Schwarmintelligenz" Aspekte der Gruppenleistungen beinhalten.

6 Diskutieren Sie, inwiefern Gruppenleistungen den Einzelleistungen überlegen sind.

Die „dumme" Gruppe? – Groupthink und Konformitätsdruck

Gruppen vollbringen beeindruckende Leistungen. Wir alle bewegen uns in Gruppen. Aber oft kommt es auch dazu, dass wir in Gruppen Dinge tun, die wir als Einzelne wohl nie getan hätten. Das müssen nicht immer positive Dinge sein. In Experimenten, auch Selbstexperimenten, sollen die Leistungen und Fehlleistungen der Gruppe ausgelotet werden.

M 16 Das Erbsenexperiment

Wie viele Erbsen sind in diesem Glas? Schätzen Sie!
Die Versuchspersonen schätzen in Gruppen: In der ersten Gruppe schätzen alle einzeln, ohne die Schätzergebnisse der anderen zu kennen.
In der zweiten Gruppe schätzen alle nacheinander und hören die Schätzergebnisse der anderen.

M 17 Das Asch-Experiment

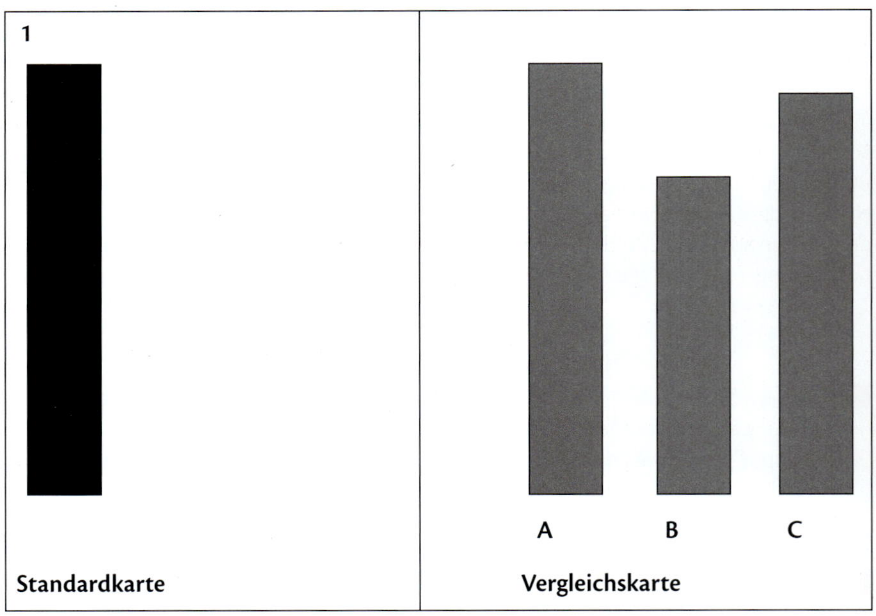

Welche Linien sind gleich lang?

Das so genannte Asch-Experiment des Psychologen Salomon Asch (1907–1996) untersuchte 1951 die Beeinflussung der Meinung bzw. des Urteils einer Einzelperson durch die Meinung bzw. das Urteil einer Gruppe. Beim Experiment müssen die Versuchspersonen zunächst alleine entscheiden, welche Linie der Vergleichskarte (rechts) genauso lang wie die Linie auf der Standardkarte (links) ist. Ergebnis: Nahezu alle Probanden lösen die Aufgabe erfolgreich, die Versuchspersonen antworten also „A".

Wahrnehmungsanpassung in der Gruppe?
Im eigentlichen Experiment sitzt die unwissende Testperson mit sechs anderen – über den eigentlichen Zweck des Experiments eingeweihten – Personen zusammen in einem Raum. Nacheinander sollen die Personen nun angeben, welche der Linien die gleiche Länge wie die Ausgangslinie aufweist. In den ersten vier Durchgängen geben alle Eingeweihten und auch die eigentliche Versuchsperson die richtige Antwort. Der interessante Teil des Experiments beginnt, als die Gruppe der sechs anderen im fünften Durchgang geschlossen behauptet, dass in unserem Beispiel „C" dem Strich auf der „Standardkarte" entspricht, also von der Gruppe geschlossen eine falsche Antwort gegeben wird. Der Versuch wird auf diese Weise mehrmals wiederholt. Wie verhält sich nun die Versuchsperson?
Das Ergebnis ist erstaunlich: 76 Prozent der Testpersonen passten sich mindestens einmal dem falschen Urteil der Gruppe an. Ein Viertel der Testpersonen ließ sich nicht von der Gruppe beeinflussen und verhielt sich nicht konform.
Die Anpassung an die Mehrheitswahrnehmung einer Gruppe wird in Anlehnung an das Experiment auch Asch-Effekt genannt.

Sind wir gemeinsam dümmer?
In der Gruppe der sich anpassenden Personen, der so genannten *Konformisten*, können drei verschiedene Anpassungstypen unterschieden werden:
1. Einige wenige änderten ihre Meinung wegen der Mehrheitsmeinung, ohne bewussten Druck der Gruppe zu verspüren. Ihre Wahrnehmung änderte sich tatsächlich.
2. Die meisten glaubten ihrem eigenen Urteil nicht und wurden unsicher, obwohl sie richtig wahrgenommen hatten, da die Mehrheit ja Recht haben müsste.
3. Die dritte Gruppe nahm den Fehler korrekt wahr, wollte jedoch bewusst den Konflikt mit der Gruppe vermeiden.

Diejenigen, die sich der Mehrheit nicht anpassten, können in folgende Gruppen eingeteilt werden:
1. Die Selbstbewussten
2. Die Introvertierten
3. Die Zweifelnden

Die Selbstbewussten äußerten ihre abweichende Meinung klar und deutlich: Ohne die Gruppe anzugreifen, waren sie sich des Konfliktes bewusst. Die Introvertierten zögerten länger, entschieden sich aber dann letztendlich dafür, dass sie ihre Individualität und ihr getroffenes Urteil nicht aufgeben wollen. Die Zweifelnden fühlten sich hin- und hergerissen, entschieden sich aber letztendlich dafür, dass ein unabhängiges Urteil am besten für die Aufgabe ist.
Das Ergebnis des Asch-Experimentes zeigt, dass der Einfluss der Gruppe auf das Individuum nicht zu unterschätzen ist. Das Asch-Experiment offenbart, dass eine Anpassung erfolgt, selbst wenn keine Bedrohung oder Schlechterstellung durch die Gruppe droht. Auch wenn nicht bewusst und willentlich Druck ausgeübt und Einfluss genommen wird, kann das Verhalten einer Mehrheit das Verhalten und Entscheiden einer Einzelperson beeinflussen.
„Ich weiß doch, was ich sehe", in: http://www.bpb.de (Zugriff: 19.5.2012)

1 Spielen Sie das Erbsen-Spiel mit mindestens fünf Personen pro Gruppe.
2 Werten Sie es danach in folgender Weise aus: Berechnen Sie die Abweichungen der Schätzergebnisse vom Mittelwert der einzelnen Gruppe.
3 Beurteilen Sie die Ergebnisse: Normalerweise sind die Abweichungen bei bekannten Schätzwerten der anderen geringer. Wie deuten Sie dies Ergebnis?
4 Beschreiben Sie das Asch-Experiment. Nutzen Sie dabei den Methodenteil.
5 Beurteilen Sie das Asch-Experiment im Hinblick auf seine Aussagen zum Konformitätsdruck.
6 Beurteilen Sie die Konsequenzen des Asch-Experiments, indem Sie auch die Personentypisierungen einbeziehen (**M 17**).
7 Besprechen Sie ob sich die Erkenntnisse aus der Laborsituation des Asch-Experiments auch auf die Alltagssituation übertragen lassen. Inwiefern ist die Situation des Experiments künstlich und konstruiert?
8 Analysieren Sie die Materialien zum Groupthink (**M 21**, **M 22**).

M 18 Sind wir gemeinsam dümmer?

Eigene Darstellung

M 19 Wenn die Gruppe Druck macht

Das Ergebnis des Asch-Experimentes zeigt, dass der Einfluss der Gruppe auf das Individuum nicht zu unterschätzen ist. Das Asch-Experiment offenbart, dass eine Anpassung erfolgt, selbst wenn keine Bedrohung oder Schlechterstellung droht. Auch wenn nicht bewusst und willentlich Druck ausgeübt und Einfluss genommen wird, kann das Verhalten einer Mehrheit das Verhalten und Entscheiden einer Einzelperson beeinflussen. Macht die Mehrheit drei Personen aus, passen sich mehr Einzelpersonen an als bei einer Mehrheit von zwei Personen.
Der so genannte Konformitätsdruck oder auch Gruppenzwang wirkt meist unbewusst, d. h. die beeinflusste Person und auch die beinflussende Gruppe ist sich der Wirkung der Mehrheit auf den Einzelnen oft gar nicht bewusst und bemerkt dies gar nicht.

Unausgesprochene Erwartungen und Regeln
Als Mitglied einer Gruppe hat man oft das Gefühl,

- dass die Gruppe etwas von einem erwartet,
- dass ein bestimmtes Verhalten zulässig oder unzulässig ist,
- dass von der Gruppe Druck auf das eigene Verhalten ausgeübt wird.

Diese wahrgenommenen Erwartungen von der Gruppe an ihre Mitglieder sind oft unausgesprochen und können als ein teils bewusstes und teils unbewusstes Regelwerk bezeichnet werden. Jede Gruppe hat solche Spielregeln. Diese sind zu einem gewissen Maße notwendig und selbstverständlich, damit das Zusammenarbeiten und -leben in der Gruppe überhaupt funktioniert.
Ein Beispiel hierfür sind Kommunikationsregeln: Man beleidigt den Anderen nicht und lässt ihn ausreden. Sich gewissen Regeln einer Gruppe anzupassen, kann also auch sinnvoll sein, um bspw. eine Aufgabe effizient zu lösen. Problematisch kann es dann werden, wenn eine Person sich der Meinung und den Verhaltenserwartungen einer Gruppe anpasst, obwohl sie eigentlich anders handeln möchte.

Gründe zum Anpassen an die Gruppenmeinung
In der wissenschaftlichen Forschung hat man unterschiedliche Gründe ermittelt, warum Menschen sich dem Urteil einer Gruppe anpassen.

- Ich vertraue dem Urteil der Gruppe, weil ich es selbst nicht besser weiß.
  Wenn eine Person unsicher ist und z. B. nicht über das nötige Hintergrundwissen, die relevanten Informationen zu einem Thema verfügt, passt sie sich dem Urteil der Gruppe an. Sie vertraut dem Urteil der Gruppe mehr als dem eigenen und möchte keinen Fehler machen. Dieser Einfluss der Gruppe auf das Urteilen einer Einzelperson wird daher informativer Einfluss genannt.
- Ich möchte, dass die anderen mich anerkennen und sympathisch finden.
  Menschen haben das Bedürfnis, Anerkennung von ihren Mitmenschen zur erlangen. Sie möchten schlicht und einfach gemocht und sympathisch gefunden werden. Das Äußern einer abweichenden Meinung in einer Gruppe birgt die Gefahr, dass Gruppenmitglieder darauf mit Zurückweisung und Kritik reagieren. Die Person erwartet eine negative Sanktion. Das Äußern einer konformen Meinung hingegen führt zu einer positiven Bewertung

durch die Mitglieder. Ziel der Einzelperson ist die Vermeidung von Ablehnung und die Aufrechterhaltung der Mitgliedschaft. Denkbar sind zudem positive Sanktionen von der Gruppe wie bspw. Lob, Anerkennung, ein beschleunigter sozialer oder beruflicher Aufstieg. Dieser Einfluss der Gruppe auf das Urteilen der Einzelperson wird normativer Einfluss genannt.

Verbündete suchen

Was also tun, wenn man sich nicht traut, in gewissen Gruppen seine Meinung zu äußern? Forscher haben herausgefunden, dass die Anwesenheit von Verbündeten hilft, dem Einfluss der Gruppe zu widerstehen. War beim Asch-Experiment eine zweite Person im Raum, die ebenfalls die korrekte Antwort gab, war die Anzahl derjenigen, die sich konform verhielten, sehr viel geringer. Wenn man also erwartet, in einer Situation von einer Gruppe Druck gemacht zu bekommen, sollte man sich, wenn möglich, einen Verbündeten zur Seite stellen. Oft ist es zudem so, dass selbst, wenn man eine kritische Meinung äußert, dies nicht automatisch bedeuten muss, von der Gruppe zurückgewiesen zu werden. Oft sind die erwarteten Konsequenzen und Befürchtungen im Kopf sehr viel drastischer als die tatsächlichen Folgen.

„Wenn die Gruppe Druck macht“, in: http://www.bpb.de (Zugriff: 19.5.2012)

M 20 Traust du dich, anders zu sein?

Eigene Darstellung

M21 Groupthink

In Gruppen können Wissen, Erfahrungen und Informationen mehrerer Personen zusammengeführt und genutzt werden. Ideenaddition und gegenseitige Anregungsprozesse führen zu einem höheren Kreativitätsniveau. Die Perspektivenvielfalt erlaubt eine komplexere, vielfältigere und kritischere Prüfung und Beurteilung von Handlungsalternativen.

Alle diese Vorteile sind allerdings nur potenzieller Natur. In Entscheidungssituationen kommen sie nur zum Tragen, wenn die Gruppenmitglieder (GM) einerseits ihr unabhängiges Denken bewahren und andererseits tatsächlich auch alle Aspekte in den Gruppenprozess eingesteuert werden. Genau dies geschieht aber nicht, wenn sich eine Gruppe zu früh und intensiv auf eine gemeinsame Denkhaltung festlegt.

Dieser Effekt wird in der Sozialpsychologie als „Groupthink“ (Gruppendenken) thematisiert. Es ist ein sehr subtiler Mechanismus, der in Entscheidungsgremien zu suboptimalen Entscheidungen führen kann. Spätestens wenn Unternehmen in eine Krise geraten, stellt sich die Frage, ob nicht der ein oder andere Schaden hätte vermieden werden können, wenn sich die an den Entscheidungen beteiligten Personen ihr unabhängiges und kritisches Denken bewahrt hätten, statt sich in den Zug der Lemminge einzureihen.

Historischer Ursprung

Ursprünglich formuliert wurde die Groupthink-Theorie von dem Amerikaner Irving Janis schon in den Siebzigerjahren. Er untersuchte markante Negativereignisse in der jüngeren US-Geschichte, die im Rückblick gemeinhin auf gravierende politische Fehlentscheidungen zurückgeführt wurden: Pearl Harbour, Invasion in der Schweinebucht, Koreakrieg und Vietnamkrieg.

Sein Interesse galt der Frage, warum eigentlich hochkompetente Beratergruppen der Präsidenten diese Fehlentscheidungen nicht verhinderten, sondern ihnen vielmehr sogar

Irving Janis (1918–1990), US-amerikanischer Psychologe

Vorschub leisteten. Zentrale Erkenntnis der Untersuchung war, dass die Beraterstäbe einer starken Gleichschaltung im Denken unterworfen waren, ein Phänomen, das Janis „Groupthink" nannte und dessen Entstehungsbedingungen, Symptome und negative Folgewirkungen er in einem Modell abbildete.

Die wichtigsten Erkenntnisse werden nachfolgend dargestellt:

Unter Groupthink wird die Neigung von GM verstanden, sich in Entscheidungssituationen stark dem Gruppendruck anzupassen, eigenes kritisches und reflektierendes Denken zu unterdrücken und Informationen von außen zu ignorieren. Die Aufrechterhaltung der Gruppengeschlossenheit und -solidarität wird für die Mitglieder zu einem wichtigeren Ziel als die kritische Auseinandersetzung mit einer objektiven Faktenlage.

Es wird auch vom „Einmütigkeitsstreben" gesprochen, von dem eine Gruppe dominiert wird. Menschen in Gruppen haben oft eine latente Tendenz zu dieser Einmütigkeit, da sie implizit davon ausgehen, dass in der Gruppe eine Konsenslösung erwartet wird. Zudem besteht aus Gründen des eigenen Selbstwertgefühls ein Bedürfnis danach, die eigene Position in der Gruppenentscheidung wiederzufinden. Durch ein schnelles Einschwenken auf den (vermeintlichen) Gruppenkonsens ist dies am sichersten gewährleistet.

Negative Folgen

Die Qualität von Entscheidungen in und durch Gruppen lebt von der Vielfalt der Perspektiven und der auf ihr basierenden kontroversen und kritischen Diskussion und Bewertung alternativer Handlungsoptionen. Dazu gehört auch ganz explizit die „Unterlassensalternative". Das „Geschäft des Lebens" kann auch einmal sein, ein Geschäft nicht gemacht zu haben. Wird Perspektivenvielfalt nicht gesichert, so sind suboptimale, wenn nicht sogar Fehlentscheidungen eine häufige Folge. Diese beruhen auf typischen Defekten, die mit einem überstarken Einmütigkeitsstreben einhergehen (...).

Begünstigende Faktoren

Was sind nun Rahmenbedingungen, die das Auftreten von Gruppendenken wahrscheinlicher machen?

Hohe Gruppenkohäsion (Gruppenzusammenhalt): Sie gründet darauf, dass die Mitgliedschaft in der Gruppe für den Einzelnen attraktiv und erstrebenswert ist. Dies ist insbesondere in Gruppen gegeben, für die hohe Zugangsbarrieren existieren, die eine hohe Statuswirkung nach außen entfalten oder in denen überdurchschnittliche Anreize gewährt werden. Die Zugehörigkeit zum Inner Circle eines Unternehmens dürfte wohl alle diese Kriterien erfüllen. Die Mitgliedschaft soll durch „Abweichlertum" oder Äußerung kritischer Positionen nicht leichtfertig gefährdet werden.

Isolation der Gruppe: Wenn eine Gruppe – zum Beispiel aus Geheimhaltungsgründen oder schlicht wegen einer entfernten lokalen Ansiedlung – wenig Kontakt zu anderen Gruppen, Mitarbeitern oder der Außenwelt hat, dann ist sie damit auch von abweichenden Standpunkten und Informationen abgeschirmt. Die Gruppe „schmort im eigenen Saft" und hinterfragt mangels Außenimpulsen eigene Positionen nicht mehr hinreichend.

Direktiver Leiter mit klaren eigenen Präferenzen: Wenn Leiter von Gruppen eine starke Machtposition haben und schon zu Beginn von Gruppensitzungen ihre präferierten Entscheidungen und Handlungsoptionen durchblicken lassen, dann haben die Mitglieder die Tendenz, schnell auf diesen Kurs einzuschwenken. Sie scheuen dann das Risiko, das aufgrund der Machtasymmetrie mit einer kritischen Auseinandersetzung verbunden ist. Verschärft wird diese Tendenz, wenn der Leiter den Diskussionsverlauf sehr straff führt, auf schnelle Entscheidungen dringt und offen oder subtil abweichende Standpunkte abwertet oder sogar unterdrückt.

Fehlen von definierten Entscheidungsprozeduren: Wenn nicht festgelegt ist, auf welchem methodischen Weg man in einer Gruppe zu gemeinsamen Entscheidungen gelangt und wie alternative Standpunkte einbezogen werden, dann wird dieses Strukturvakuum durch andere Prozesse gefüllt. Entweder es herrscht Chaos, was aus Effizienzgründen in Wirtschaftsorganisationen aber nicht über längere Zeit toleriert wird. Oder es dominieren schnell soziale Prozesse – die zumindest den Anschein von Effizienz und Struktur erwecken – über sachlichen Austausch. Ein solcher sozialer Prozess ist die Gleichschaltung von Denken. Strukturlose Diskussionen befördern also Groupthink.

Homogenität der Gruppenmitglieder: Ein gleicher ideologischer Background und soziale Ähnlichkeit (zum Beispiel Alter, Geschlecht, Ausbildung, beruflicher Werdegang) beschleunigen über Perspektivenähnlichkeit das (zu) schnelle Finden eines gemeinsamen Standpunkts. Banken sind hier wegen ihrer tendenziellen Monostruktur bei den Berufsbildern stärker gefährdet als klassische Industrieunternehmen, in denen eine variantenreichere Mischung an Berufsbildern vorherrscht. Auf eine gewisse Heterogenität in der Gruppenzusammensetzung zu achten, kann also eine wirksame Vorbeugung gegen Groupthink sein.

Hoher Druck durch (gefühlte) externe Bedrohung: Gerade bei starkem Leistungs- oder Termindruck, bei Unternehmenskrisen oder wenn das Unternehmen stark im Blickpunkt der Öffentlichkeit steht, baut sich bei den GM ein hoher Stresslevel auf. Die Neigung, via Meinungskonsens enger zusammenzurücken („Wagenburgmentalität“) steigt. Dies gibt persönliche Sicherheit und gestattet in der eigenen Wahrnehmung eine leichtere Verteilung der Verantwortung auf alle Schultern (Verantwortungsdiffusion). Der Einfluss dürfte dann besonders stark sein, wenn wenig Hoffnung auf eine bessere Entscheidung besteht als die vom Leiter der Gruppe favorisierte. Und dem wird wegen seiner Position implizit die bessere Informationsbasis unterstellt.

Reduziertes Selbstwertgefühl: Selbstwertreduktionen können auf unterschiedlichen Ursachen beruhen. Erstens können vergangene Misserfolge/Fehlentscheidungen zu einem individuellen Gefühl der Inkompetenz führen. Dies verstärkt dann die Neigung sich auf die Gruppenmeinung zu verlassen. Zweitens kann die Gruppe vor schwierigen und komplexen Aufgaben stehen, denen sich die Mitglieder nur bedingt gewachsen fühlen. Die Herstellung von Gruppenharmonie erhöht den „Kuschelfaktor“ und stellt dann ein wirksames emotionales Gegengewicht zur subjektiv empfundenen persönlichen Unsicherheit dar.

Klaus Watzka: Das Phänomen der Fehlentscheidung, Die Bank Nr. 12/2008, in: http://www.die-bank.de (Zugriff: 19.5.2012)

M 22 Groupthink-Modell: Der Irrweg zur Fehlentscheidung

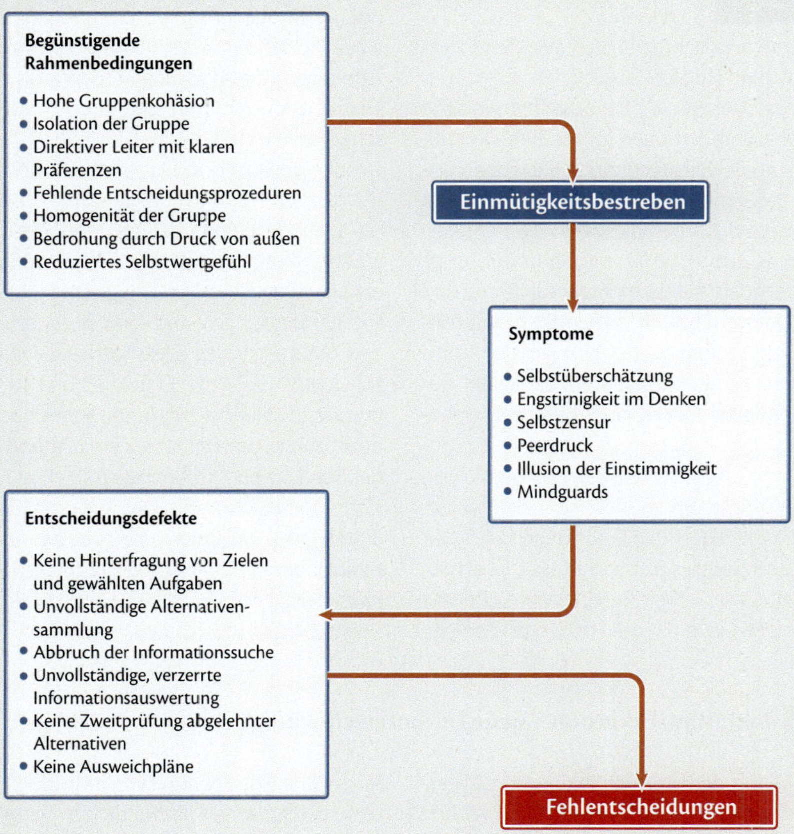

Eigene Darstellung in Anlehnung an Janis (1972, 1982)

Du gehörst zu uns! – Soziale Bindungen und Inklusion

Gruppen sind nicht nur dazu geschaffen, sich kollektiv gegen ein Außen zu wenden, sondern sie vermögen es auch, weitere Mitglieder in sich aufzunehmen. In ihnen entwickeln sich soziale Bindungen, d.h. emotionale Beziehungen zwischen Menschen. Der Prozess der Inklusion meint die Teilnahme von Menschen an Gruppenprozessen. Die Mechanismen der Inklusion haben u.a. zur Bildung großer Nationen mit vielen Millionen Menschen geführt.

M23 Soziale Bindungen

Gedränge im Fahrstuhl

Den größten Teil ihres Lebens verbringen Menschen in Gesellschaft mit anderen und im Umgang mit ihnen. Das Zusammensein reicht vom beziehungslosen Miteinander an Haltestellen oder in Fahrstühlen, anonymer Konkurrenz untereinander wie in sportlichen Wettkämpfen, bis zu aggressivem Verhalten gegeneinander. Es kann aber auch helfendes, freundliches oder auch einfach nur ein geselliges Miteinander bestehen. (...)

Auch im beobachtbaren Verhalten lassen sich in solchen sozialen Situationen die Unterschiede nachweisen: Sie betreffen einfache Distanzveränderungen unter Berücksichtigung des Bewegungstempos, Hinwendungs- und Abwendungsgrade unterschiedlicher Stufen und Körperhaltung sowie den Ausdruck (Gestik, Mimik und Stimmführung). Insbesondere bei der Kontaktaufnahme und Interaktion mit fremden Personen sind feinmaschigere Formen der nonverbalen Kommunikation zu beobachten wie Dauer des Blickkontakts oder Häufigkeit des Kopfnickens.

Auch im subjektiven Erleben eröffnet sich ein großes Spektrum an Unterschieden: in Gestalt der auftretenden Emotionen (wie Interesse und Neugier, Sympathie, Ekel, Überheblichkeit, Unsicherheit, Furcht, Wut, Sicherheit usw.) und Gedanken, die in den psychologischen Modellbildungen als Anreize und Erwartungen dargestellt werden. So gehen Personen eher optimistisch oder pessimistisch zu einem Treffen, fühlen sich dort sicher oder unsicher, interpretieren eine Gesprächsunterbrechung als Desinteresse oder Schüchternheit des Gegenübers und reagieren darauf beleidigt, hilflos oder unternehmungslustig. (...)

Entwicklungsphasen der Vertrautheit:
Primäre Vertrautheit: Das Kleinkind fasst Vertrauen zu den Pflegepersonen in seiner Familie, insbesondere zur Mutter.
Sekundäre Vertrautheit: Sie richtet sich auf einzelne Personen außerhalb der Familie, mit denen Freundschaften oder eine eheliche oder eheartige Intimpartnerschaft geknüpft wird. Die *Sekundäre Vertrautheit* setzt in der Adoleszenz die Ablösung von dem bis zum Überdruss Vertrauten, den Eltern und Geschwistern, voraus.
Tertiäre Vertrautheit: Das ist die Beziehung der Mutter – und in stabilen Familien auch des Vaters – zu den Kindern. Dabei ist für die Mutter offenbar schon der Geburtsvorgang eine sensible Situation. Die gleiche Abfolge sozialer Bindungen und ihrer Bezugspersonen (Mutter, Vater, Gleichaltrige, gegengeschlechtliche Partner) hat die Forschungsgruppe um Harlow aufgrund zahlreicher Beobachtungen bei Primaten gemacht und mit der Bezeichnung „Liebe" belegt.

Kurt Sokolowski/Heinz Heckhausen: Soziale Bindung. Anschlussmotivation und Intimitätsmotivation, in: Jutta Heckhausen/Heinz Heckhausen (Hg.): Motivation und Handeln, Heidelberg (Springer) 2006, S. 25

Niklas Luhmann (1927–1998), deutscher Soziologe. Mit seiner „Systemtheorie" versucht Luhmann die moderne Gesellschaft in ihrem strukturierenden Funktionieren zu verstehen

M24 Inklusion/Exklusion – neue Leitunterscheidung?

Der Begriff der *Inklusion* ist in den Geistes- und Sozialwissenschaften zuerst vom US-amerikanischen Soziologen Talcott Parsons (*s. S. 120*) geprägt worden. Mit dem Begriff der Inklusion bezeichnete Parsons die gesellschaftliche Einbeziehung von Individuen unterschiedlicher gesellschaftlicher Gruppen vor allem im Modus von citizenship, d.h. (...) als im 19./20. Jahrhundert entstandenes Ensemble ziviler, politischer und sozialer Rechte, die gesellschaftliche Ungleichheit zwar nicht aufheben, aber einen gemeinsamen Referenzrahmen multipler gesellschaftlicher Zugehörigkeiten (Klassen, Ethnien, Religionsgemeinschaften etc.) bilden. In diesem Konzept gab es (noch) keinen Gegen- oder Kontrastbegriff zu Inklusion. Historisch und praktisch-politisch bezog sich Parsons' Konzept der Inklusion nicht zuletzt auf Probleme des Bildungssystems mit dem Fokus auf gesellschaftliche Minderheiten oder diskriminierte Gruppen in den USA Mitte des 20. Jahrhunderts.

Der französische Politiker und Sozialwissenschaftler René Lenoir publizierte 1974 unter dem Titel „Les exclus. Un français sur dix" eine politische und sozialwissenschaftliche Diagnose, in der er Exklusion als weitreichenden Ausschluss von Individuen und großen Teilen der Bevölkerung aus der Gesellschaft beschreibt. Hieran schloss sich seitdem eine vielfältige geistes- und sozialwissenschaftliche Thematisierung von Exklusionsphänomenen in der modernen Gesellschaft an. Damit avancierte Exklusion allmählich zu einer neuen Kategorie der Analyse sozialer Ungleichheit und gesellschaftlicher Diskriminierungen.

Niklas Luhmann (s. S. 46) definierte im Rahmen seiner an Parsons anschließenden soziologischen Systemtheorie Inklusion als Verwendung der Eigenkomplexität psychischer Systeme in sozialen Systemen oder auch als Adressierung und Berücksichtigung von Personen als Individuen in sozialen Systemen, und zwar immer im Modus der Kommunikation. In kritischer Auseinandersetzung mit Parsons konzipierte Luhmann Inklusion allerdings differenztheoretisch in Form der Unterscheidung Inklusion/Exklusion. Damit verbindet sich eine erhöhte Aufmerksamkeit für die grundlegende Kontingenz (*Zufälligkeit*) von Inklusion sowie für jeweils spezifische Modi von Inklusion/Exklusion in Interaktionen, Organisationen und in den gesellschaftlichen Funktionssystemen. Während demnach auf der Seite der Inklusion in den jeweils korrespondierenden sozialen Systemen Personen als Individuen adressiert und berücksichtigt werden, geht Exklusion typischerweise mit der Reduktion von Individuen auf „ihre" Körper einher. Dabei lassen sich insbesondere für Exklusion kumulative Effekte beobachten, d.h. dass Exklusionen aus unterschiedlichen sozialen Systemen sich wechselseitig verstärken (können).

Nach Luhmann und Stichweh ergibt sich gegenwärtig insbesondere im Kontext von Weltgesellschaft, medial globalisierter Kommunikation und globalisierten Funktionssystemen eine gesellschaftstheoretisch erhöhte Relevanz der Form Inklusion/Exklusion. Und es wird sogar systemtheoretisch diskutiert, inwiefern Inklusion/Exklusion gegenwärtig zu einer neuen gesellschaftlichen Leitunterscheidung avanciert und damit funktionale Differenzierung effektiv überformt, d.h. Inklusion/Exklusion zur neuen Primärdifferenzierung der Gesellschaft wird. Dies ist für die soziologische Systemtheorie, die sich ja als Theorie der (primär) funktional differenzierten Gesellschaft versteht, durchaus bemerkenswert.

Marcus Otto: Inklusion/Exklusion, Edumeres.net, Juni 2012, in: http://www.edumeres.net (Georg-Eckert-Institut) (Zugriff: 19.5.2012)

M 25 Inklusion

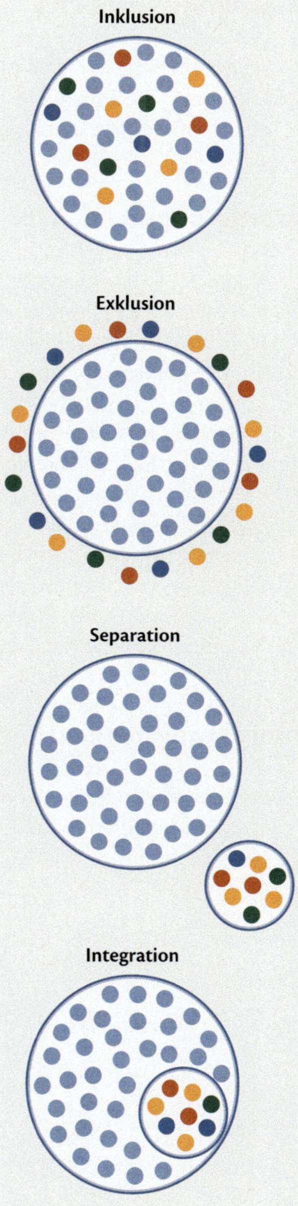

Eigene Darstellung

1 Analysieren Sie die Situation im Fahrstuhl (Foto S. 46) unter Berücksichtigung der „Territorien des Selbst".

2 Führen Sie ein Gedankenexperiment durch: Was geschieht, wenn der Fahrstuhl stecken bleibt?

3 Führen wir das Gedankenexperiment weiter: Hilfe ist nicht erreichbar, man wird wohl das Wochenende im Fahrstuhl verbringen müssen. Was geschieht?

4 Analysieren Sie den Text zu den sozialen Bindungen (**M 23**).

5 Erstellen Sie mithilfe der Methode der Soziometrie das Soziogramm einer sozialen Gruppe (z.B. einer Jugendgruppe).

6 Analysieren Sie den Text Inklusion/Exklusion (**M 24**). Definieren Sie danach die Begriffe Inklusion, Integration, Exklusion und Separation.

7 Der Begriff der Inklusion wird in der aktuellen Diskussion besonders auf die Inklusion im Schulsystem verengt. Recherchieren Sie in Ihrer Umgebung zur Inklusion im Schulsystem. Beschreiben Sie die Entwicklung mit den Begriffen der Soziologie.

8 Recherchieren Sie im Internet zur Systemtheorie Niklas Luhmanns. Fertigen Sie ein kurzes Referat an, das diese Theorie zusammenfasst. Erläutern Sie auch, inwiefern diese Theorie Bedeutung für Inklusion/Exklusion hat.

Kompetenzcheck

Anforderungsbereich I:

- Unterscheiden Sie die Begriffe Gemeinschaft und Gesellschaft.
- Stellen Sie die Bindungskräfte innerhalb von Gemeinschaften und Gesellschaften dar.
- Definieren Sie die statistische Gruppe.

Anforderungsbereich II:

- Erläutern Sie an einem Beispiel, wie aus einer statistischen Gruppe eine soziale Gruppe, evtl. eine Organisation werden kann.
- Analysieren Sie die folgenden Aussagen zur Einordnung von Fußballfans mithilfe der Begriffe der Gruppensoziologie:
  „Der Fußballfan an sich ist allerdings alles andere als eine homogene Spezies. Es gebe dort ganz verschiedene Gruppierungen (…). Beispielsweise die so genannten Ultras, der harte Kern der Fans, oder die aggressiven und gewaltbereiten Hooligans. Jede dieser Gruppen pflege gegenüber der anderen ein gemeinsames ‚Wir gegen die anderen'-Gefühl, das eine Hierarchisierung innerhalb der Szene ergebe. Ein Phänomen, das sogar im Stadion sichtbar wird. In der Kurve, sagt Schäfer, stünden die Fans erster Klasse, diejenigen, die immer im Stadion sind. Sie fühlten sich den Gelegenheitsfans überlegen, die auf den Geraden sitzen und nur gelegentlich ein Spiel ‚ihrer' Mannschaft besuchen."
  Andrea Puppe: Der Fan, das (un)bekannte Wesen, in: Tagesspiegel v. 19.4.2008
- Erläutern Sie die Besonderheiten von Groß- und Klein- sowie formellen und informellen Gruppen.
- Erläutern Sie die Leistungen von Gruppen.
- Skizzieren Sie die Gefahren des Groupthink.
- Erläutern Sie die Bedeutung sozialer Bindungen.

Anforderungsbereich III:

- Beurteilen Sie die Leistungen von wikipedia als Gruppenleistung.
- Entwickeln Sie Vorschläge, wie man den Gefahren des Groupthink in einer Klasse entgehen kann.
- Beurteilen Sie, inwiefern in Schulklassen Inklusion aller gleichaltrigen Kinder erreichbar ist.

3 Was trennt mich vom Anderen? – Soziale Abgrenzungen

Das Zusammenleben der Menschen ist nicht immer harmonisch. Menschen grenzen sich voneinander ab, grenzen Andere aus, haben Streit mit Anderen. Vor allem Gruppen haben die Tendenz, sich stark von Nichtmitgliedern abzugrenzen. Häufig sollen Abgrenzungen soziale Andersartigkeit demonstrieren und haben damit Funktionen für das soziale Zusammenleben. Soziale Exklusion, also Ausgrenzung, ist der Verlust an sozialen und politischen Teilhabechancen. Der Soziologie zufolge hat sie eine Funktion in der Gesellschaft. So regeln auch Konflikte den sozialen Zusammenhalt, wenn sie in geordneten Bahnen verlaufen.

Du gehörst nicht dazu! – Exklusion

In der Gesellschaft existiert neben Verbindendem immer auch Trennendes. Sie besitzt sowohl Kohäsionskräfte, also inneren Zusammenhalt, als auch auseinandertreibende Kräfte. Manche Soziologen betrachten die Gesellschaft deshalb als ein labiles Gleichgewicht zwischen beiden Kräften – der Inklusion und der Exklusion.

M1 Oben, unten? Drinnen, draußen?

Man fährt von Berlin 50 Kilometer Richtung Norden nach Mecklenburg-Vorpommern oder nimmt nach 20 Uhr einen Bus in ein bestimmtes Neubaugebiet des sozialen Wohnungsbaus am Rande Bergamos, Utrechts oder Reutlingens, dann gerät man jedes Mal in eine soziale Zone mit hoher Arbeitslosigkeit oder massiver Unterbeschäftigung, maroden Schulen und demolierten Bahnhöfen und Bushaltestellen. Hier treffen ökonomische Marginalisierung, ziviler Verfall und räumliche Abschottung zusammen. (...) Die Leute (...) wirken abgekämpft vom täglichen Überlebenskampf, ohne Kraft, sich umeinander zu kümmern oder aufeinander zu achten, und lassen gleichwohl keine Anzeichen von Beschwerdeführung oder Aufbegehren erkennen. Die Jugendlichen hängen herum und träumen vom schnellen Geld in der Drogenökonomie, (...) die Frauen mit den kleinen Kindern sehen mit Mitte zwanzig schon so aus, als hätten sie vom Leben nichts mehr zu erwarten. Unwillkürlich stellt sich der Gedanke ein, dass ein Funke hier einen Flächenbrand wilder Gewalttätigkeit und wahlloser Zerstörungswut entfachen könnte. Es handelt sich um ein unauffälliges menschliches Elend. Schlechtes Essen, billige Unterhaltung und endlos viel Zeit haben ihnen die Energie geraubt. Die gesellschaftliche Teilhabe hat sich auf ein Mitlaufen ohne Ziel und ein Dasein ohne Ort reduziert.

Bei diesen Ausdrucksformen sozialer Ungleichheit geht es nicht mehr allein um die Frage von Unten und Oben, sondern um die von Drinnen und Draußen. Die Sozialstrukturanalyse hat für diese Phänomene einen neuen Begriff geprägt: Man spricht nicht mehr von relativer Unterprivilegierung nach Maßgabe allgemein geschätzter Güter wie Einkommen, Bildung oder Prestige, sondern von sozialer Exklusion aus den dominanten Anerkennungszusammenhängen und Zugehörigkeitskontexten unserer Gesellschaft (...). Soziale Exklusion ist ein abstrakter Sammelbegriff für verschiedene Formen gezielter Ausgrenzung, funktionaler Ausschließung und existenzieller Überflüssigkeit und thematisiert die „Desillusionierung des modernen Fortschrittsglaubens" (...).

Heinz Bude/Andreas Willisch: Das Problem der Exklusion. Ausgegrenzte, Entbehrliche, Überflüssige, Hamburg (Hamburger Edition) 2006, S. 7 f.

M2 Beispiele für Inklusion und Exklusion im Kontext der persönlichen Lebenslage

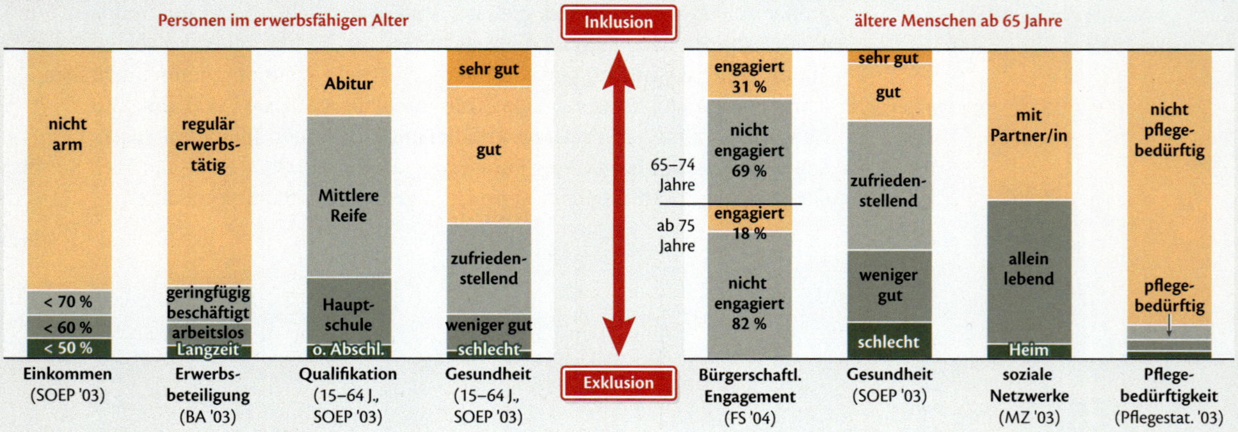

Nach: Dietrich Engels: Lebenslagen und soziale Exklusion, in: http://www.isg-institut.de (Zugriff: 26.9.2010)

M3 Radikalisierung oder Rückzug? Ausgrenzungsrisiken und ihre Folgen

Ein wesentlicher Bestandteil der Diskussion um soziale Ausgrenzungsrisiken ist die Annahme, dass sich mit ihnen Konflikte ausbreiteten, die den sozialen Frieden gefährden. Desintegration, so wird befürchtet, drücke sich in der Delegitimierung von Sozialstaat und Demokratie aus. (…)
Im Vergleich zur Gesamtbevölkerung sind benachteiligte Bevölkerungsgruppen weniger zufrieden mit den demokratischen Einrichtungen in Deutschland, sie beurteilen die Realisierung grundlegender sozialer Rechte wie Chancengleichheit, soziale Sicherheit und Solidarität kritischer und halten das wirtschaftliche, soziale und politische System für weniger funktionstüchtig. (…) Darüber hinaus tragen Ausgrenzungsrisiken dazu bei, dass Konflikte zwischen Ausländern und Deutschen stärker wahrgenommen werden als in der Gesamtbevölkerung. (…) Verfestigte prekäre Lebenslagen und damit verbundene Ausweglosigkeit sind demnach eng mit einer ausgeprägten Kritik an den demokratischen und sozialstaatlichen Einrichtungen verbunden. (…) Im Vergleich zur Gesamtbevölkerung äußern Menschen in benachteiligten Lebenssituationen öfter negative Einschätzungen zum Leben im Allgemeinen und gegenüber ihren Mitmenschen. Allgemeines Vertrauen ist erheblich geringer, je prekärer die Lebenslage ist, Passivität ist verbreiteter ebenso wie die Einschätzung, dass Komplexität das Leben beherrsche. Personen mit mehreren objektiven Versorgungsdefiziten, die sich gleichzeitig als marginalisiert wahrnehmen, sind erneut am stärksten betroffen. (…)
Prekäre Lebensbedingungen erhöhen die Wahrscheinlichkeit, dass auf politische Partizipation verzichtet wird. (…) Das spricht deutlich gegen die Formulierung von Protest mit dem Ziel, politische Entscheidungsträger auszuwechseln. Eher scheinen Abkehr und Enttäuschung eine Folge von täglich erfahrenen Ausgrenzungsrisiken zu sein. (…) In prekären Lebenslagen erhöht sich die Unterstützung extremistischer Parteien nur selten. Viel öfter geben benachteiligte Personen an, keiner spezifischen Partei zuzuneigen, was zu dem vorherrschenden Entschluss passt, auf die eigene Stimme zu verzichten. (…)
Als Ergebnis lässt sich zusammenfassen, dass Benachteiligte in Deutschland keine gemeinsame Stimme haben. Organisierter Protest aufgrund von Ausgrenzungserfahrungen ist nicht im Begriff, sich zu formieren und politisch zum Ausdruck zu kommen. Die Zurechnung prekärer Lebenslagen wird vorrangig in den persönlichen Verantwortungsbereich verlagert und führt zu Resignation und Hoffnungslosigkeit. Sie führt zwar auch zu einer kritischen Bewertung des Gesellschaftssystems, jedoch ohne bedeutsame Folgen für Proteste, die die soziale Ordnung gefährdeten. Dies ist kein Anlass zur generellen Entwarnung. Im Gegenteil, es besteht die Gefahr, dass sich politische Mitbestimmung und gesellschaftspolitischer Konsens mehr und mehr auf gesicherte Mittel- und Oberschichten beschränken und Menschen in prekären Lebenslagen auf Dauer vom politischen Prozess und einer unterstützenden Interessenvertretung isoliert werden.

Petra Böhnke: Am Rande der Gesellschaft. Risiken sozialer Ausgrenzung, Opladen (Leske + Budrich) 2006, S. 151–165

Unruhen in Pariser Vororten – Zeichen von Exklusion?

Desintegration: Auflösung des sozialen Zusammenhalts

prekär: unsicher

Marginalisierung: Prozess der Randgruppenbildung

1. Erarbeiten Sie sich eine Definition des Begriffs „Exklusion".
2. Beschreiben Sie anhand der Grafiken **M 2** in Partnerarbeit einen fiktiven Fall von Exklusion.
3. Informieren Sie sich über die Konflikte in den Pariser Vororten („Banlieues") und bringen Sie diese in Zusammenhang mit dem Thema „Exklusion".
4. Setzen Sie sich mit möglichen gesellschaftlichen Gefahren sozialer Exklusion auseinander.

Du hältst die Spielregeln nicht ein! – Normen, Werte und Sanktionen

Unser Zusammenleben ist durch viele Regeln gesteuert. Diese bestehen aus offensichtlichen und ausdrücklich gesetzten Anweisungen, die in Regelkatalogen, Ordnungen und Gesetzbüchern niedergelegt sind. Es gibt aber auch nicht schriftlich fixierte Verhaltenserwartungen, unausgesprochene Regeln. Jede und jeder von uns hat erfahren, dass die Nichtbeachtung von Regeln von der Gesellschaft und ihren Instanzen bestraft wird. Das kann sehr unangenehm sein. Warum sind Regeln notwendig?

M4 Soziale Normen

– Soziologisch ist es allemal interessant, wenn Menschen mit bestimmten sozialen Situationen mehr oder weniger bestimmte Erwartungen verbinden, an denen sie dann faktisch ihr Verhalten orientieren. Diese Erwartungen in Bezug auf das Handeln oder Nichthandeln der Mitglieder einer Gesellschaft werden Normen genannt. Diese Bezeichnung bringt den mehr oder weniger verpflichtenden Aufforderungscharakter entsprechender Erwartungen zum Ausdruck. Nach Dahrendorf (*s. S. 91*) sind Normen in gradueller Abstufung „imperativisch" geprägt, was sich für uns je nachdem in Muss-, Soll- oder Kann-Erwartungen verdeutlicht. Entsprechen wir (innerhalb bestimmter Toleranzen) den jeweiligen Erwartungen nicht, so müssen wir mit negativen Sanktionen (Bestrafungen) rechnen, die je nach Grad und Art der Abweichung auf einer Palette von Klatsch, Verachtung, Hohn und Spott bis zu unmittelbarem physischen Druck reichen können.

Umgekehrt hat die Befolgung der Normen positive Sanktionen (Belohnungen) zur Folge, die beispielsweise aus Ansehen, Prestige oder aus einem „guten Ruf" bestehen können.

– Bestimmte Normen werden in allen komplexen, aber auch in den meisten einfachen Gesellschaften in einem kodifizierten Normensystem verankert, das wir Recht nennen; „Spezialisten" wie Polizisten, Staatsanwälte und Richter überwachen dessen Einhaltung. Viele der gesellschaftlichen Sitten sind so als soziale Muss-Erwartungen auch juristisch abgesichert.

Im Allgemeinen handelt es sich hier um unsere vielfältigen Pflichten im Alltag, für die verbindliche Regelungen festgesetzt sind: Kinder müssen im schulpflichtigen Alter die Schule besuchen, Lehrer z. B. dürfen nicht die sprichwörtlichen „silbernen Löffel" stehlen, da gerade sie als Beamte dann die ganze Strenge des Gesetzes treffen würde.

– Etwas weniger verpflichtend ist der gesellschaftliche Anspruch auf die Berücksichtigung bestimmter Bräuche. Diese Soll-Erwartungen bezeichnen durchaus auch Pflichten des Alltags, ohne dass sie jedoch in Form von Rechtsregeln fixiert sein müssen. (...)

– Kann-Erwartungen schließlich tragen den schwächsten Verpflichtungsdruck. Es handelt sich hier um soziale Gewohnheiten, denen man sich unter Umständen auch entziehen kann. Erfüllt man sie dennoch, so darf man beinahe ausschließlich mit positiven Reaktionen rechnen.

Ein Lehrer bräuchte sich eigentlich nicht so intensiv um die privaten Schwierigkeiten eines Schülers zu kümmern. Bemüht er sich trotzdem, so werden ihn Schüler und Eltern für einen guten Lehrer halten; ein pädagogischer Übereifer aufgrund mangelnden Fingerspitzengefühls könnte indessen aber auch gegenteilige Wirkungen zeitigen.

– Die sozialen Normen lassen sich bei genauerer Analyse auf Leitbilder bzw. auf Vorstellungen darüber zurückführen, was von der überwiegenden Mehrheit einer Gruppe oder einer Gesellschaft für richtig und erstrebenswert angesehen wird. Diese mehr abstrakten Ideen werden im soziologischen Sprachgebrauch als Werte bezeichnet und beinhalten die einer Gruppe oder Gesellschaft als Kern ihrer Kultur zugrunde liegenden gemeinsamen Zielsetzungen. (...)

Zusammenfassend können wir festhalten. dass soziale Normen, Werte und Institutionen eine „anthropologische Voraussetzung" für Handeln darstellen. In gewisser Weise können wir sie als „Instinktersatz" sehen (...). Oder in der Sprache von Niklas Luhmann (*s. S. 46*): Normen, Werte und Institutionen sind als „Reduktionen von Komplexität" für menschliches Handeln unerlässlich. Dadurch wird zwischenmenschliches Handeln und Verhalten mehr oder weniger im Voraus berechenbar.

Hans Peter Henecka: Grundkurs Soziologie. 9. Aufl. Konstanz (UVK) 2009, S. 82 ff.

M5 Soziale Sanktionen

Soziale Regeln und Normen wirken auf zweierlei Weise: als Verpflichtung (man muss bestimmte Dinge tun oder unterlassen) und als Erwartung (man ist berechtigt, ein bestimmtes Verhalten anderer in Bezug auf die eigene Person zu antizipieren). Mit Ausnahme von Gesetzen müssen sie nicht explizit formuliert sein. Ihre Einhaltung wird mithilfe sozialer Sanktionen – positiver (Belohnungen) wie negativer (Bestrafungen) – kontrolliert und untermauert.

„Soziale Sanktionen sind Metanormen – geltende Techniken für die Absicherung von Konformität." Sie kommen nicht automatisch zur Anwendung, sobald eine Regel verletzt wird, sondern nur dann, wenn dem Verursacher auch die Verantwortung für seine Tat zugesprochen werden kann. Das Maß der Verantwortlichkeit eines Handelnden ist entscheidend für das gesamte Verständnis und die Beurteilung der Situation. Auch in einem Gerichtsprozess, in dem es ebenfalls um die Durchsetzung sozialer Normen mithilfe von Sanktionen geht, wird nicht nur das Ergebnis einer Handlung, sondern auch und vor allem die Einstellung des Täters zu seiner Tat, seine Ziele und Motive, mit anderen Worten der Grad seiner Verantwortlichkeit, zur Beurteilung herangezogen. Bei Verstößen im Rahmen von Face-to-face-Interaktionen laufen laut Goffman „Miniaturversionen eines kompletten Justizverfahrens" ab.

„(*Der*)vollständige Zyklus von Verbrechen, Verhaftung, Prozess, Bestrafung und Rückkehr in die Gesellschaft kann in Gestalt von zwei Gesten und einem Blick stattfinden."

Da die Intentionen eines Individuums immer nur diesem selbst zugänglich sind, ist es im Falle eines Vorwurfs mit eventuell drohenden Sanktionen darauf angewiesen, seine Auffassung der Situation, seine „Sicht der Dinge" kundzutun, um eine nachteilige Beurteilung seitens der anderen abzuwenden. Die grundsätzliche Undurchsichtigkeit der Intentionen der jeweils anderen eröffnet natürlich auch alle Möglichkeiten der Täuschung. Gerade im Falle von Täuschungen ist der Akteur bemüht, sich an soziale Regeln zu halten, um in seinem Verhalten möglichst „normal" zu wirken und keine unnötigen Verdachtsmomente zu liefern.

Nach: Erving Goffman: Regeln der Interaktion, Koloss, Institut für Kommunikationswissenschaft der Universität Duisburg-Essen, o. J., in: http://www.koloss3.mykowi.net (Zugriff: 29.5.2012)

Erving Goffman (1922–1982), US-amerikanischer Soziologe

M6 Normen und ihre verschiedenen Verbindlichkeitsgrade

Stärke der Verhaltens-vorschriften	Einhaltung (positive Sanktion)	Missachtung (negative Sanktion)	Instanzen, die Sanktionen durchsetzen
Kann-Norm	Lob	Kein Nachvollzug	Ich selbst, mir nahestehende Personen, Konsequenzen der Entscheidung
Soll-Norm	Dank, Anerkennung	Missbilligung	Die Gesellschaft und ihre Mitglieder
Muss-Norm	Selbstverständliche Handlungen – daher keine Reaktion	Gerichtliche Bestrafung	Polizei, Gericht, Staat

Eigene Zusammenstellung

1 Fertigen Sie in arbeitsgleichen Gruppen Lernplakate zu den sozialen Normen, Werten und Sanktionen an.

2 Vergleichen Sie anschließend Ihre Lernplakate.

3 Analysieren Sie die Bedeutung von Sanktionen für die Einhaltung sozialer Normen (M5, M6).

Ihr gehört nicht zu uns! – Fremdgruppe und Stereotype

Besonders an Wochenenden ist es immer wieder zu beobachten: Ganz normale Menschen finden sich zu Gruppen zusammen, hängen sich bunte Schals um und ziehen zur Sportarena. Dort verhalten sie sich oft alles andere als normal: Sie stimmen Fangesänge gegen eine gegnerische Mannschaft an, sie schießen Feuerwerkskörper in eine andere „Kurve" ab, manchmal reagieren sie aus der Gruppe heraus mit Aggression und Gewalt. Für dieses Phänomen kennt die Soziologie die Thematik der Eigen- und der Fremdgruppe bzw. der ingroup und outgroup.

M7 Ein Experiment – Adler gegen Klapperschlangen

Für die 11 Knaben aus Oklahoma City, die am 11. Juni 1954 in einem Bus Richtung Robbers Cave State Park saßen, machte es den Anschein einer ganz normalen Fahrt in ein Ferienlager. Sie sprachen über ihre Hobbies, ihre bevorzugten Baseballmannschaften, die Berufe ihrer Väter. Auf dem weitläufigen Lagergelände angekommen, bezogen sie eine Hütte und erkundeten die Umgebung. Dass am nächsten Tag an einer anderen Ecke des Geländes unbemerkt 11 weitere Knaben in eine Hütte zogen, blieb ihnen lange verborgen. Sie konnten auch nicht ahnen, dass die Lagerleiter Wissenschaftler waren, die alles, was in den nächsten drei Wochen zwischen den Gruppen geschah, im Geheimen aufzeichneten.

Der Leiter dieses als Ferienlager getarnten Experiments war Muzafer Sherif (*1906–1988*), Professor für Psychologie an der University of Oklahoma. Er wollte die Gruppen zuerst zu Feinden machen und dann das Unmögliche vollbringen: heillos zerstrittene 11-Jährige miteinander versöhnen.

Sherif stammte ursprünglich aus Izmir in der Türkei. Als 13-Jähriger entging er bei einem Überfall der Griechen knapp dem Tod. Dieses Erlebnis war für ihn ein Grund, sich später der Erforschung von Konflikten zwischen Gruppen zu widmen. Das „Robbers-Cave-Experiment", wie es später genannt wurde, war das Glanzstück seiner Karriere. Obwohl beim Versuch bloß 11-Jährige um den Sieg im Seilziehen und den Zugang zum Badeplatz stritten, wird das Experiment heute oft in Zusammenhang mit den großen Konflikten wie in Nordirland oder Palästina zitiert.

Sherif hatte den Versuch in drei Phasen angelegt: In der ersten sollten sich unabhängig voneinander zwei Gruppen bilden. In der zweiten würde er diese Gruppen zusammenbringen und für Spannungen sorgen, die er in der dritten Phase zu lösen versuchen wollte. Natürlich hätte er direkt bei Phase zwei einsteigen können, wenn er das Experiment mit zwei bereits bestehenden Gruppen gemacht hätte. Aber Sherif war ein akribischer Wissenschaftler: Bestehende Gruppen hätten womöglich bereits stereotype Verhalten gegenüber anderen Gruppen mitgebracht, was das Resultat seines Versuchs verfälscht hätte.

Damit er die Entstehung der Gruppen unter Kontrolle hatte, wählte er je 11 Knaben aus, die einander zuvor noch nie gesehen hatten. In einem aufwändigen Auswahlverfahren bestimmte er in 22 verschiedenen Schulen in Oklahoma jeweils einen Schüler, den er einer der beiden Gruppen zuordnete. Die Knaben mussten aus möglichst ähnlichen, intakten, mittelständischen, protestantischen Familien kommen. Problemfälle sowie Kinder, die zu Heimweh neigten, wurden ausgeschlossen.

„Stinker, Memmen, Kommunisten"

Um die Auswahl zu treffen, beobachteten die Forscher unerkannt Schüler im Schulhof, sprachen mit Eltern und Lehrern, ließen sich Zeugnisse geben, erhoben, wie groß das Haus war, in dem die Familie lebte, und welchen Wagen sie fuhr. Den Eltern gab man die diffuse Auskunft, im Lager solle die Interaktion zwischen Gruppen studiert werden. Eine Woche nach Ankunft hatten sich beide Gruppen einen Namen gegeben – Klapperschlangen und Adler –, es hatten sich stabile innere Hierarchien herausgebildet und typische Verhaltensmuster. Die Klapperschlangen fluchten zum Beispiel ständig, die Adler badeten nackt.

Der Plan sah vor, dass man die Gruppen in dieser Phase noch ein oder zwei Tage getrennt hielt, bevor man sie in der Phase zwei zu Feinden machte. Doch die Knaben waren dem Plan weit voraus. Ohne die andere Gruppe je zu Gesicht bekommen zu haben, sprach die eine Gruppe von den „Nigger-Campern", als sie die andere weit entfernt auch nur hörte.

Spannungen aufzubauen, schien der einfachste Teil des Experiments zu sein. Doch Sherif musste aufpassen. Einen ähnlichen Versuch hatte er im Jahr zuvor abbrechen müssen: Weil die Manipulationen der Lagerleitung zu offensichtlich waren, richtete sich der Ärger der Gruppen plötzlich nicht mehr gegeneinander, sondern gegen die Erwachsenen.

Der Kern der Phase zwei waren 15 Wettbewerbe, in denen sich die Gruppen während vier Tagen maßen. Dazu gehörten Baseball und Seilziehen, aber auch eine Schatzsuche und Zimmerinspektionen, die es den Experimentatoren erlaubten, unauffällig der einen oder anderen Gruppe Punkte zuzuschanzen. Die Folgen des Turniers – als Preise gab es heiß begehrte Sackmesser (*Taschenmesser*) – kannte Sherif bereits aus früheren Studien: Der Zusammenhalt innerhalb der Gruppen wuchs, die andere Gruppe wurde herabgesetzt und bekämpft. Das Ausmaß der Feindseligkeiten muss jedoch auch ihn überrascht haben. Es begann damit, dass sich die Teams gegenseitig beschimpften (Stinker, Memmen, Kommunisten). Am Abend des zweiten Tages verbrannten die Adler die auf dem Spielfeld zurückgelassene Fahne der Klapperschlangen. (...)

Der Gegenschlag ließ nicht lange auf sich warten: Am nächsten Abend überfielen die Klapperschlangen die Hütte der Adler, rissen Vorhänge herunter und drehten Betten um. Dabei eroberten sie eine Bluejeans des Gruppenführers, die sie am nächsten Tag als Fahne mit sich trugen mit der Aufschrift: „Der letzte der Adler". Einen Tag danach machten sich die Adler mit Baseballschlägern bewaffnet auf zur Hütte der Klapperschlangen, die sich an einem andern Ort aufhielten.

Nach einer Reihe von weiteren Zusammenstößen wollte keine der Gruppen noch etwas mit der anderen zu tun haben. Phase drei konnte beginnen. Sherif ließ die Gruppen zuerst in neutralen Situationen aufeinandertreffen. Doch eine Filmvorführung trug nichts zur Versöhnung bei, und das gemeinsame Essen endete mit einer Nahrungsmittelschlacht. Bloßer Kontakt reichte nicht aus, um den Streit zu schlichten. (...)

Der Lieferwagen streikt

Als Erstes ließ Sherif im Geheimen ein Rohr blockieren, das das Lager mit Trinkwasser versorgte. Als die Knaben den Wassermangel bemerkten, erklärten ihnen die Lagerleiter, dass die Leitung auf der ganzen Länge zwischen dem Lagergelände und dem Wasserreservoir abgesucht werden müsse. Dafür seien etwa 25 Leute nötig. Während der gemeinsamen Suche kam es zu keinen Feindseligkeiten, man lieh sich gegenseitig Werkzeuge und arbeitete zusammen. Aber schon beim Abendessen kam es wieder zu einer Essensschlacht.

Als Nächstes stand ein gemeinsamer Filmabend auf dem Programm. (...) Ein gemeinsamer Zeltausflug bildete den Abschluss von Sherifs Interventionen. Als Erstes streikte der Lieferwagen, der das Essen hätte holen sollen. Beiden Gruppen war klar, dass sie ihn nur gemeinsam anschieben konnten, was sie dann auch taten.

Beim Aufstellen der Zelte entdeckten beide Gruppen, dass sie auf Material der anderen angewiesen waren (die Lagerleitung hatte die Campingausrüstung bewusst durcheinandergebracht). Das Essen schließlich bestand aus vier Kilo Fleisch am Stück. So waren die Gruppen gezwungen, irgendwie zu teilen.

Diese Maßnahmen führten tatsächlich zur Versöhnung der Gruppen. Sie feierten den Abschlussabend gemeinsam, entschieden sich, die Rückfahrt im gleichen Bus anzutreten, und als die Adler bei einem Verpflegungsstop kein Geld mehr hatten, luden die Klapperschlangen sie zu Malzmilch ein.

Sherifs Experiment gehört heute zu den Klassikern in der Psychologie. An der friedensfördernden Wirkung übergeordneter Ziele wird heute kaum noch gezweifelt. Allerdings kann ihre Wirkung von anderen Faktoren gedämpft werden. Zudem lassen sich die Resultate nicht ohne weiteres auf größere Gruppen wie etwa Nationalstaaten anwenden.

Reto U. Schneider: Adler gegen Klapperschlangen, Neue Zürcher Zeitung Folio 10/2005

1 Fertigen Sie eine genaue Beschreibung des Ferienlager-Experiments von Sherif an (M 7).

2 Ermitteln Sie genau den Versuchsaufbau, die Ausgangshypothesen, die Phasen des Experiments und seine Ergebnisse.

3 Wenden Sie das Polaritätenprofil (M 9) an, indem Sie damit Befragungen unter Mitschülerinnen und Mitschülern durchführen, und diskutieren Sie anschließend die Ergebnisse im Hinblick auf die Vorurteilsproblematik.

M8 Stereotype

Der Begriff „Stereotyp“ bezeichnete ursprünglich den feststehenden Schriftsatz in der Buchdruckerkunst, abgleitet vom griechischen „stereós“ mit der Bedeutung starr, fest, standhaft und „typos“ mit der Bedeutung Gestalt. Walter Lippmann adaptierte den Begriff 1922 für die Sozialwissenschaft als „vorgefasste Meinung über soziale Gruppen“. 1975 adaptierte H. Putnam Stereotype für die Linguistik als „den Gebrauch eines Wortes bestimmende Merkmale“.

Man geht davon aus, dass das menschliche Bedürfnis, die Umwelt zu verstehen, vorauszubestimmen, zu ordnen und (potenziell) zu kontrollieren, zur Festigung von Stereoptypen (als soziale Ordnungsschemata) führt. Die Welt ist komplex, die kognitiven Fähigkeiten des Menschen sind begrenzt, und so greift man gerne auf diverse Kategorisierungen zurück, die Menschen in Gruppen aufteilen (die sprichwörtlichen „faulen Studenten“). Auffallend ist, dass stereotypisierte Kategorien meist auf schlichteste zumeist negative Eigenschaften anspielen und selbige zur Gemeinsamkeit aller Gruppenzugehörigen erklären.

Im Verlauf der Sozialisation übernimmt man Stereotype, die von anderen Personen artikuliert werden, und ist bereit, diese Kategorien zu aktivieren, sobald ein Vertreter der betreffenden Gruppe oder auch nur ein Symbol der Kategorie auftaucht. Interessant ist, dass gefestigte Stereotype sich schwerlich unterdrücken lassen – wie Forscher herausfanden, führt die bewusste Unterdrückung stereotyper Denk- und Wahrnehmungsweisen dazu, dass Stereotype letztlich sogar noch wesentlich verstärkt zum Ausdruck kommen (Rebound-Effekt).

Dass Stereotype (abseits der eher stupiden sozialen Orientierungshilfe) eine denkbar negative Wirkung haben, wird auch deutlich, wenn man sich positive Stereotype vor Augen führt: Sobald man von der Gruppenzuordnung eines Menschen auf dessen Eigenschaften schließt, indem man davon ausgeht, dass die der Gruppe zugeschriebenen Eigenschaften 1:1 auf diesen Menschen zutreffen, umgeht man die Mühe, die Person als Individuum wahrzunehmen. Man meint, bereits genug über jemanden zu wissen, wenn man erfahren hat, in welche Schublade die jeweilige Person gehört. Im sozialen Miteinander kommt es so zu groben Missverständnissen bzw. zur perfektionierten Unfähigkeit, Individuen in ihrer Komplexität kennenzulernen.

Man kann also festhalten, Stereotype formen unsere Erwartungshaltung anderen Menschen gegenüber, sie färben den ersten Eindruck und die Deutung des Verhaltens Anderer, weil sie uns die Mühe ersparen (oder unsere Unfähigkeit überbrücken), den Anderen als individuelle Persönlichkeit wahrzunehmen.

Hat man die Welt erst in Eigen- und Fremdgruppe (ingroup und outgroup) aufgeteilt, ist ein Prozess in Gang gesetzt, in dessen Verlauf die Eigengruppe als der Fremdgruppe überlegen definiert wird. Somit haben Stereotype gewisse Auswirkungen auf den Gruppenzusammenhalt sowie auf die Selbst- und Fremddefinition der jeweiligen Mitglieder. Wenn man also davon ausgeht, dass die Mitglieder der Fremdgruppe negative Eigenschaften haben, erhöht das die Wertschätzung der eigenen Gruppe ebenso wie das Selbstwertgefühl der Einzelnen.

Forschungen zeigten, wie Stereotype der Eigengruppe sich auf die Leistung der Gruppenmitglieder auswirken – Individuen werden dazu neigen, in Stresssituationen dem negativen Stereotyp gemäß zu reagieren, selbst wenn sie damit unter ihrem Leistungsniveau bleiben. Wegen ihrer offenkundigen Funktionalität sind Stereotype schwierig zu überwinden. Man arbeitet zumeist in folgenden Ansätzen:

- Man kann Eigenschaften hervorheben, die dem Stereotyp zuwiderlaufen oder nicht mit dem Stereotyp zusammenhängen, um stereotype Assoziationen zu schwächen oder aufzulösen.
- Die Grenzen zwischen Gruppen lassen sich positiv beeinflussen, indem man auf individuelle bzw. persönliche Eigenschaften der sonst als Gruppenexemplare identifizierten Menschen aufmerksam macht.
- Die Gruppengrenzen lassen sich auch neu definieren – etwa von getrennten Gruppen zu einer Gruppe mit gemeinsamer Identität. Oder die ursprünglichen Kategorien werden beibehalten, wobei man allerdings zugleich darauf hinweist, dass in gemeinsamen Zielen Zugehörigkeit zu einer übergeordneten Gruppe besteht bzw. dass die Gruppenmitglieder mitunter voneinander abhängig sind.

Diana Wieser: Stereotyp, 2008, in: http://www.social-psychology.de/sp/konzepte/stereotyp (Zugriff: 29.5.2012)

M9 Polaritätenprofil

Ich bin ein Junge.	Ich bin ein Mädchen.	Ich bin … Jahre alt.
Ich bin geboren in …	Ich bin aufgewachsen in …	
Mein Vater stammt aus …	Meine Mutter stammt aus …	

Stell dir ____ vor.

	sehr	ziemlich	etwas	nicht entschieden	etwas	ziemlich	sehr	
modisch								altmodisch
unzuverlässig								zuverlässig
ehrlich								unehrlich
schmutzig								sauber
wild								sanft
laut								leise
hilfsbereit								nicht hilfsbereit
freundlich								streitsüchtig
nahe								entfernt
hässlich								schön
friedlich								gewalttätig
lieb								frech
dumm								klug
cool								uncool
hungrig								satt
stark								schwach
hart								weich
dunkel								hell
rückständig								modern
schnell								langsam
krank								gesund
faul								fleißig
ordentlich								unordentlich
aktiv								passiv
unpünktlich								pünktlich
reich								arm
	sehr	ziemlich	etwas	nicht entschieden	etwas	ziemlich	sehr	

Was ist denn dein Stil? – Soziale Differenzierung

Unterschiedliche Rollen sind in einer sozial differenzierten Gesellschaft zwangsläufig. Moderne Gesellschaften sind differenziert, weil sie die lebensnotwendigen Güter arbeitsteilig produzieren. Daran anknüpfend differenziert sich die Gesellschaft zunehmend aus. Einige Gesellschaftsmitglieder befinden sich beispielsweise in Ausbildung, andere im Ruhestand. Doch damit hört die Differenzierung nicht auf.

Unterschiedlich differenzierte Gesellschaften: Büffeljagd in Nordamerika um 1830 …

… Fußgängerzone in Berlin, 2008

differenziert: vielschichtig
diffus: verschwommen, unklar
funktional: eine bestimmte Aufgabe erfüllend, die sich von anderen unterscheidet
segmentär: die gleiche Aufgabe in einem anderen Bereich oder auf andere Weise erfüllend

M10 Differenzierung in sozialen Systemen

Soziale Systeme wie die Industriegesellschaft vereinen viele verschiedene Arten des Zusammenlebens; sie werden „hoch differenziert“ genannt. Ein sozialer Zusammenhang wie die Stammesgesellschaft erscheint dagegen vergleichsweise als „niedrig differenziert“. Auch scheinbar einfache Sozialsysteme können jedoch in sich vielfach gegliedert sein; was aus räumlichem und zeitlichem Abstand diffus erscheint, wird von den Menschen in jenen Systemen höchst bedeutungsvoll differenziert, wobei sie oft einer anderen Art von sozialer Differenzierung Bedeutung beimessen als wir. (…)
Arten sozialer Differenzierung lassen sich nach den Gesichtspunkten unterscheiden, unter denen soziale Systeme gegliedert sind. Sie sind funktional differenziert unter dem Gesichtspunkt ungleichartiger, aber zusammengehöriger Leistungen, seien diese biologischer oder kultureller Art. In Bezug auf das Kinderkriegen sind Ehen biologisch notwendig funktional differenziert. In Bezug auf Haus- und Berufsarbeit können sie genauso gut segmentär differenziert sein, wenn jeder Ehepartner genau die gleiche Art von Arbeit tut wie der andere und damit tendenziell vom anderen unabhängig wird. (…) Funktionale ebenso wie segmentäre Differenzierung können als zwei Arten von horizontaler Sozial-Differenzierung begriffen werden, weil sie nicht notwendig Über- und Unterordnung, positive und negative Bewertungen enthalten. Tatsächlich geht mit ihnen jedoch in der Regel eine vertikale (*senkrechte*) Sozial-Differenzierung in Form von Ständen, Klassen, Schichten, Ansehens- und Befehls-Hierarchien einher. Hinzu kommt eine Differenzierung von Regelungsprinzipien (z. B. Markt, Herrschaft, Gemeinschaftsgefühl) und von räumlichen und zeitlichen Grenzen sozialer Systeme.

Bernhard Schäfers (Hg.): Grundbegriffe der Soziologie, Opladen 2003, S. 47 ff.

M11 Arm und Reich in Deutschland

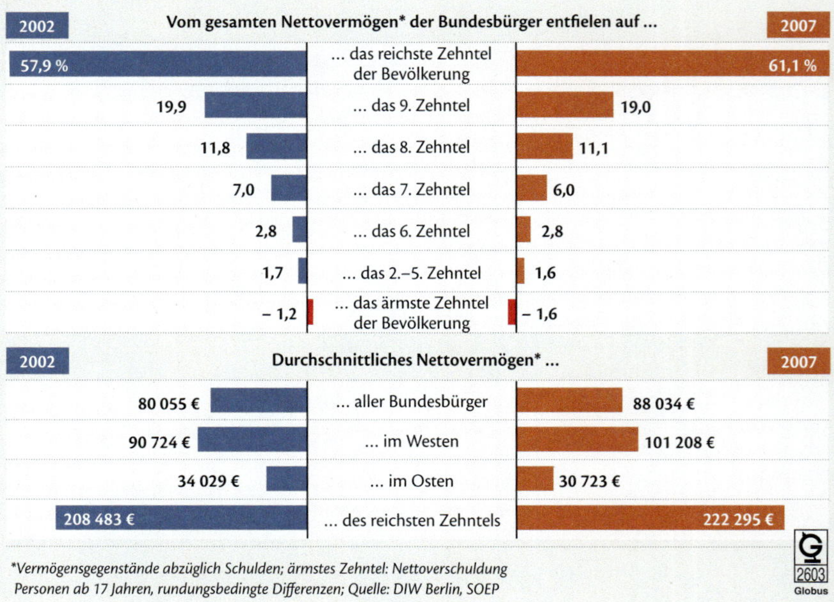

M 12 Soziale Differenzierung und Lebensstil

Folgt man der Individualisierungstheorie Ulrich Becks (1986), dann hat mit dem wirtschaftlichen Aufschwung nach dem Zweiten Weltkrieg die Individualisierung große Teile der Gesellschaft erfasst. Zugeschnitten auf die Erklärung von Lebensstilen lautet die Argumentation dieser Theorie wie folgt: Mehr Einkommen, Bildung, soziale Sicherheit und Mobilität haben dazu geführt, dass viele Menschen über mehr Ressourcen verfügen und zu individuellem Handeln fähig sind. Sie lösen sich dadurch immer mehr aus den Verhaltensregeln zentraler Gemeinschaften, vor allem aus der Familie, der Gemeinde, der Religion und der sozialen Klasse bzw. Schicht. Dadurch sind die Menschen in der Lage, aber auch dazu gezwungen, ihr Leben relativ eigenständig zu gestalten. Hierdurch wachsen die Freiheiten der Lebensführung, gleichzeitig steigen aber auch die Risiken des Scheiterns. Um Halt und Richtung zu finden, schließen sich daher viele Menschen mit anderen zusammen, die ähnliche Bestrebungen, Lebensziele und somit Lebensstile aufweisen, oder die individualisierten Menschen lehnen sich an Vorbilder aus Medien, Musik etc. an. Individualisierung äußert sich also keineswegs in immer unterschiedlicheren individuellen Lebensgestaltungen, sondern nicht selten sogar in wachsender Gleichförmigkeit der einzelnen sozialen Gruppierungen, bis hin zur Uniformität. (...)

Der Soziologe Ulrich Beck fasst diese neueren Individualisierungsvorgänge in drei Dimensionen zusammen (1986): „Herauslösung aus historisch vorgegebenen Sozialformen und -bindungen im Sinne traditionaler Herrschafts- und Vorsorgungszusammenhänge (‚Freisetzungsdimension'). Verlust von traditionalen Sicherheiten im Hinblick auf Handlungswissen, Glauben und leitende Normen (‚Entzauberungsdimension') und – womit die Bedeutung des Begriffs gleichsam in ihr Gegenteil verkehrt wird – eine neue Art der sozialen Einbindung (‚Kontroll- bzw. Reintegrationsdimension')."

Nach Ansicht von Individualisierungstheoretikern machen die genannten Individualisierungsvorgänge die Zugehörigkeit zu Lebensstilen – und nicht selten auch deren Existenz – unbeständiger. Dennoch finden sich auch in modernen Gesellschaften auch relativ stabile Lebensstilgruppierungen. Sie bestehen aus einer Vielzahl von Bestimmungsgründen fort: aus religiöser Überzeugung, aus lokaler und regionaler Überlieferung, aus beruflicher Prägung etc.

Die Habitustheorie Pierre Bourdieus (1982) macht darüber hinaus darauf aufmerksam, dass relativ stabile Lebensstilgruppierungen immer wieder durch Anpassungsprozesse an die Lebensbedingungen sozialer Klassen und Klassenfraktionen zustande kommen. Pierre Bourdieu geht von der ungleichen Verteilung dreier Ressourcenarten aus: dem ökonomischen Kapital (Geld), dem Bildungskapital (institutionelle Bildungsabschlüsse, sachliche Bildungsgüter, inhaltliche Bildung in den Köpfen der Menschen) und dem „sozialen Kapital" („Beziehungen"). Je nach Ausmaß ihres Kapitalbesitzes insgesamt gehören die Menschen der „Arbeiterklasse", dem „Kleinbürgertum" oder der „Bourgeoisie" an (vertikaler Aspekt). Und je nach Zusammensetzung bzw. Zukunftsaussichten ihres Kapitalbesitzes werden sie den Klassenfraktionen der Besitz- oder der Bildungsbourgeoisie sowie dem alten, dem neuen oder dem „exekutiven" Kleinbürgertum zugerechnet (horizontaler Aspekt).

Wenn Menschen innerhalb der jeweiligen Lebensbedingungen ihrer sozialen Klasse(-n fraktion) aufwachsen, entstehen zwangsläufig und weitgehend unbewusst klassen(fraktions-)spezifische Habitusformen. Das sind latente Denk-, Wahrnehmungs- und Bewertungsmuster, die einerseits die Möglichkeiten alltäglichen Handelns begrenzen, andererseits aktives Handeln stimulieren.

Stefan Hradil/Annette Spellenberg: Lebensstile und soziale Ungleichheit, o. J., in: http://www.spellerberg-stadtsoziologie.de (Zugriff: 9.6.2012)

Ulrich Beck (geb. 1944), deutscher Soziologe

Die **Habitustheorie** versteht den individuellen „Habitus" eines Menschen (z. B. Geschmack, Sprache, Konsumverhalten) als unbewusste Verinnerlichung strukturell vorgegebener, klassenspezifischer Grenzen

Pierre Bourdieu (1930–2002), französischer Soziologe

1 Erläutern Sie die funktionale und segmentäre Differenzierung am Beispiel der Ehe (M 10).

2 Beurteilen Sie, inwiefern sich soziale Differenzierung im Vermögen ausdrückt (M 11). Lässt sich die Vermögensdifferenzierung durch soziale Differenzierung erklären?

3 Erklären Sie den Unterschied zwischen horizontaler und vertikaler sozialer Differenzierung.

4 Entwerfen Sie ein Schema zu den Inhalten des Begriffs der sozialen Differenzierung.

So geht das nicht! – Sozialer Konflikt

Unterschiedliche Interessen in einer Gesellschaft bringen zwangsläufig soziale Konflikte mit sich. Die Interessengegensätze werden ausgetragen, wenn die Gesellschaft eine freie Gesellschaft ist. Soziale Konflikte sind keineswegs von vornherein etwas Negatives, vielmehr sind sie normale Bestandteile aller Gesellschaften – so zumindest der Standpunkt der Soziologie. Viele Menschen hingegen wünschen sich eine möglichst konfliktfreie Gesellschaft. In vielen ideologisch geprägten Gesellschaften führt dies zu einem Rückstau der Interessengegensätze und zu ihrer oft gewaltsamen Austragung. Die Folge ist häufig der Zerfall des Gesellschaftssystems. Konflikte müssen aber weder gewaltsam noch mit dem Ziel der Erniedrigung oder Vernichtung des Konfliktgegners ausgetragen werden. Vielmehr geht die Soziologie davon aus, dass es für die Gesellschaft konstitutive Methoden der Konfliktregelung gibt, nämlich Methoden, die ohne Gewalt auskommen.

M 13 Geordnet streiten – Konflikt vergesellschaftet

Soziale Ordnung bedeutet nicht Harmonie. Es ist wichtig, dieses Missverständnis auszuschließen. Schon Georg Simmel (s. S. 8) wies in seiner „Soziologie" darauf hin, dass „Streit" zu den intensivsten Formen der Vergesellschaftung gehört. Selten agieren Menschen so intensiv aufeinander bezogen wie bei einem dauerhaften Streit.

Konflikte, insbesondere solche in dauerhafter, scheinbar unlösbarer Form, etwa der jahrzehntelange Konflikt zwischen Protestanten und Katholiken in Nordirland oder der Konflikt zwischen Palästinensern und Israel, können blutig und gewaltsam sein. Andererseits aber haben sie sich, bei allem Schrecken, zu einer Form von Ordnung entwickelt. Aus soziologischer Sicht etwas als Ordnung zu beschreiben, bedeutet nicht, es als gute Ordnung zu bewerten. Es meint nur, die dauerhaften und stabilen Strukturen zu beschreiben. In diesem Sinn kann auch eine für alle Beteiligten nachteilige Struktur eine dauerhafte Ordnung sein. Ein Konflikt kann das gesamte Leben der Beteiligten strukturieren: die Wahl der Schule, der Freunde, des Arbeitsplatzes, des Lebenspartners, der Geschäfte, in denen man einkauft, und der Kleidung, die man trägt. Und ein Konflikt kann auch Karrieren ermöglichen und Machtpositionen sichern, etwa als offizieller Vertreter einer Gruppe, als Mitglied eines Militärapparates oder einer inoffiziellen Miliz. Manche Positionen oder auch Einkommensquellen werden nur durch die Fortdauer des Konfliktes gesichert. Es ist wichtig, diesen Aspekt zu erkennen, um genauer zu verstehen, aus welchen Gründen die Beendigung von Konflikten schwierig sein kann.

Dauerhafte Konflikte müssen aber nicht die Form unlösbarer blutiger Auseinandersetzungen haben. Viel typischer sind dauerhafte Konflikte auf grundunterschiedlichen Interessenlagen. Konflikte können sogar stabilisierend auf eine Gesellschaft wirken, und zwar dann, wenn es gelingt, ihnen eine institutionelle Form zu geben, in der sie ausgetragen werden können. Als Beispiel hat Ralf Dahrendorf (s. S. 91) den Konflikt zwischen Arbeitgebern und Arbeitnehmern beschrieben, der in regelmäßigen Tarifverhandlungen ausgetragen wird (Dahrendorf 1967). In der Tradition des Marx'schen Denkens war dieser Konflikt als Klassenkonflikt aufgefasst worden, der als unlösbar und daher als zerstörerisch für eine Gesellschaft galt und letztlich, so Marx' Idee, nur revolutionär gelöst werden könne. Die Pointe der Dahrendorf'schen Argumentation besteht darin, dass der Konflikt gar nicht gelöst werden muss und, nebenbei bemerkt, auch durch eine Revolution nicht gelöst werden könnte, sondern einfach in eine stabile, dauerhafte Form gebracht werden muss. Als institutionalisierter Konflikt, der nach festgelegten Regeln ausgetragen wird, führt er dazu, dass beide Seiten ein Interesse an konkreten Lösungen haben. Der Konflikt kann also konstruktiv werden.

Thomas Schwietring: Was ist Gesellschaft? Einführung in soziologische Grundbegriffe, Konstanz/München (UTB) 2011, S. 168 f.

M 14 Regelung von Konfliktaustragung

Konfliktmanagement

In der Frage nach den sozialen Einheiten, in oder zwischen denen soziale Konflikte ausgetragen werden, schlägt Dahrendorf analytisch fünf Alternativen vor (1961):

- Konflikte in und zwischen einzelnen Rollen;
- Konflikte innerhalb einzelner sozialer Gruppen;
- Konflikte zwischen organisierten oder nichtorganisierten sozialen Gruppierungen innerhalb von regionalen oder institutionellen Sektoren der Gesellschaft;
- Konflikte zwischen organisierten oder nichtorganisierten Gruppierungen, die eine ganze Gesellschaft erfassen;
- Konflikte innerhalb größerer Einheiten von Verbindungen zwischen zwei Ländern über breitere Föderationen bis zur gesamten Welt.

Quer zu dieser Einteilung legt Dahrendorf eine Klassifikation nach dem Rangverhältnis der am Konflikt beteiligten Gruppen bzw. Elemente. Hierbei werden analytisch drei Möglichkeiten unterschieden:

1. Konflikte zwischen prinzipiell ranggleichen Gegnern;
2. Konflikte zwischen einander über- oder untergeordneten Gegnern;
3. Konflikte zwischen dem Ganzen der betreffenden Einheit und einem ihrer Teile.

Eine Kombination dieser beiden Klassifizierungsmerkmale „Umfang“ und „Rangverhältnis“ ergibt bereits fünfzehn mehr oder weniger typische Arten sozialer Konflikte, die von Rollenkonflikten über Konkurrenzverhältnisse, über Diskriminierungen abweichenden Verhaltens und Minderheitenkonflikte bis zu Auseinandersetzungen auf internationaler Ebene reichen.

Die Mittelwahl zur Austragung eines Konflikts ist nach Dahrendorf abhängig von der allgemeinen gesellschaftlichen Situation, vom Grad der „Bedeutung“ des Konflikts für die Beteiligten und schließlich vom erhofften Endergebnis. Der Grad der Gewaltsamkeit in der Austragung sozialer Konflikte hängt dabei weitgehend ab von einer Einschätzung ihrer instrumentalen Angemessenheit bzw. vom Vorhandensein oder Fehlen eines Systems rationaler Regelung. Überlagern sich soziale Strukturbereiche bei den Konfliktpartnern und/oder fehlen solche Regelungsmechanismen, so nehmen die Konflikte an potenzieller Schärfe zu; umgekehrt nimmt die Intensität sozialer Konflikte in pluralistischen Gesellschaften entsprechend ab. Durch ein – für moderne Industriegesellschaften typisches – Regelungssystem können Auseinandersetzungen in verbindlicher Weise kanalisiert werden, und durch die Anerkennung dieser „Spielregeln“ durch beide Konfliktpartner werden gewaltsame Methoden der Interessendurchsetzung eingeschränkt und der Konflikt selbst entschärft. Dabei werden Konflikte nicht notwendigerweise auch gleich „gelöst“: Auch ihr Intensitätsgrad braucht bei der Existenz eines Regelungssystems nicht geringer zu werden. Jedoch werden Konflikte kontrollierbar und ihre konstruktive Kraft kann zur (...) Entwicklung neuer sozialer Strukturen beitragen.

Dahrendorf gibt schließlich vier Voraussetzungen für die rationale Regelung von Konflikten an:

- Konflikte müssen als berechtigt und sinnvoll anerkannt werden;
- jeder Eingriff in Konflikte muss sich auf die Regelung seiner Formen beschränken;
- Konflikte müssen organisiert und kanalisiert sein (z.B. in Parteien, Gewerkschaften, Unternehmerverbänden usw.);
- es muss Einigkeit über gewisse Spielregeln bestehen, nach denen der Konflikt ausgetragen wird.

Nach Dahrendorfs konflikttheoretischem Ansatz ist die Struktur sozialer Systeme nicht nur als integriertes, sondern vor allem als dichotomisches Ganzes zu sehen, als Ausdruck der verschiedenen Herrschaftsinteressen, die sich in der Gesellschaft überlagern.

Hans Peter Henecka: Grundkurs Soziologie, 9. Aufl. Konstanz (UVK) 2009, S. 172ff.

1 Erläutern Sie das soziologische Verständnis des Konflikts.

2 Ermitteln Sie die Voraussetzungen, unter denen Ralf Dahrendorf Formen der Konfliktaustragung findet (M 14).

3 Interpretieren Sie die Karikatur oben und nehmen Sie Stellung zu der Möglichkeit, Konflikte generell friedlich auszutragen.

Methode: Das sozialwissenschaftliche Experiment

Experimente werden nicht nur in den Naturwissenschaften durchgeführt. Auch in den Sozialwissenschaften helfen sie, Zusammenhänge zu erfassen und zu überprüfen. Selbstverständlich bedürfen Experimente in den Sozialwissenschaften einer besonderen Sorgfalt, da es bei den Versuchen um Menschen geht.

M 15 Das Experiment als Forschungsmethode

Traditionell ist das Experiment als wissenschaftliche Methode vor allem in den Naturwissenschaften eingesetzt worden. Daher hat sich seine Anwendung in der Schule insbesondere in diesem Bereich etabliert. Mithilfe eines Experimentes können Aussagen hinsichtlich „wahr“ oder „falsch“ untersucht bzw. Zusammenhänge dargestellt oder reproduziert werden. Das Schulexperiment zielt auf die Selbsttätigkeit der Lernenden. Es wird eine didaktische Situation vorstrukturiert, in der die Lernenden durch Probieren, Untersuchen usw. für sie neue Sachverhalte erforschen sollen. Dabei geht es in erster Linie um das Entdecken und Finden von etwas, was man noch nicht genau weiß. Es geht aber auch um das „Warum“ von bereits bekannten Erfahrungswerten. Das Experiment in der Wissenschaft unterscheidet sich sehr stark von den in der Schule üblicherweise durchgeführten Experimenten. In der Wissenschaft gilt es, bestimmte Untersuchungs-Anordnungen zu berücksichtigen, um so die Erhebung von Daten zu sichern. Wählt man das Experiment als Methode in der Sozialwissenschaft, so kann man mit seiner Hilfe z. B. Verhaltensweisen erforschen. (…)

Das Experiment in der Wissenschaft ist aus verschiedenen Gründen eine wesentliche Forschungsmethode. Die Kernidee hierbei ist die aktive Manipulation der Versuchsbedingungen durch den Experimentator, wodurch es möglich wird, als Beobachter eine gedachte und rekonstruierte Ursache von einer erfahrbaren Wirkung zu unterscheiden. Durch die so genannte Kausalanalyse kann ich die Versuchsbedingungen bewusst manipulieren, um den Einfluss einer oder mehrerer unabhängiger Variablen auf eine abhängige Variable festzustellen. Durch das Experiment kann zudem eine Weiteruntersuchung von bereits gewonnenen Ergebnissen durchgeführt werden. Habe ich z. B. durch eine Beobachtung die Erkenntnis gewonnen, dass sich Schnecken mithilfe von Bier anlocken lassen, kann ich die Variable „Bier“ verändern. Ich könnte also die Bestandteile des Bieres so benutzen, dass ich den Schnecken jedes einzelne Element (Hopfen, Malz usw.) vorsetze, um dann zu erforschen, ob es ein Element gibt, von dem sie sich besonders angezogen fühlen. Oder andere alkoholische Getränke (Wein, Sekt, …) bzw. verschiedene Biersorten mit unterschiedlichem Alkoholgehalt benutzen.

Kersten Reich (Hg.): Methodenpool, in: http://methodenpool.uni-koeln.de (Zugriff: 14.3.2013)

M 16 Grundlagen des Experiments

Ein Experiment besteht immer aus bestimmten *Faktoren*, dazu zählt:

1. das untersuchte Objekt bzw. Subjekt,
2. der Beobachter,
3. die Methoden der Untersuchung bzw. der Versuchsaufbau,
4. der Vorgang der Untersuchung selbst.

Um die Aussagekraft eines Experimentes zu gewährleisten, müssen einige Bedingungen eingehalten werden:

- In psychologischen Experimenten kann die Versuchsperson 1. Schwankungen bezüglich bestimmter psychologischer Faktoren unterliegen; z. B. kann sie besonders motiviert sein, eben weil sie sich in einer Experiment-Situation befindet. Ähnliches gilt für den Beobachter bzw. Versuchsleiter 2., der durch bestimmte Erwartungen das Ergebnis beeinflussen kann. (…)
- Hinsichtlich der Untersuchungsmethoden 3. muss die *Replikation* berücksichtigt werden: Die gefundenen Ergebnisse eines Experimentes müssen überprüfbar sein, das heißt, die Konzeption eines Versuches muss so gestaltet sein, dass dieser Versuch jederzeit wiederholt werden kann.
- Die Untersuchung selbst 4. schließlich muss nach dem Experiment analysiert

Replikation: Vermehrung

werden, was in der Regel durch die *Auswertung* der gefundenen Ergebnisse und Daten geschieht.
Die wichtigsten Elemente eines Experimentes sind zweifellos die *Variablen*, bei denen zwischen abhängigen, unabhängigen und so genannten Störvariablen unterschieden wird. Unter *unabhängigen Variablen* versteht man dasjenige Element des Versuches, welches aktiv und bewusst beeinflusst wird, um eventuell eine Veränderung messen zu können. Die Auswirkungen dieser Veränderungen betreffen die *abhängigen Variablen*, deren Beeinflussung durch ein Experiment überprüft werden soll. Als *Störvariablen* bezeichnet man schließlich Elemente innerhalb des Versuchsaufbaus, die ebenfalls die abhängigen Variablen beeinflussen und so das Ergebnis des Experiments verfälschen.

Ein Beispiel
Wenn mit einem Experiment untersucht werden soll, inwiefern die Tageszeit die Konzentrationsfähigkeit beeinflusst, dann ist die Uhrzeit die unabhängige Variable und die Konzentrationsfähigkeit der Versuchspersonen die abhängige Variable. Störvariablen könnten hier beispielsweise Kaffeegenuss, Motivationszustand oder auch der aktuelle Müdigkeitszustand des Probanden sein.
Generell kann man sagen: Je besser die Störvariablen kontrolliert werden können, desto höher ist die Aussagekraft bezüglich der Wirkung der unabhängigen Variable auf die abhängige Variable. Für das Beispiel würde das bedeuten: Je stärker man den Einfluss von Kaffee, Müdigkeit oder unterschiedlicher Motivation begrenzt, desto eher ist die Tageszeit für potenzielle Änderungen bei der Konzentrationsfähigkeit verantwortlich.
Man spricht dann von einer hohen *internen Validität* des Experiments, die Aussagekraft dieses Versuchsaufbaus ist demnach sehr hoch. Dem gegenüber steht die *externe Validität*, mit der man die Gültigkeit der Ergebnisse außerhalb des Versuchsaufbaus bezeichnet. Ist die externe Validität hoch, ist das Experiment in hohem Maße repräsentativ.

Gütekriterien
Um überhaupt aussagekräftig sein zu können, müssen beim Experimentieren allerdings einige wichtige Gütekriterien erfüllt werden, ohne die keine echte Validität erreicht werden kann. Dabei kann man zwischen Hauptkriterien und Nebenkriterien unterscheiden (...):
Zu den Hauptkriterien zählen:
- *Objektivität:* Die Ergebnisse des Experiments müssen unabhängig vom Versuchsleiter zustande kommen, andernfalls ist die Messmethode nicht aussagekräftig.
- *Reliabilität:* Sie gibt an, wie hoch die Zuverlässigkeit der Messmethode ist und ob der gefundene Wert auch bei wiederholten Messungen wieder erfasst werden kann.
- *Validität:* Dieses Kriterium sagt aus, ob und wie genau wirklich das gemessen wurde, was auch gemessen werden sollte. Oft ist dies schwierig zu ermitteln, z. B. wenn bei psychologischen Experimenten komplexe Faktoren wie Intelligenz oder Kreativität beurteilt werden sollen.

Darüber hinaus gibt es noch einige *Nebenkriterien*, die allerdings nicht unbedingt alle erfüllt sein müssen, um von einem erfolgreichen Experiment sprechen zu können:
- *Ökonomie:* Ein Experiment lohnt sich wirtschaftlich, wenn es mehr nutzt, als es kostet.
- *Nützlichkeit:* Gibt an, welchen praktischen, gesellschaftlichen oder wissenschaftlichen Nutzen die gefundenen Daten haben.
- *Normierung, Vergleichbarkeit:* Die Messungen sollten normiert sein, also mit den Ergebnissen von anderen Objekten oder Versuchspersonen vergleichbar sein.

Grenzen des Experiments
Gerade in den Sozialwissenschaften gibt es *Grenzen* für diese Methode. So kann beispielsweise die Versuchssituation eine derart künstliche Atmosphäre schaffen, dass die gefundenen Daten kaum relevante Rückschlüsse zulassen. Außerdem gibt es klare moralisch-ethische Grenzen: Ein Experiment wird problematisch, wenn die Versuchsperson geschädigt wird, bezüglich der Intention der Untersuchung getäuscht oder in ihren Fähigkeiten z. B. durch den Versuchsaufbau manipuliert wird. Auch hinsichtlich des Datenschutzes gibt es hohe Anforderungen an ein Experiment.
Dem Versuchsleiter kommt beim Experiment also eine äußerst verantwortungsvolle Aufgabe zu, sowohl im Umgang mit den an der Untersuchung beteiligten Personen, als auch hinsichtlich der Validität der gefundenen Daten.

NN: Was ist ein Experiment?, 2008, in: http://www.e-teaching.org/didaktik/qualitaet/experiment (Zugriff: 10.3.2013)

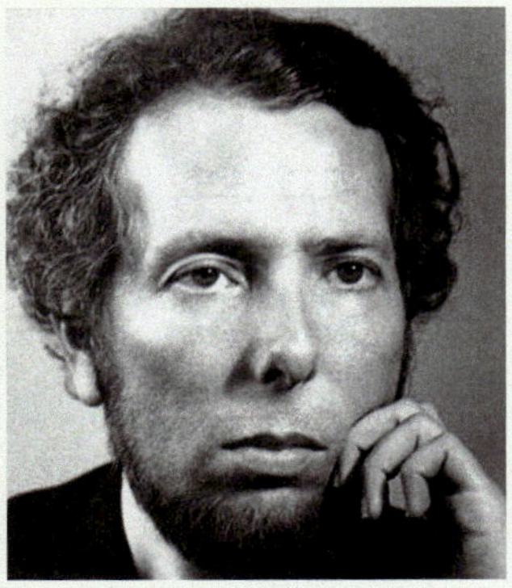

Stanley Milgram (1933–1984), US-amerikanischer Sozialpsychologe

M17 Das Milgram-Experiment

Wenn die eigene Gruppe festzustehen scheint und eine Aktion gegen eine fremde Person oder Gruppe gerichtet ist – wie weit sind wir bereit zu gehen? Ein klassisches Experiment der Sozialpsychologie zeigt erschreckende Ergebnisse.

In einem Experiment hatte der Sozialpsychologe Stanley Milgram von der Yale-Universität Anfang der 1960er-Jahre ergründen wollen, warum so viele Menschen während der NS-Zeit bereit waren, sich aktiv am Genozid an Juden und anderen Bevölkerungsgruppen zu beteiligen. Die Antwort, die Milgram herausfand und die heute in jedem Lehrbuch der Psychologie erwähnt wird, war, dass fast jeder zu einem Kadavergehorsam bereit ist.
In dem Original-Experiment war 40 Männern im Alter von 20 bis 50 Jahren vorgegaukelt worden, sie nähmen an einem Lernexperiment teil. Ziel sei es, die Wirkung von Strafe auf den Lernerfolg zu untersuchen. Die Probanden fanden sich in der Rolle des Lehrers wieder.
Ein Schüler war im Nebenraum angeblich an einen elektrischen Stuhl gefesselt. Der Proband sollte dem Schüler Stromstöße verabreichen, wann immer dieser in einem einfachen Test Fehler machte. Das Gewissen des Probanden wurde immer stärker auf die Probe gestellt, denn nach jeder weiteren falschen Antwort sollte der Schüler einen um 15 Volt stärkeren Stromschlag erhalten. Ab 75 Volt hörten die Probanden ein Stöhnen, ab 150 Volt Schmerzensschreie aus dem Nachbarraum. Doch die meisten machten bis 450 Volt weiter, nachdem der Studienleiter sie dazu aufforderte.
Es war keineswegs so, dass die Probanden keine Skrupel zeigten. Vielen war die Anspannung anzusehen, sie begannen zu schwitzen, zu zittern oder zu stottern, berichtete Milgram in der Originalpublikation. Regelmäßig kam es zu einem nervösen Lachen, das sich bis zu unkontrollierbaren Anfällen steigern konnte. Doch die Probanden gehorchten weiter den Anweisungen des Leiters, obwohl man ihnen versichert hatte, dass sie jederzeit aufhören könnten.

Milgram „lite": Menschen weiter zur Folter bereit, Deutsches Ärzteblatt, 22.12.2008, in: http://www.aerzteblatt.de (Zugriff: 2.3.2009)

M18 Erweiterungen und Replikationen des Experiments

In einer Erweiterung des Experiments hat Milgram später gezeigt, dass der Anteil der bedingungslos gehorchenden Probanden drastisch abnimmt (auf 10 Prozent), wenn sie zwei weitere „Lehrer" an ihrer Seite haben und diese dem Versuchsleiter Widerstand entgegensetzen. Hinzu kommt, dass die Autorität des Versuchsleiters in diesen Studien von einem Wissenschaftler eines angesehenen Instituts der Yale-Universität ausging – was sozusagen per se eine Interpretation der Versuchsteilnehmer zuließ, an einem bedeutenden wissenschaftlichen Experiment bzw. an einer bedeutenden wissenschaftlichen Fragestellung mitzuwirken. Milgram selbst belegte diese Annahmen durch eine weitere Modifikation der Baseline seines Experiments. Er führte eine Reihe von Einzelstudien durch, in denen er die Gehorsamsbereitschaft seiner Versuchspersonen gegenüber einem Mitarbeiter der Yale-Universität mit dem Gehorsam gegenüber einem Wissenschaftler, dessen Arbeitsplatz sich in einem verwahrlosten Bürogebäude eines Geschäftsviertels in Bridgeport (Connecticut) befand, verglich. In dieser vergleichenden Studie stellte Milgram fest, dass in dem Experiment des Wissenschaftlers der Yale-Universität 65 Prozent der Versuchspersonen absoluten Gehorsam leisteten, während es in dem in Bridgeport durchgeführten Experiment 48 Prozent waren. Daraus lässt sich folgern, dass fehlendes Ansehen auch die Bereitschaft zum Gehorsam reduziert.
In einer weiteren Abwandlung des Experiments untersuchte Milgram, was geschah, wenn der Versuchsleiter in letzter Minute durch eine Ersatzperson ersetzt wurde. Nachdem dem Lehrer seine Rolle in dem Experiment erläutert worden war (allerdings noch bevor dem Probanden die Höhe der E-Schocks bekannt war), rief man den Versuchsleiter durch ein fingiertes Telefonat aus dem Labor. Ein anderer Teilnehmer (ein Gehilfe des Versuchsleiters) übernahm seine Rolle. Dieser Ersatzmann tat nun so, als wäre es seine Idee, die Elektroschocks nach jedem Fehler des Schülers zu erhöhen. Ansonsten verhielt sich der Ersatzmann ebenso wie der Versuchsleiter. Er bedrängte den Lehrer eben-

so, mit den Elektroschocks weiterzumachen, wie es auch der Versuchsleiter getan hätte. In dieser Variante des Experiments sank die Zahl der absolut gehorsamen Versuchspersonen auf 20 Prozent. Damit war bewiesen, dass eine ausreichend legitimierte Autorität ein hohes Maß an Gehorsam den einzelnen Personen abverlangen kann, nicht jedoch ein beliebiger Mensch, der in die Rolle einer solchen Autoritätsfigur zu schlüpfen versucht.
In weiteren Varianten des Experiments stellte Milgram fest, dass die Anzahl der absolut gehorsamen Versuchspersonen auf 25 Prozent sank, sobald der Versuchsleiter sich außerhalb des Raumes befand und seine Anweisungen per Telefon gab. Hinzu kam, dass einige Probanden, die das Experiment zwar fortsetzten, anfingen zu mogeln. Dies äußerte sich z. B. dadurch, dass sie dem Schüler schwächere E-Schocks verabreichten, als das Experiment es eigentlich vorgab. Sie dachten auch nicht daran, dies dem Versuchsleiter etwa mitzuteilen und so zu verdeutlichen, dass sie von dem vereinbarten Verfahren abgewichen waren. Sie versuchten dadurch einerseits, den Anforderungen des Versuchsleiters gerecht zu werden, und konnten andererseits ihren inneren Konflikt auflösen, indem sie die Schmerzen, die sie einem anderen Menschen zufügten, so gering als nur möglich hielten.
Das Gefühl, verantwortlich für das eigene Handeln zu sein, nimmt auch ab, wenn man sich als Teil einer größeren Maschinerie sieht. Milgram wies dies mit einer weiteren Variante seiner Versuchsparadigmen nach. In dieser Variante des Experiments waren es zwei Lehrer, die einen Schüler unterrichteten. In diesem Fall war der zweite Lehrer die echte Versuchsperson. Ihre Aufgabe war es, die Aufgaben zu verlesen und die Richtigkeit der Antworten zu überprüfen. In einer solchen Konstellation waren es 92,5 Prozent der Versuchspersonen, die den anderen Lehrer, also den, der die Elektroschocks ausführte, nicht daran hinderte, die maximalen Stromstöße zu verabreichen. Auch in der australischen Replikation von Wesley Kilham und Leon Mann machten die Versuchspersonen in der Helferrolle signifikant häufiger bis zum Ende mit als im Standardexperiment. Die Gehorsamsbereitschaft war allerdings deutlich niedriger als in der von Milgram durchgeführten Untersuchung. (...)
(*Für viele Wissenschaftler*) zeigen die Experimente, dass die Ergebnisse von Milgram zeitlos sind. Frauen erwiesen sich als ebenso folgsam wie Männer.

NN: Milgram „lite": Menschen weiter zur Folter bereit, Deutsches Ärzteblatt, 22.12.2008, in: http://www.aerzteblatt.de (Zugriff: 2.3.2009)

M 19 Verhalten beim Milgram-Experiment

	Fernraum	Akustische Rückkoppelung	Raumnähe	Berührungsnähe
Durchschnittlich gegebene Maximalschocks in Volt	405	367,5	312	268,2
Prozentsatz völlig gehorsamer Versuchspersonen	65	62,5	40	30

1. Stellen Sie den Versuchsaufbau des Milgram-Experiments kurz dar.
2. Diskutieren Sie die Ergebnisse des Experiments. Kann es dazu dienen, autoritätshöriges Verhalten zu erklären? Begründen Sie.
3. Analysieren Sie die Bedeutung des Experiments für die Fragestellung dieses Kapitels hinsichtlich des Gruppenverhaltens.
4. Nehmen Sie Stellung zu möglichen Maßnahmen, die einem Verhalten, wie es bei vielen Versuchspersonen im Experiment festgestellt wurde, entgegenwirken können.
5. Erörtern Sie, welche Grenzen Experimente in den Sozialwissenschaften haben sollen. Heben Sie insbesondere die Besonderheiten sozialwissenschaftlicher Experimente gegenüber naturwissenschaftlichen hervor.

Kompetenzcheck

Anforderungsbereich I:

- Stellen Sie den soziologischen Begriff der Inklusion und der Exklusion dar.

Anforderungsbereich II:

- Beschreiben Sie, inwiefern Inklusion und Exklusion der Soziologie zufolge notwendiger Bestandteil der Gesellschaft sind.
- Erläutern Sie den Zusammenhang von sozialen Normen und sozialen Sanktionen.
- Skizzieren Sie die Mechanismen von Eigen- und Fremdgruppe.
- Erläutern Sie, inwiefern Stereotype im Alltag die Einordnung sozialer Situationen erleichtern.
- Erläutern Sie Aufbau und Ergebnisse von Milgrams berühmtem Experiment.
- Fassen Sie Dahrendorfs Auffassung vom gesellschaftlichen Konflikt zusammen.
- Interpretieren Sie die nachstehende Karikatur mit den soziologischen Kategorien Stereotype, Inklusion, Exklusion.

Zeichnung: Wössner

Anforderungsbereich III:

- Beurteilen Sie die Chancen für Exkludierte zur Rückkehr in die Mitte der Gesellschaft am Beispiel der Nichtsesshaften.
- Zeigen Sie an Beispielen, in welcher Weise Sanktionen die Einhaltung sozialer Normen befördern.
- Beurteilen Sie, wann Stereotype und Bildung von Fremdgruppen eine für die Gesellschaft gefährliche Wirkung entfalten können.
- Beurteilen Sie, inwiefern Milgrams Experiment an die Grenzen des ethisch Vertretbaren geht, ob man also Milgrams Experiment wiederholen sollte.
- Beurteilen Sie die Möglichkeit, sozialen Konflikten aus dem Weg zu gehen.

4 Soziale Wirklichkeit

Wie wirklich ist die soziale Wirklichkeit? Gibt es mehrere Wirklichkeiten? In sozialem Sinne kann das so sein. Dort werden unterschiedliche Wirklichkeiten erzeugt, weil Situationen unterschiedlich definiert werden. Von einer „Objektivität", also davon, dass Wirklichkeit unabhängig von der Sichtweise der Menschen vorliegt und nur erkannt werden muss, geht man heute nicht mehr aus. In Bezug auf das Soziale ist also entscheidend, wie Situationen und Abläufe definiert werden, nicht, wie sie im Sinne einer angeblichen „Objektivität" sind. Wenn aber jede und jeder seine eigene Wirklichkeit hat, wie können wir dann dennoch sozial handeln?

Ich weiß doch alles! – Alltagswissen und Alltagstheorien

Eigentlich wissen wir Vieles schon längst, bevor es passiert. Junge Autofahrer neigen zum Rasen, sie sind rücksichtlos, und wenn ein Kind die Straße überqueren will, dann muss es sehr vorsichtig sein. Geschieht dann ein Unfall, dann steht die Schuld für jemanden, der so denkt, schon fest. Was er oder sie sieht, wird häufig von dem bestimmt, was er oder sie über junge Autofahrer denkt. Davon wissen Verkehrsrichter häufig zu berichten. Unser Alltagswissen hilft uns uns schnell zurechtzufinden. Dass wir dabei auch vorschnell sein können, müssen wir uns erst bewusst machen.

M1 Alltagswissen – oder: Die Dinge sind nicht so, wie sie scheinen

Der Philosoph und Soziologe Alfred Schütz (1899–1959) bezeichnet unser Alltagswissen als „natürliche Einstellung", die sich unterscheidet von der wissenschaftlichen Erkenntnis mittels eines spezifischen Erkenntnisstils: In unserer „natürlichen Einstellung" stellen wir die Wirklichkeit nicht infrage und haben keinen Zweifel, ob die Welt und ihre „Tatsachen" anders sein könnten. Unser Alltagswissen und unser Alltagsverständnis bestimmen also, welche Zusammenhänge bei gewissen Problemfällen in unseren Gesichtskreis rücken, welche Faktoren wichtig sind. Oft wird das Denken dabei von bewertenden Kategorien und absoluten Begriffen wie „gut" und „böse", „schuldig" oder „unschuldig", „richtig" oder „falsch" geleitet; zudem werden unsere „Erklärungen" von den durch das Problem ausgelösten eigenen Gefühlen und Eindrücken überlagert und – eben meist unbewusst – gesteuert.

Beispiele für „Gewissheiten"

Herr Schmidt ist ja „Alkoholiker", die 12-jährige Tina flirtet mit einem „Punker" (was offensichtlich in der Familie liegt, denn die Mutter hat ja seinerzeit auch schon „früh angefangen"), die Zwillinge von nebenan sind „schlecht erzogen" oder vielleicht hat auch der Hausmeister eine „unsoziale Einstellung", weil er die Kinder nicht auf dem gepflegten Rasen spielen lässt. Für Frau Schmidt ist die Ehe sicher eine einzige Tortur, denn man „weiß" ja, dass Alkoholiker sehr labil sind, sich nicht beherrschen können und sich so ihr Schicksal selbst zuzuschreiben haben. Man „weiß" auch, dass bei „Frühreifen" die Triebhaftigkeit und sexuelle Aktivität im Blut stecken, was man aber durch geeignete Erziehungsmaßnahmen sicherlich in den Griff bekäme. Und man „weiß", dass die Nachbarin depressiv ist und mit der Geburt der Zwillinge total überfordert wurde. Und man kennt ja schließlich auch den übereifrigen Hausmeister, der im ganzen Viertel als Kinderschreck gilt. (...)

Aufgaben der Soziologie

Manche Erklärungen und Beschreibungen der Soziologie stimmen dann mit unseren bisherigen Meinungen und Überzeugungen nicht mehr überein. Manche beliebte „individualisierende" Denkfigur, manch gesellschaftlich akzeptiertes (und so bisweilen recht nützliches) Argument, manche gewohnte und vertraute Vorstellung von der sozialen Welt wird hierdurch fragwürdig. Indessen: Im Aufwerfen solcher „kontra-intuitiver" Fragen liegt

Zeichnung: Droigk

gerade der besondere Nutzen der Soziologie. Oder um es mit Peter Berger zu formulieren: „Die erste Stufe der Weisheit in der Soziologie ist, dass die Dinge nicht sind, wie sie scheinen." Indem die Soziologie ihr Erkenntnisinteresse vor allem auf die sozialen Bedingungen richtet, die hinter den beobachtbaren Tatsachen wirksam werden, und indem sie auf die Einbettung vieler Probleme in umfassendere gesellschaftliche Strukturzusammenhänge aufmerksam macht, leuchtet sie Bereiche aus, die vom naiven Alltagsdenken oft ausgeblendet werden oder deren Zugang versperrt bleibt. Damit eröffnet uns die Soziologie neue und rational anregende Sichtweisen, die eine Hilfe sein können für ein besseres Verständnis von uns selbst und von der Gesellschaft, in der wir leben.

Hans Peter Henecka: Grundkurs Soziologie, 9. Aufl. Konstanz (UVK) 2009, S. 20 ff.

M2 Alltagstheorien – Rückgriff auf kollektiven Wissensbestand

Die spontane Einschätzung von anderen Personen und die Reaktion auf deren Verhalten werden im täglichen Leben häufig durch persönliche Alltagstheorien bestimmt. Umgangssprachlich werden diese Alltagstheorien mitunter auch als gesunder Menschenverstand oder als Jedermanns-Wissen bezeichnet. Die Anwendung dieser Theorien in konkreten Situationen erfolgt häufig unbewusst und unreflektiert. Wie notwendig diese routinierte Anwendung allerdings ist, um durch rasche Lageeinschätzung und Informationsverarbeitung in einer vielfältigen Lebenswirklichkeit überhaupt handlungsfähig zu sein, verdeutlichte der Soziologe Georg Simmel (s. S. 8) in seinem „Exkurs zum Problem: Wie ist Gesellschaft möglich?". Eine erste Voraussetzung (Apriori) sah er darin, dass der Interaktionspartner nicht als reines Individuum wahrgenommen wird. Simmel schrieb: „Um den Menschen zu erkennen, sehen wir ihn nicht nach seiner reinen Individualität, sondern getragen, erhoben oder auch erniedrigt durch den allgemeinen Typus, unter den wir ihn rechnen." Teile der subjektiven Alltagstheorien speisen sich aus einem kollektiven Wissensbestand, in dem über Generationen hinweg Erfahrungen abgelagert werden. Diese Erfahrungen greifen unter Umständen auch auf kodifizierte oder informelle Normen wie auch auf vormals abgesichertes Wissen zurück, das allerdings üblicherweise nicht permanent überprüft wird. In modernen Gesellschaften ist von einer ständigen Modifizierung und einer Ausdifferenzierung des kollektiven Wissensbestandes in gruppenspezifische Wissensbestände auszugehen. Mit anderen Worten: Was dem einen als gesunder Menschenverstand und als selbstverständlich erscheint, kann in den Augen einer anderen gesellschaftlichen Gruppe durchaus als unvernünftig oder gar gefährlich angesehen werden. Die Mitglieder der Gruppe können sich darüber, was als normal und was als abweichend gilt, in der Regel ohne Schwierigkeiten verständigen. Die Entwicklung und Veränderung der Alltagstheorien erfolgt im Rahmen der Sozialisation. Schon im Kleinkindalter entwickeln Kinder Strategien, wie sie z. B. mit anderen Kindern umgehen, die sich nicht an die Spielregeln halten.

Klaus Bott, Alltagstheorien, in: krimlex, o. J., http://www.krimlex.de (Zugriff: 31.7.01)

1 Stellen Sie dar, inwiefern Alltagswissen und Alltagstheorien im Alltag nützliche Dienste leisten.

2 Wählen Sie sich ein Beispiel aus dem aktuellen Geschehen, z. B. den Skandal eines Prominenten oder in einem europäischen Königshaus. Ermitteln Sie in einer Umfrage gängige Alltagstheorien über das Ereignis. Recherchieren Sie zu der Frage, woher diese Alltagstheorien stammen. Welche Rolle spielen die Medien?

3 Erläutern Sie, warum jede Wissenschaft Alltagswissen und Alltagstheorien infrage stellen und von wissenschaftlichen Erkenntnissen ausgehen muss.

4 Interpretieren Sie den Comic auf S. 68.

Ich finde mich in jeder Situation zurecht! – Situationsdefinition

Alltagswissen wird von uns herangezogen, um mit alltäglichen Situationen zurechtzukommen. Ist Dustin eigentlich noch mit Janina zusammen? Trete ich in ein Fettnäpfchen, wenn ich sie erwähne? Wohl kaum: Dustin hat es ja noch nie lange bei einer ausgehalten. Das ist sicher schon seine Ex-Ex. Aber ich bin mal vorsichtig, vielleicht hat es ihn doch einmal erwischt. Schließlich ist jeder einmal dran. Ich gehe es lieber auf die vorsichtig-flapsige Art an. Solche Gedanken bewegen uns täglich. Soziale Beziehungen und ihre Einschätzung spielen dabei eine zentrale Rolle. Wir halten uns aber auch nicht lange mit solchen Gedanken auf, sondern definieren ganz schnell für uns die zu bewältigende Situation.

M3 Objektivität und subjektive Konstruktion

In der Soziologie gibt es zwei berühmte Formeln, die den besonderen Charakter sozialer Wirklichkeit sehr gut auf den Punkt bringen: das „Thomas-Theorem" und die „Definition der Situation":

Die erste dieser Formeln wird als Theorem der *Definition der Situation* bezeichnet. Sie wird dem frühen amerikanischen Soziologen William I. Thomas (1863–1947) zugeschrieben und findet sich in Soziologie-Lexika daher unter der Bezeichnung *Thomas-Theorem*. Thomas formulierte sie an verschiedenen Stellen so:

„Wenn Menschen Situationen als real definieren, so sind sie auch in ihren Konsequenzen real."

In diesem harmlos erscheinenden Satz kommen eine Reihe grundlegender Probleme im Verhältnis von Wissen, Wirklichkeit und Erkenntnis zum Ausdruck, und zugleich bietet er eine elegante Auflösung. Wenn man als Soziologin oder als Soziologe verstehen möchte, warum sich Menschen in einer Situation wie verhalten, ist es entscheidend zu erfahren, wie Menschen diese Situation wahrnehmen und deuten. Denn ihre jeweilige Deutung bildet die Grundlage ihres Handelns. Es kommt nicht darauf an, was wir als externe Beobachterinnen oder Beobachter über diese Situation wissen, also ob wir beispielsweise wissen, dass die Beteiligten in der Situation einem Irrtum aufsitzen, nicht hinreichend aufgeklärt sind oder die Folgen ihres Tuns nicht abschätzen können. Dafür, wie die Beteiligten handeln, ist entscheidend, was sie selbst glauben.

Es gibt also einen Unterschied zwischen dem, was „objektiv" in einer Situation der Fall sein mag (was immer das Wort „objektiv" meint), und dem, wie die Beteiligten die Situation subjektiv deuten. Das, was den Beteiligten als Wirklichkeit erscheint, ist das, was sie als wirklich auffassen. Eine andere Wirklichkeit haben sie nicht. Und diese soziale Wirklichkeit ist das, wofür sich die Soziologie interessieren muss. Soziale Wirklichkeit, das sind die Bedeutungen, welche die beteiligten Menschen ihrer Welt, ihrer Gesellschaft, sich selbst und ihrem Handeln geben.

Nehmen wir als Beispiel eine Situation, in der die Bewohner eines Ortes überzeugt sind, dass einige unter ihnen über dunkle Kräfte verfügen und sich verschworen haben, diese zum Nachteil der anderen Dorfbewohner einzusetzen. Arthur Miller hat in seinem Theaterstück „The Crucible" von 1953 (dt. „Hexenjagd") eine solche Situation und ihre Konsequenzen beschrieben. Aus einer Art Jugendstreich einiger Mädchen erwächst die allgemeine Überzeugung, man habe es mit dunklen Mächten zu tun, und die Konsequenzen der einsetzenden Hexenjagd sind grausam. Wir können uns eine solche Situation wie in Arthur Millers Theaterstück, das auf eine Begebenheit aus dem Jahr 1692 zurückgeht, in der Vergangenheit, in einem unaufgeklärten Zeitalter vorstellen, über das wir uns erhaben fühlen. Oder wir können nach vergleichbaren Fällen einer Jagd nach vermeintlichen Hexen, Außenseitern oder „Fremden" in unserer eigenen Zeit Ausschau halten. Auch Miller nutzte die Hexenjagd als Parabel, um die Hatz auf vermeintliche Kommunisten in den USA der 1940er-Jahre zu kritisieren, in der so genannten McCarthy-Ära. Um das historische oder das gegenwärtige Geschehen zu verstehen, hilft uns unser aufgeklärtes Wissen, dass es keine Hexen gibt, nicht weiter. Denn wenn Menschen an die Existenz von Hexen glauben, kann es äußerst unangenehme Konsequenzen haben, wenn man für eine Hexe gehalten wird.

Hier drängt sich die Frage auf, wie sich die *soziale Wirklichkeit* zur „wirklichen Wirklichkeit" verhält und was die „wirkliche“ und „objektive“ Wirklichkeit ist und wie man sie erkennen kann. (…) Die Formel der Definition der Situation behauptet nicht, hierfür eine Lösung gefunden zu haben, sondern sie umschifft die Frage, was denn die objektive Wirklichkeit sei und wie sich die menschlichen Situationsdeutungen zu ihr verhalten, auf elegante Art und Weise. Sie behauptet nicht, dass eine Situation tatsächlich „objektiv“ so ist, wie die Beteiligten glauben. Sie geht dem Streit, was die wirkliche, „objektive“ Wirklichkeit ist, ganz aus dem Weg. Stattdessen hebt sie hervor, dass subjektive Deutungen, auch wenn sie von außen betrachtet sonderbar oder irrig sein mögen, Folgen nach sich ziehen können, die faktisch und real sind. Anders gesagt: *Die Überzeugung, dass dies oder jenes ein gegebenes Faktum ist, bildet keine Wirklichkeit ab, sondern es schafft eine Wirklichkeit.* Diesen Mechanismus der Schaffung von Wirklichkeit (in der Soziologie spricht man von „Konstruktion“) muss man verstehen, um zu begreifen, was die gesellschaftliche Wirklichkeit ausmacht bzw. wie die Soziologie auf die Wirklichkeit insgesamt schaut.

Das Theorem der „Definition der Situation“ lässt sich nicht nur auf alltägliches Wissen, sondern auch auf wissenschaftliche Erkenntnis und auf die Suche nach den „objektiven“ Fakten anwenden. In diesem Sinn kann man beispielsweise auch das wissenschaftliche Arbeiten soziologisch untersuchen, beispielsweise die Situationsdeutungen von Ärztinnen oder Ärzten, Ingenieuren oder Genetikerinnen, und natürlich auch das soziologische Beobachten selbst. Wenn ich mich als Soziologe darum bemühe, eine Situation „objektiv“ zu beschreiben, dann werde ich mich natürlich sehr bemühen, einseitige oder subjektive Deutungen beiseite zu lassen. Aber ganz sicher sein kann ich mir nie, ob ich nicht in meinem eigenen Metier auch nur eine Situationsdefinition vornehme.

Thomas Schwietring: Was ist Gesellschaft? Einführung in soziologische Grundbegriffe, Konstanz/München (UTB) 2011, S. 101 ff.

Subjektive Situationsdeutung — *Zeichnung Stuttmann*

1 Erläutern Sie, was man in der Soziologie unter Konstruktivimus versteht (**M 3**).

2 Interpretieren Sie die obenstehende Karikatur.

3 Erklären Sie, was man unter „geteilter Situationsdeutung“ versteht. Beurteilen Sie, inwiefern es möglich ist, sich geteilten Situationsdeutungen zu entziehen (**M 4**).

4 Beurteilen Sie, welche Konsequenzen geteilte Situationsdefinitionen für die Politik und die Demokratie haben.

5 Analysieren Sie den Fall Fukushima (S. 72–75) in Bezug auf die Situationsdefinition in Deutschland im Vergleich zu anderen Ländern (**M 6–M 10**). Beachten Sie dabei insbesondere die aus den Maßnahmen hervorgehenden Situationsdefinitionen, u.a.:
- Wie schlimm wird der Reaktorunfall in Fukushima eingeschätzt?
- Welche Schlüsse werden daraus über die Beherrschbarkeit de Atomkraft gezogen?
- Welche Faktoren geben bei der Bewertung des Unfalls und der Situationsdefinition den Ausschlag?
- Welche Schlüsse werden für die Notwendigkeit einer Umstellung gezogen?

M4 Geteilte Situationsdeutungen

Das Theorem der *Definition der Situation* hat aus soziologischer Sicht eine weitere Pointe. Bedeutsam sind Situationsdeutungen nämlich dadurch, dass sie typischerweise nicht aus irgendwelchen höchst subjektiven Einschätzungen bestehen, sondern dass es sich um *geteilte Situationsdeutungen* handelt.
Sie erscheinen nicht deshalb real, weil ich sie nach objektiven Maßstäben an der Realität getestet hätte (beispielsweise den Glauben an einen bestimmten Gott), sondern weil die für mich relevanten Menschen in meiner Umwelt die Wirklichkeit auf die gleiche Weise interpretieren, die gleichen Bezeichnungen verwenden und ihr Handeln an den gleichen für gewiss genommenen Zusammenhängen ausrichten. In dem Maß, wie wir in eine Gesellschaft hineinwachsen, übernehmen wir unwillkürlich derartige Deutungen. Das befähigt uns, mit anderen Menschen zu kommunizieren und so zu handeln, dass andere Menschen mein Handeln nicht für „verrückt", sondern für normal halten.
In geteilte Situationsdefinitionen wächst man entweder von klein auf hinein, oder es kommt in einer für alle unbekannten Situation zu einer Art *Aushandlungsprozess* darüber, wie man diese Situation auffasst. Ein klassisches soziologisches Beispiel hierfür ist die Definition abweichenden Verhaltens. Ein Junge, der etwas in einem Supermarkt mitgehen lässt, ist deshalb noch lange kein Dieb. Die Beteiligten, der Verkäufer, die Leiterin des Supermarktes, die Eltern, vielleicht ein Lehrer oder die Direktorin der Schule, die benachrichtigt werden, können im Verlaufe von Gesprächen über den Vorfall zu sehr verschiedenen Deutungen kommen, um welche Art von Handlung es sich gehandelt hat. Sind die Eltern des Jungen möglicherweise Lehrer oder angesehene Leute, wird man sich möglicherweise darauf verständigen, es habe sich um eine Mutprobe oder „jugendlichen Übermut" gehandelt, weshalb man dem „an sich ordentlichen" Jungen keine weiteren Scherereien machen dürfe. Als Konsequenz akzeptiert man seine Entschuldigung und geht zur Tagesordnung über.
Kommt der Junge hingegen aus anderen sozialen Verhältnissen, sind seine Schulleistungen vielleicht nicht besonders gut, ist auch sein Bruder schon einmal bei etwas Vergleichbarem erwischt worden oder sind die Eltern vielleicht nicht in der Lage, ihre soziale Stellung in die Waagschale zu werfen oder können sie sich vielleicht nicht eloquent genug in der jeweiligen Sprache ausdrücken, dann ist vorstellbar, dass die Beteiligten die Handlung des Jungen ganz anders deuten: als echten Diebstahl, der hart bestraft werden muss, damit so etwas kein zweites Mal vorkommt. Die Konsequenzen werden dann ganz andere sein als im ersten Fall. Die Mitschüler und Lehrer erfahren davon, dass der Junge im Streifenwagen zur Polizei gefahren wurde. Und über die faktische Strafe hinaus (die im Falle eines ersten Diebstahls zumeist gering ausfällt) wiegt möglicherweise viel schwerer, dass der Junge

M5 Atomreaktoren in Japan

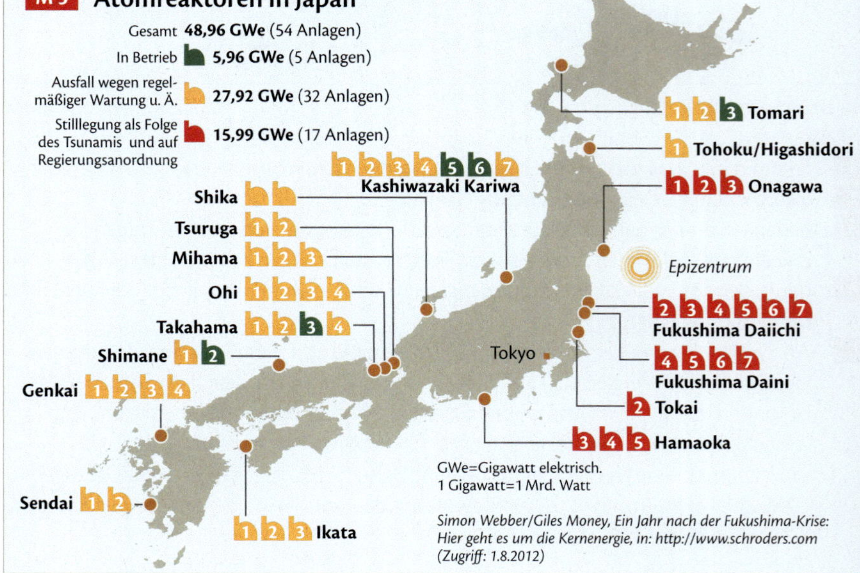

Simon Webber/Giles Money, Ein Jahr nach der Fukushima-Krise: Hier geht es um die Kernenergie, in: http://www.schroders.com (Zugriff: 1.8.2012)

fortan von seinen Mitschülern und Lehrern mit Misstrauen betrachtet und als potenzieller Außenseiter behandelt wird, der eben genau dadurch zum Außenseiter wird, dass man ihn so betrachtet. Damit tritt hier genau das ein, was man im Fall des ersten Jungen hatte vermeiden wollen.

Der Mechanismus der *Konstruktion von Wirklichkeit* durch die Aushandlung einer *geteilten Definition der Situation* lässt sich an diesem einfachen Beispiel gut nachvollziehen. In der Soziologie wird der Mechanismus, durch den eine Handlung erst im Nachhinein durch den Prozess des Aushandelns zu einer konkreten Handlung wird (Mutprobe oder Anfang einer kriminellen Karriere) (...) als *Etikettierung und* der soziologische Blick darauf als *Etikettierungsansatz (labeling approach)* bezeichnet.

Thomas Schwietring: Was ist Gesellschaft? Einführung in soziologische Grundbegriffe, Konstanz/München (UTB) 2011, S. 103 f.

Am 11. März 2011 kam es in Japan zu einem Erdbeben der Stärke 9 und einem anschließenden Tsunami. Dies führte zu Ausfällen des Kühlsystems der Atomkraftwerken Tokai, Fukushima I und Fukushima II. Den Mitarbeitern gelang es, die Kühlung in Tokai und Fukushima II wieder in Gang zu bringen, im Atomkraftwerk Fukushima I mit insgesamt sechs Reaktorblöcken gelang dies nicht. Dort kam es in drei Blöcken zu einer teilweisen Kernschmelze. Zudem wurden zwei Abklingbecken für abgebrannte Brennstäbe beschädigt und bei Bränden erhebliche Mengen Radioaktivität freigesetzt. Im Bild der am 15. März 2011 explodierende Reaktor von Fukushima I

M6 Reaktionen in Japan

Der mit Tschernobyl auf gleicher historisch höchster Stufe eingeordnete Reaktorunfall im Atomkraftwerk in Fukushima führte *(in Japan)* bis heute noch nicht zu einer Änderung des bestehenden unzulänglichen nuklearen Regulativsystems, einer angepassten Energiepolitik oder gar einer kompletten Energiewende wie in Deutschland. Während der ehemalige Ministerpräsident Kan die deutsche Energiewende als Vorbild sieht, möchte die derzeitige Regierung Noda die Monopole bei der Stromversorgung aufbrechen, die Atomenergie zurückfahren und Erneuerbare Energien ausbauen. Dennoch konnte sie sich bislang noch nicht auf ein schlüssiges Energiekonzept und die künftige Reorganisation der Nuklearbetreibergesellschaften einigen, obwohl gegenwärtig 52 der insgesamt 54 Atomkraftwerke abgeschaltet sind und das Industrieland inzwischen fast ohne nuklearen Strom normal funktioniert. Dennoch dürften bald einige Reaktoren wieder angefahren werden, um sowohl die drastisch gestiegenen Ausgaben für Erdöl- und Erdgasimporte als Substitutionsenergie zu senken, als auch aus dem Bemühen heraus, weiterhin Atomtechnik zu exportieren. Japans Debatte über die Nuklearenergie und eine mögliche neue Energiepolitik weist jedoch über das Land hinaus und hat eine internationale Bedeutung. Weder die nationalen noch internationalen Atomexperten hatten im Vorfeld die Sicherheitsmängel diagnostiziert und damit jene Restrisiken erkannt, die offenbar bei allen Nuklearanlagen bestehen. Positiv kann jedoch bewertet werden, dass der bis Fukushima recht sorglose Umgang mit der Kernenergie in Japan ein Ende fand.

Christian Hübner (Red.): Ein Jahr nach Fukushima, in: www.kas.de 2012, (Zugriff. 27.6.2013)

Es gibt in Japan 17 **Atomkraftwerke** mit insgesamt 54 Reaktoren (s. M 6).

M7 Reaktionen in Frankreich

In Frankreich besitzt die Nuklearenergie einen großen Anteil an der Stromerzeugung (ca. 75 Prozent) bzw. an der Primärenergieerzeugung (ca. 50 Prozent). Die Konsumenten und die Industrie profitieren deshalb von vergleichsweise niedrigen Strompreisen, die letztlich auch einen politisch gewollten Preis darstellen, vergleichbar dem Brotpreis. Allzu große Preissprünge können vor diesem Hintergrund schnell zu erheblichen politischen Konvulsionen führen. Der günstige Strompreis prägt die Haltung der Bevölkerung zur Nuklearenergie.

Nach der Katastrophe von Fukushima haben sich die französischen Behörden und die Öffentlichkeit gefragt, welche Schlussfolgerungen aus diesem Ereignis zu ziehen sind. Präsident Sarkozy und die französische Regierung betonten in diesem Zusammenhang die Bedeutung, die der Nuklearenergie in Frankreich zukommt. Davon wolle und werde man nicht abrücken. Diese Energie in Frage zu stellen, hieße gewissermaßen an den Grundpfeilern der französischen Republik rütteln. Außerdem sei die französische Nuklearindustrie eine der – wenn nicht die – sicherste der Welt.

Norbert Wagner: Frankreich, in: Ein Jahr nach Fukushima, St. Augustin/Berlin 2012, S. 11 f.

M8 Reaktionen einzelner Staaten auf das Fukushima-Unglück

Politischer Indikator		Länder
Negative politische Entwicklungen seit Fukishima		Japan, Deutschland, Schweiz, Italien, Belgien, Frankreich, Mexiko
Fortlaufende Debatte, Stilllegungen möglich		Taiwan, Spanien, Jordanien
Positive Prognose, dürfte die Pläne vor Fukushima weiter umsetzen		China, Russland, Indien, Großbritannien, USA, Polen, Finnland, Schweden, Tschechische Republik, Brasilien, Argentinien, Südkorea, V.A.E.

Quelle: Schätzungen von UBS, Januar 2012

M9 Keine Diskussion: Russland ein Jahr nach Fukushima

Atomruine Tschernobyl, Februar 2013

Die politischen Reaktionen auf die japanische Katastrophe waren (*in Russland*) von Anfang an durch Nüchternheit geprägt. Damit wurde einerseits das Ziel verfolgt, die eigene Bevölkerung zu beruhigen, denn Wladiwostok liegt gerade einmal 800 Kilometer von Fukushima entfernt. Zum anderen ging es darum, die eigene Atomindustrie zu schützen, denn diese setzt zahlreiche Projekte im In- und Ausland um. Eine fundamentale innenpolitische Diskussion würde demnach nur der eigenen Wirtschaft schaden. Russland ist der viertgrößte Exporteur nuklearer Technik nach den Vereinigten Staaten, Frankreich und Japan. Ziel der Föderalen Agentur für Atomenergie Russlands (RosAtom), die sowohl den zivilen als auch den militärischen Bereich der Atomenergie leitet, ist es, zukünftig einen Anteil von 25 Prozent des nuklearen Weltmarktes zu stellen. Abnehmer russischer Atomtechnologie sind vor allem Iran, China, Indien, Vietnam und die Türkei. Derzeit beteiligt sich RosAtom am Bau von Kraftwerken in Weißrussland, Indien, China, der Türkei, der Slowakei, in Bulgarien und in der Ukraine. (…)

Eine mit der in Deutschland vergleichbaren Bewegung gegen die Nutzung von Atomenergie ist in Russland auch nach Fukushima nicht entstanden. (…)

In Russland spielt das Unglück von Fukushima sowohl in der Politik als auch in der öffentlichen Meinung ein Jahr später kaum mehr eine Rolle. Russland baut weiter Atomkraftwerke und arbeitet an der Entwicklung neuer Technologien im Nuklearbereich. Russland könnte in diesem Zusammenhang von den heftigen Debatten in anderen Staaten profitieren. Staaten wie Deutschland und Japan könnten durch einen Baustopp oder das Abschalten ihrer Reaktoren zum Abdecken ihres Energiebedarfes zukünftig noch stärker auf Energielieferungen aus Russland angewiesen sein.

Lars Peter Schmidt: Keine Diskussion. Russland ein Jahr nach Fukushima, in: Ein Jahr nach Fukushima, St. Augustin/Berlin (kas) 2012, S. 19 f.

M 10 Chronik der politischen Ereignisse in Deutschland nach dem Reaktorunfall in Fukushima Daiichi am 11. März 2011

11. März
Erdbeben und Tsunami in Japan; Reaktorunfälle im Kernkraftwerk Fukushima Daiichi.

14. März
Aussetzung der Laufzeitverlängerung ohne Gesetzesänderung für drei Monate; zusätzliche Sicherheitsüberprüfung für alle KKW angekündigt

15. März
Moratoriumsbeschluss der Bundesregierung: Die sieben älteren Kernkraftwerke und das Kernkraftwerk Krümmel (8,8 GW von 21,5 GW) sollen vom Netz genommen werden.

16.–18. März
Abschaltung von acht Kernkraftwerken im Rahmen des Moratoriums.

17. März
Auftrag zur Erstellung eines Anforderungskatalogs zur Sicherheitsüberprüfung an die Reaktorsicherheitskommission (RSK).

22. März
Einrichtung der Ethikkommission „Sichere Energieversorgung" zur Neubewertung der Risiken der Kernenergie und als Ratgeber der zukünftigen Energiepolitik. Auftrag zur Sicherheitsüberprüfung der deutschen Kernkraftwerke an die Reaktorsicherheitskommission.

17. Mai
Reaktorsicherheitskommission stellt Abschlussbericht der Sicherheitsüberprüfung vor und bestätigt hohen Sicherheitsstandard der deutschen Kernkraftwerke.

28. Mai
Ethikkommission stellt ihren Bericht vor und empfiehlt den Ausstieg aus der Kernenergie unter der Bedingung ökologischer, ökonomischer und sozialer Verträglichkeit.

30. Mai
Beschluss der Koalitionsfraktionen zum Atomausstieg bis 2022 und über umfassende Änderungen in relevanten Gesetzen.

6. Juni
Sondersitzung des Bundeskabinetts zum Beschluss der Gesetzentwürfe zu Atomausstieg und Energiewende.

9. Juni
Erste Lesung des Gesetzespakets im Deutschen Bundestag.

30. Juni
Der Bundestag beschließt den Atomausstieg bis 2022.

8. Juli
Beratung und Beschluss der Gesetze zu Atomausstieg und Energiewende im Bundesrat.

1. August
Der Bundespräsident unterschreibt die Gesetze.

6. August
13. Novelle zum Atomgesetz tritt in Kraft; gemäß Atomgesetz erlischt die Berechtigung zum Leistungsbetrieb der Kernkraftwerke Biblis A, Biblis B, Brunsbüttel, Isar 1, Krümmel, Neckarwestheim 1, Philippsburg 1 und Unterweser; im Gesetz ist die Möglichkeit vorgesehen, dass die Bundesnetzagentur anordnet, eines dieser Kraftwerke im Sinne des Reservebetriebs betriebsfähig zu halten („Kaltreserve").

31. August
Die Bundesnetzagentur teilt nach vertraglicher Akquise von zusätzlicher Reserveleistung älterer fossiler Kraftwerksblöcke in Deutschland und Österreich mit, dass sie von der Möglichkeit einer Anordnung des Reservebetriebs für eines der zum 6. August gesetzlich außer Betrieb genommenen Kernkraftwerke für die Winterperioden 2011/2012 und 2012/2013 keinen Gebrauch machen wird

Deutsches Atomforum e.V.: Chronik der politischen Ereignisse in Deutschland nach dem Reaktorunfall in Fukushima Daiichi am 11. März 2011 (Stand: 22.02.2012), in: http://www.kernenergie.de (Zugriff: 31.7.2012)

Moratorium: Aufschub

Zeichnung: Roger

Geht's nicht einfacher? – Reduktion von Komplexität

Belügen wir uns nicht selbst, wenn wir unser Alltagswissen bemühen und Situationsdefinition betreiben? All das hilft uns, Situationen rasch einzuschätzen und sie in den allermeisten Fällen gut zu bewältigen. Aber wir können auch ganz kräftig „daneben liegen". Was hilft uns, zumindest die größten Schnitzer zu vermeiden? Der Soziologe Niklas Luhmann (s. S. 46) hat mit seinem Theorem der Reduktion von Komplexität dieses Phänomen in den Blick genommen.

Kalkulatorische Konzeptionen:
Theorien, die Phänomene durch eine persönliche Kosten-/Nutzenanalyse zu erklären versuchen

M11 Vertrauen als Reduktion von Komplexität

Ohne Vertrauen – so Luhmann – könnte der Mensch „morgens sein Bett nicht verlassen. Unbestimmte Angst, lähmendes Entsetzen befielen ihn. Nicht einmal ein bestimmtes Misstrauen könnte er formulieren und zur Grundlage defensiver Vorkehrungen machen; denn das würde voraussetzen, dass er in anderen Hinsichten vertraut. Alles wäre möglich. Solch eine unvermittelte Konfrontierung mit der äußersten Komplexität der Welt hält kein Mensch aus."

Soziale Systeme können – je nach Struktur – einen unterschiedlichen Grad an Komplexität aufweisen. Hohe Komplexität ermöglicht eine Vielzahl unterschiedlicher Handlungen und kann den Akteur gedanklich überfordern. Je größer die Komplexität eines Systems ist, desto größer wird für den Akteur das Erfordernis der Komplexitätsreduktion, um seine Handlungsfähigkeit zu erhalten. Durch die subjektive Reduktion objektiv gegebener Systemkomplexität bewahrt der Akteur seine Handlungsfähigkeit.

Luhmann versteht Vertrauen als einen Mechanismus zur Reduktion sozialer Komplexität. Liegt kein Vertrauen vor, so ist der Akteur nicht handlungsfähig, es sei denn, er reduziert die gegebene Komplexität auf andere Weise – durch funktionale Äquivalente. Vertrauen ist immer in die Zukunft gerichtet. Wer vertraut, handelt nach Luhmanns Auffassung so, als ob er der Zukunft sicher wäre. Insofern beruht Vertrauen auf Selbsttäuschung: Eigentlich ist nicht so viel Information gegeben, wie man braucht, um erfolgssicher handeln zu können. Über die fehlende Information setzt sich der Handelnde willentlich hinweg. „Der vertrauensvoll Handelnde engagiert sich so, als ob es in der Zukunft nur bestimmte Möglichkeiten gäbe."

Luhmann geht davon aus, dass der Akteur die Wahl hat zwischen vertrauensvollem und misstrauischem Verhalten. Er stellt jedoch klar, dass diese Wahlentscheidung keine kalkulatorische Angelegenheit ist. Nach seiner Auffassung können kalkulatorische Konzeptionen (...) das Vertrauensphänomen nicht erfassen. Grundlage für die Vertrauensvergabe sind nach Luhmann Zuschreibungen hinsichtlich der Motivationsstruktur der potenziellen Vertrauensperson. Diese Zuschreibungen basieren auf in der Vergangenheit gewonnenen Erfahrungen. Vertrauen kommt durch „Überziehen der vorhandenen Informationen zustande". Spezifische Erfahrungen werden auf ähnliche Situationen generalisiert. Insofern bedarf vertrauensvolles Handeln generalisierter vertrauensvoller Erwartungen. Letztere geben den Ausschlag bei der Wahlentscheidung zwischen vertrauensvollem und misstrauischem Verhalten. Der Vertrauende erbringt eine riskante Vorleistung. „Durch seine Vertrauenshandlung riskiert er einen Schaden, der bei einem Vertrauensbruch größer wäre als der mögliche Nutzen, den er im Falle der Rechtfertigung seines Vertrauens erzielen würde." Vor diesem Hintergrund ist unter einer vertrauensvollen Erwartung eine Nicht-Schaden-Erleidens-Erwartung zu verstehen. Der Vertrauende reduziert die objektiv gegebenen Entwicklungsmöglichkeiten und geht davon aus, dass ein Vertrauensbruch nicht auftreten wird. Vertrauen bedeutet, dass eine Handlung unter der Voraussetzung gewählt wird, dass sich der Interaktionspartner entsprechend der Erwartung des Vertrauenden verhält, obwohl Ersterer prinzipiell auch anders handeln könnte. Auf diese Weise gibt Vertrauen subjektive Sicherheit in Situationen objektiv gegebener Unsicherheit.

Hendrik Bütow: Vertrauen und Teamentwicklung, http://www.buetow-online.de/vertrauenundteamentwicklung.pdf (Zugriff: 2.8.2012)

M 12 Reduktion von Komplexität mittels Sinn und Erwartungen

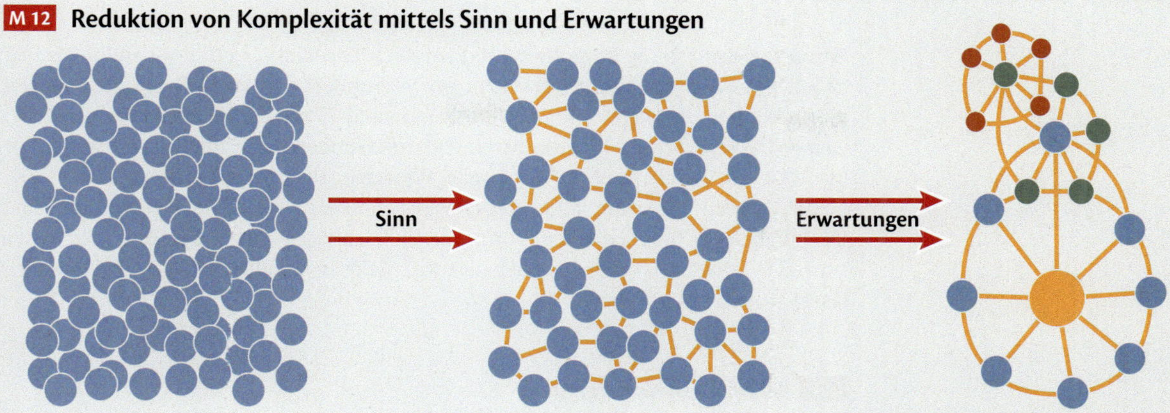

Komplexität als unüberschaubare Anzahl von Möglichkeiten.

Sinn reduziert Komplexität in ein Netz von miteinander verknüpften Möglichkeiten. Dabei operiert Sinn anhand des Unterschieds zwischen Wirklichkeit und Möglichkeit.

Erwartungen schränken die Fülle der Möglichkeiten auf ein zu bewältigendes Maß ein. Erwartungen sind Möglichkeiten, die man aus der Perspektive des Wirklichkeitserlebens künftig erwartet.

M 13 Vertrauen als Reduktion von Komplexität

Als Ausgangspunkt für seine Überlegungen stellt Luhmann fest, dass soziale Systeme die Funktion haben, Komplexität zu erfassen und zu reduzieren. Dabei ist in diesem Zusammenhang das Wort Funktion nicht im Sinne von sozialer Stellung oder als Abhängigkeit zu verstehen, sondern im Sinne von „Zweck" oder „Aufgabenstellung" gemeint.

Das soziale System grenzt sich also durch Sinngebung ab und reduziert die Vielschichtigkeit, besser wohl Vielgestaltigkeit, der Welt auf seine eigene, sinnbegrenzte Situation. Das System macht dadurch die Möglichkeiten der Welt für sich selbst nutzbar.

Das bedeutet letztlich, dass soziale Systeme die Vielgestaltigkeit der Welt, und damit ist nicht die Umwelt im heute verstandenen Sinne gemeint, auf ein Niveau reduzieren, das den beschränkten Fähigkeiten der einzelnen Menschen entgegenkommt. Die sozialen Systeme machen damit dem im System befindlichen Einzelmenschen die Wirklichkeit erst verdaubar. Auf diese Weise begründen die sozialen Systeme erst ihre Wichtigkeit für den Einzelmenschen und werden deshalb auch benötigt. Gleichzeitig aber können Systeme aufgrund ihrer Größe mehr leisten als ein Einzelmensch selbst.

Je nachdem, um welches System es sich handelt und welchen Zweck es verfolgt, wird es die Umwelt auf den vom System gedachten Zweck reduzieren. Dies hat zur Folge, dass das einzelne System aufgrund der Verschiedenheit die jeweils anderen Systeme als andersgeartet erkennt oder, wie Luhmann es ausdrückt: Die Innen-Außen-Differenz ermöglicht es dem System, sich von seiner Umwelt zu unterscheiden.

Hans Perlinger: Soziologie als Theorie sozialer Systeme, in: http://www.gemeindeforschung.de (Zugriff: 2.8.2012)

1 Erläutern Sie, inwiefern die Reduktion von Komplexität in modernen Gesellschaften notwendig ist.

2 Erklären Sie, inwiefern die Reduktion von Komplexität mit der Sinngebung verbunden ist.

3 Beurteilen Sie, inwiefern Luhmanns Theorie Möglichkeiten aufzeigt, mit den negativen Auswirkungen der Reduktion von Komplexität zurecht zu kommen (**M 13**).

Das kann doch nur so sein! – Vorurteile

Wenn soziale Systeme Komplexität reduzieren müssen, um sich selbst einen Sinn zu geben, so ist dies häufig mit Verkürzungen verbunden, die auch sehr negative Folgen haben können. Aussagen wie „Alle Libanesen sind ..." oder „Alle Islamisten sind ..." weisen auf feste Urteile hin, die auch nicht durch andere persönliche Erfahrungen so leicht zu erschüttern sind: auf Vorurteile. Wie wir aus der Konstruktion sozialer Wirklichkeit wissen, kann niemand wirklich von sich behaupten, keine Vorurteile zu haben. Doch haben wir Möglichkeiten, Vorurteile zu bekämpfen, zumindest ihnen nicht den zentralen Stellenwert zu geben, der sie zum Auslöser von Hass und Gewalt werden lässt?

M 14 Was ist ein Vorurteil?

Vielleicht lautet die kürzeste aller Definitionen des Vorurteils: *Von anderen ohne ausreichende Begründung schlecht denken.* Diese knappe Formulierung enthält die beiden wesentlichen Elemente aller einschlägigen Definitionen: den Hinweis auf die Unbegründetheit des Urteils und auf den Gefühlston. Er ist jedoch für völlige Klarheit zu kurz.

Zuerst einmal bezieht sich diese Formulierung auf das negative Vorurteil. Aber manche Leute haben auch positive Vorurteile über andere. Sie denken gut von anderen ohne ausreichende Begründung. Das New English Dictionary bietet in seiner Definition sowohl positives wie negatives Vorurteil an:

Ein zustimmendes oder ablehnendes Gefühl gegenüber einer Person oder Sache, das der tatsächlichen Erfahrung vorausgeht, nicht auf ihr gründet.

Es ist sicher wichtig zu berücksichtigen, dass Voreingenommenheit sowohl für wie gegen etwas sein kann, aber das *ethnische Vorurteil* ist zumeist negativ. Eine Gruppe von Studenten wurde aufgefordert, ihre Einstellungen zu bestimmten ethnischen Gruppen zu beschreiben. Dabei wurde keinerlei Hinweis gegeben, der sie zu negativen Äußerungen veranlassen konnte. Trotzdem gaben die Studenten achtmal so viel negative Einstellungen zu Protokoll wie positive. Entsprechend werden wir uns (...) mehr mit Voreingenommenheit *gegen* ethnische Gruppen beschäftigen als mit begünstigenden Vorurteilen.

Die Redewendung „schlecht von anderen denken" ist offensichtlich eine Abkürzung. An sich umgreift sie Gefühle der Verachtung und Missbilligung, der Angst und Ablehnung sowie auch die verschiedensten Formen von ablehnendem Verhalten wie: über andere schlecht reden, sie diskriminieren, sie mit Gewalt angreifen.

Auch die Redewendung „ohne ausreichende Begründung" müssen wir weiter fassen. Ein Urteil ist immer dann unbegründet, wenn ihm die Grundlage der Tatsachen fehlt. Ein witziger Kopf definierte Vorurteile als „etwas heruntermachen, über das man nicht auf der Höhe ist".

Nun ist es nicht leicht zu sagen, wie viele Tatsachen nötig sind, um ein Urteil zu rechtfertigen. Ein voreingenommener Mensch wird fast immer behaupten, dass er genügend Beweise für seine Ansichten hat. Er wird von den schlechten Erfahrungen berichten, die er mit Flüchtlingen, Katholiken oder Orientalen gemacht hat. Aber in den meisten Fällen sind die Tatsachen dürftig und an den Haaren herbei gezogen. Der Voreingenommene bedient sich einer Auswahl von wenigen eigenen Erinnerungen, mischt sie mit dem, was er nur gehört hat, und verallgemeinert beides sehr großzügig. Niemand kann alle Flüchtlinge, Katholiken oder Orientalen kennen. Insofern ist jedes negative Urteil über diese Gruppen als ganze – streng genommen – immer ein Beispiel für schlecht über jemand denken ohne ausreichende Begründung. (...)

So allgemein ist dieser Vorgang, dass wir Vorurteil auch so definieren könnten: eine ablehnende oder feindselige Haltung gegen eine Person, die zu einer Gruppe gehört, einfach deswegen, weil sie zu dieser Gruppe gehört und deshalb dieselben zu beanstandenden Eigenschaften haben soll, die man dieser Gruppe zuschreibt.

Gordon W. Allport: Die Natur des Vorurteils, in: Klaus Ahlheim (Hg.): Die Gewalt des Vorurteils, Schwalbach/Ts. 2007, S. 40 ff.

M 15 Bipolare hierarchische Differenzlinien

Differenzlinien markieren Abgrenzungen zwischen „Wir" und „Ihr". Sie beziehen sich auf Vorurteile gegenüber ethnischen Minderheiten und anderen gesellschaftlichen Minderheiten. Die Tabelle unten stellt einige dieser bipolaren, hierarchischen Differenzlinien zusammen (rechte Spalte), die sich auf unterschiedliche Kategorien beziehen können (linke Spalte).

Wir haben die (...) 13 Differenzlinien erarbeitet (...), die wir zwar keineswegs als vollständig oder abschließend betrachten, jedoch hier zur Diskussion stellen:

Diese Linien folgen der Logik der Grunddualismen, die komplementär scheinen, aber hierarchisch funktionieren: linke Seite wird als Norm hantiert (etwa: hetero = Norm), die rechte als Abweichung (etwa: homo = Abweichung). (...)

Die Differenzlinien bilden die Grundlagen der Organisation moderner Gesellschaften; sie sind durch Spannungsverhältnisse gekennzeichnet, die sich unter bestimmten Umständen verändern können, aber nicht müssen. So kann sich etwa das Machtverhältnis zwischen alt und jung oder arm und reich im Laufe eines Lebens verändern, ja sogar umkehren. Die verschiedenen Linien sind allesamt Resultate sozialer Konstruktionen; sie sind miteinander verbunden oder verstärken sich gegenseitig (...). Weiter ist es möglich, sie nochmals zu untergliedern und anderen Kategorien zuzuordnen, etwa folgenden:

- körperorientierte Differenzlinien: Geschlecht, Sexualität, ‚Rasse'/Hautfarbe, Ethnizität, Gesundheit, Alter;
- (sozial-)räumlich orientierte Differenzlinien: Klasse, Nation/Staat, Ethnizität, Sesshaftigkeit/Herkunft, Kultur, Nord-Süd/Ost-West;
- ökonomisch orientierte Differenzlinien: Klasse, Besitz, Nord-Süd/Ost-West, gesellschaftlicher Entwicklungsstand.

Hier wird deutlich, dass sich Zuordnungen überschneiden können, d.h. dass Differenzlinien mehrdeutig zu verorten sind."

Helma Lutz/Norbert Wenning: Differenzen über Differenz – Einführung in die Debatten, in: Helma Lutz/Norbert Wenning (Hg.): Unterschiedlich verschieden. Differenz in der Erziehungswissenschaft, Opladen (Leske + Budrich) 2001, S. 11 ff.

Kategorie	Grunddualismus
Geschlecht	Männlich – weiblich
Sexualität	Hetero – homo
„Rasse"/Hautfarbe	Weiß – schwarz
Ethnizität	Dominante Gruppe – ethnische Minderheit = nicht ethnisch – ethnisch
Nation/Staat	Angehörige – Nicht-Angehörige
Klasse	Oben – unten, etabliert – nicht etabliert
Kultur	„Zivilisiert" – „unzivilisiert"
Gesundheit	Nicht-behindert – behindert
Alter	Erwachsene – Kinder, alt – jung
Sesshaftigkeit/Herkunft	Sesshaft – nomadisch, angestammt – zugewandert
Besitz	Reich/wohlhabend – arm
Nord-Süd/Ost-West	The West – the rest
Gesellschaftlicher Entwicklungsstand	Modern – traditionell (fortschrittlich – rückständig, entwickelt – nicht entwickelt)

1 Vergleichen Sie die verschiedenen von Allport angeführten Definitionen des Vorurteils (M 14).

2 Überprüfen Sie die These von den bipolaren Differenzlinien durch eine stichprobenartige Befragung (M 15).

Wie es sein muss, muss es sein! – Selbsterfüllende Prophezeiungen

Wenn die soziale Wirklichkeit sozial konstruiert ist, dann ist es eigentlich nicht verwunderlich, wenn vorhergesagte Ereignisse auch tatsächlich eintreten.
Self-fulfilling prophecies sind Teil der sozialen Konstruktion von Wirklichkeit. Die Self-fulfilling prophecy (selbsterfüllende Prophezeiung) geht davon aus, dass ein erwartetes Verhalten einer anderen Person durch eigenes Verhalten erzwungen wird. Einmal erzeugte Erwartungen haben demnach die Tendenz, sich selbst zur Realität zu bringen. So ist es z. B. möglich, dass ein als Vorhersage getarntes, gezieltes Gerücht eine Eigendynamik entfaltet, die es schließlich wahr macht.

M16 Selbsterfüllende Prophezeiungen

Das allgemeine Prinzip der Definition der Situation, wie Thomas es beschrieben hat (s. S. 70/71), hat ein anderer, ebenso berühmter amerikanischer Soziologe, Robert K. Merton (1910–2003), aufgegriffen und als eine Gesetzmäßigkeit für einen bestimmten Typus von Situationen formuliert: als selbsterfüllende Prophezeiung (Merton 1995 [1948]). Als selbsterfüllende Prophezeiungen bezeichnet Merton solche Situationen, in denen die Einschätzung der Beteiligten (ihre Definition der Situation), unabhängig davon, ob sie „objektiv" zutrifft oder nicht, dazu führt, dass als Folge genau die Situation real wird, von der die Beteiligten angenommen haben, dass sie es bereits ist.

Das einfachste Beispiel für eine solche Situation sind Gerüchte über die bevorstehende Zahlungsunfähigkeit einer Bank. Auch wenn sich die betreffende Bank keineswegs in einer problematischen wirtschaftlichen Lage befindet, hat allein die Annahme, die Bank stehe kurz vor dem Konkurs, zur Folge, dass Anleger versuchen, ihre Guthaben möglichst sofort abzuheben. Der massenhafte Ansturm führt dann aber genau die Situation herbei, die bis dahin nur unterstellt wurde. Keine Bank kann alle Guthaben auf einen Schlag auszahlen. So ist es das Gerücht – die Definition einer Situation –, das zu der realen Konsequenz führt, dass die unterstellte Situation – die Zahlungsunfähigkeit – tatsächlich eintritt und somit zu einer selbsterfüllenden Prophezeiung wird. Umgekehrt lässt sich auch der Glaube an einen bevorstehenden wirtschaftlichen Aufschwung als selbsterfüllende Prophezeiung interpretieren, wenn er dazu führt, dass mehr Investitionen getätigt werden und dies wiederum zu einem realen Aufschwung führt. (...)

Merton selbst deckte im Bildungsbereich eine noch subtilere selbsterfüllende Prophezeiung auf. Gerade die schulischen Förderprogramme, die mit dem Ziel geschaffen wurden, die Nachteile der sozialen Herkunft durch besondere Maßnahmen auszugleichen, haben immer auch die Nebenwirkung, diejenigen, die als Objekte der Förderung ausgewählt werden, als Problemfälle zu brandmarken und dadurch genau das Gegenteil ihrer offiziellen Zielsetzung zu bewirken. Statt Nachteile der sozialen Herkunft zu kompensieren, weisen manche Förderprogramme durch die (an sich gut gemeinte) Sonderbehandlung auf eben diese Herkunft hin und manifestieren auf diese Weise Differenzen, die sie eigentlich beseitigen oder abmildern wollten.

Diese selbsterfüllende Verstärkung kann sich in negativer wie in positiver Richtung auswirken. Das wird deutlich an einem anderen Typus von Situationen, auf den Merton ebenfalls den Mechanismus der selbsterfüllenden Prophezeiung anwandte und den er mit dem Begriff Matthäus-Effekt umschrieb. Der Matthäus-Effekt besagt schlicht: „Wer hat, dem wird gegeben." Merton bezog diesen Effekt zunächst auf sein eigenes Metier, die Wissenschaft, weil er beobachtet hatte, dass bei der Zitation von wissenschaftlichen Veröffentlichungen, bei der Verleihung von Preisen und der Vergabe von Forschungsmitteln zumeist jene Forscher bedacht werden, die zuvor bereits häufiger zitiert wurden oder Preise erhalten hatten. Wer bereits eine Auszeichnung erhalten hat, wird mit höherer Wahrscheinlichkeit weitere Auszeichnungen bekommen als andere Forscher, deren Forschungen keineswegs schlechter sind. Dieser Mechanismus lässt sich, wie die selbsterfüllende Prophezeiung allgemein, auf andere Kontexte übertragen: Beförderungen, öffentliche Aufmerksamkeit, Anerkennung oder Ruhm.

Thomas Schwietring: Was ist Gesellschaft? Einführung in soziologische Grundbegriffe, Konstanz/München (UTB) 2011, S. 104 f.

M 17 Der Pygmalion-Effekt

Die Macht der Gedanken und Erwartungen anderer

(…) Spätestens seit den Untersuchungen von Rosenthal und Jacobson, die sich vor allem auf die Lehrer-Schüler-Situation bezogen, ist bekannt, dass auch Vorstellungen und Erwartungen anderer die Realität mitbestimmen und formen und einen nicht zu unterschätzenden Einfluss auf die eigene Wahrnehmung und das eigene Selbstbewusstsein nehmen. Der von Rosenthal und Jacobson nachgewiesene Pygmalion-Effekt belegt eines sehr eindeutig und klar: Was Lehrer von Schülern denken, hat weitaus gewichtigere Konsequenzen als man zunächst annehmen mag. Die Erwartungen betreffen nicht nur die Beurteilungen, sondern auch die tatsächlichen Leistungen. Einfach gesagt: Positive Erwartungen seitens der Lehrperson führen tendenziell zu besseren Leistungen der Schüler, negative schmälern das Leistungsniveau nachhaltig. (…)

Der Pygmalion-Effekt im Lehrer-Schüler-Verhältnis

Die Metapher des Bildhauers lässt sich leicht auf die schulische Situation übertragen. Der Auftrag des Lehrers ist klar umrissen: Er soll Bildung initiieren, ermöglichen und fördern. Mit dem Begriff des Pygmalions-Effekts wird der Lehrer selbst gleichsam als Bildhauer vorgestellt. Seine Werkzeuge und Instrumente sind seine Gedanken und seine Erwartungen an die Schüler, mit denen er – ob bewusst oder unbewusst – das Bild des Schülers formt und prägt. Was diese Autoritätsperson über die jeweiligen Erfolgsaussichten denkt, ist von entscheidender Bedeutung, nicht nur für die Beurteilungen, sondern tatsächlich für die Leistungen selbst. Auch wenn die Schüler von den Erwartungen nichts wissen sollten und selbst die Lehrer glauben, sie würden sich neutral verhalten, so verändert sich das Verhalten des Lehrers je nach dem Bild, das er sich vom Schüler gemacht hat. Ein positives Image führt zu mehr emotionaler Unterstützung, zu deutlich konstruktiveren und positiven Feedbacks und zum Angebot von herausfordernden Materialien. Dies hat wiederum entscheidende Bedeutung auf das Leistungsverhalten des Schülers, der entsprechend diesem Image reagiert.

Gefahren und Chancen selbsterfüllender Prophezeiung

Gefahren und Risiken für die eigene Selbstwahrnehmung liegen auf der Hand. Ein zutiefst negatives Fremdbild des Lehrers kann das eigene Selbstbild massiv abwerten, vor allem, wenn man unkritisch und unhinterfragt die Beurteilung des Lehrers vollends übernimmt und akzeptiert. Statt die eigenen Fähigkeiten, Stärken und Potenziale (die der Lehrer nicht erkennt oder nicht ausreichend schätzt) zur vollen Entfaltung zu bringen, werden Schwächen und Fehler betont und hervorgehoben. Im schlimmsten Fall verliert der Schüler mehr und mehr an Selbstvertrauen, baut seine Potenziale und Begabungen nicht weiter aus, sondern verhält sich im Sinne selbsterfüllender Prophezeiung entsprechend der Erwartungshaltung des Lehrers.

Die Chancen des Pygmalions-Effekts liegen vor allem darin, ganz bewusst die Stärken und Begabungen des Schülers zu fokussieren und die Erwartungshaltungen eher hoch zu halten.

Victoria Amon: Pygmalion-Effekt – selbsterfüllende Prophezeiung im Unterricht, Lehren und Unterrichten, 9.2.2011, in: http://suite101.de (Zugriff: 2.8.2012)

Die Statue des Bildhauers Pygmalion erwacht zum Leben. Ölgemälde von Franz von Stuck, um 1926

Der **Pygmalion-Effekt** verdankt seinen Namen einer Figur aus der griechischen Mythologie. Pygmalion war ein begnadeter Bildhauer, der in Stein sein Idealbild einer Frau verewigte. Er verliebte sich so sehr in sein Werk, dass er Aphrodite, die Göttin der Liebe und Schönheit, bekniete, die Statue zum Leben zu erwecken. Diese ließ sich erweichen und erfüllte ihm seinen sehnlichsten Wunsch. Das Bildnis, das Pygmalion geschaffen hatte, wurde Wirklichkeit

1 Erläutern Sie das soziologische Konzept der self-fulfilling prophecies.
2 Entwerfen Sie Handlungsstrategien im Umgang mit dem Pygmalion-Effekt.
3 Beurteilen Sie, inwiefern die Kenntnis des Phänomens selbsterfüllender Prophezeiungen Fehler bei der Festsetzung sozialer Handlungen vermeiden hilft.

Das ist typisch! – Typisierungen und Routinebildung

Die Einordnung von Menschen und Handlungen in bestimmte vorgegebene „Schubladen“ spielt häufig eine sehr negative Rolle. Trotzdem nehmen wir sie vor, wenn wir z. B. Situationen einschätzen. Diese Einordnungen helfen uns offenbar, Situationen für uns handhabbar zu machen oder mit Personen schnell zurechtzukommen. Was ist bei solchen Typisierungen zu beachten, wie vermeiden wir falsche Routinebildungen?

M 18 Typen und Routinen

Was Menschen im Alltag für „normal“ halten, kann denkbar unterschiedlich sein. Gemeinsam sind dem Alltagswissen aber bestimmte formale Strukturen. Alltagswissen bezeichnet, wie gesagt, eine Art von Wissen, das uns zumeist gar nicht als Wissen bewusst ist, sondern das uns spontan zur Verfügung steht und das wir gerade deshalb für „die Wirklichkeit“ halten. Es ist ein Orientierungswissen in Form von Erwartungen und Selbstverständlichkeiten, die uns als Normalität erscheinen, als so normal, dass wir nicht darauf kommen, es in Zweifel zu ziehen. Der Begriff der Alltagswelt oder Lebenswelt macht deutlich, dass es sich nicht um einzelne Details handelt, sondern um das Gefüge dessen, was uns insgesamt als normale Welt und normale Wirklichkeit erscheint.

Diese Erwartungen und Selbstverständlichkeiten haben eine besondere Form. Es handelt sich um kein Detailwissen, sondern um Typen und Muster, die das umfassen, was in einer typischen Situation von typischen Personen typischerweise erwartet werden und als normal gelten kann. Es sind verallgemeinerte Annahmen, die die Vielfalt und Unterschiedlichkeit der uns begegnenden Menschen und Situationen auf ein überschaubares Maß von Typen reduzieren und uns dadurch eine Orientierung ermöglichen.

Typisierungen sind nützlich und unverzichtbar, weil uns sonst die Vielfalt und Fülle der Erlebnisse überwältigen würde. Aber damit besteht auch die Gefahr, dass wir falsche oder zu grobe Typisierungen verwenden, die sich als Stereotype oder gar Vorurteile auswirken. Im alltäglichen Sprachgebrauch ist der Begriff des Vorurteils negativ besetzt. Das ist er auch in der Soziologie, und es ist sinnvoll, zwischen allgemeinen Typisierungen, Stereotypen (mit einem höheren und verfestigten Allgemeinheitsgrad) und Vorurteilen (als falschen, zumeist negativen Typisierungen) zu unterscheiden. Aber zugleich unterscheiden sich die alltäglichen Muster und Typen, mit deren Hilfe wir Situationen und Personen einordnen, in ihrer Struktur und Funktionsweise nicht grundsätzlich von Vorurteilen. Beides sind Typisierungen oder Stereotype, also Verallgemeinerungen bestimmter Annahmen über wesentliche und typische Merkmale einer Situation oder Person, die uns die Orientierung erleichtern, weil sie andere individuelle und besondere Merkmale außer Acht lassen, zumal so auch das Zusammenspiel mit anderen Akteuren, die ähnliche Typisierungen verwenden, wesentlich leichter wird. Wenn wir beispielsweise ein Geschäft betreten oder in die Ambulanz eines Krankenhauses kommen, helfen uns bestimmte Stereotypen von Kassiererinnen und Verkäufern oder von Krankenschwestern und Ärzten dabei, mit einem Minimum an Aufwand und Aufmerksamkeit das zu erreichen, was wir wollen. Um beispielsweise ein Päckchen Briefumschläge zu bezahlen, muss ich mich beim Händler nicht nach seiner Großmutter oder seinen Kindern erkundigen, sondern keiner von uns findet es unhöflich oder ungewöhnlich, wenn ich die Briefumschläge auf den Kassentisch lege, der Verkäufer „ein Euro achtzig“ sagt und ich dann das Geld auf den Tisch lege. Wie schwierig wären selbst einfachste alltägliche Verrichtungen, wenn wir uns dabei nicht auf typische Verläufe stützen und uns auf typische Erwartungen an unser Gegenüber verlassen könnten. Das alles funktioniert natürlich nur, weil unser typisches Gegenüber ähnliche Typen und Erwartungen im Kopf hat. Machen Sie ein Experiment und weichen Sie nur minimal von einer typischen Situation ab. Fragen Sie in einer Bäckerei beispielsweise: „Wären Sie bereit, mir Brötchen zu verkaufen?“, statt einfach vier Brötchen zu bestellen. Wenigstens für einige Augenblicke wird die Verkäuferin hinter dem Tresen Sie ansehen, als seien Sie von einem anderen Stern.

Dieses Beispiel zeigt uns eine weitere Erscheinungsform, in der Alltagswissen auftritt: Routinen. Viele unserer alltäglichen Handlungen, Kommunikationen und sozialen Begegnungen laufen fast automatisiert ab. Wir vollziehen sie, ohne dass wir ihnen Aufmerksamkeit widmen. Erst wenn etwas Ungewöhnliches, etwas Unerwartetes dazwischenkommt, müssen wir uns konzentrieren. Wie bei den Typen handelt es sich bei Routinen um erwartbare Alltäglichkeiten. Im Alltag bewegen wir uns häufig in einem Modus des so wie immer. Wir erwarten, dass das soziale Geschehen um uns herum so verläuft wie sonst auch, und dies bietet uns die Chance, uns routiniert und ohne intensive Überlegung in der sozialen Welt zu bewegen. Auf diese Weise können wir uns im Kopf beispielsweise mit den gerade erlernten soziologischen Grundbegriffen befassen, während wir im gleichen Supermarkt wie immer unsere Einkäufe erledigen. Natürlich können die typisierten Erwartungen auch an der Realität scheitern. Im Lebensmittelladen wurden die Regale umgeräumt. Ich wende mich auf der Suche nach eingelegten Gurken an eine Verkäuferin, aber es stellt sich heraus, dass sie eine Kundin ist und ich mich getäuscht habe. Oder ich lasse in der Ambulanz des Krankenhauses einen Mann im weißen Kittel, offenbar den vielbeschäftigten Arzt, vorbeieilen und spreche stattdessen lieber die Frau im weißen Kittel an, weil ich sie für eine Krankenschwester halte, und frage sie nach „dem Arzt". Es stellt sich dann aber heraus, dass sie in Wirklichkeit die Oberärztin ist, die mich an den Krankenpfleger verweist, der gerade an mir vorbeigelaufen ist. Offenbar haben mir meine Geschlechterstereotype hier einen schlechten Dienst erwiesen. Die Grenze zwischen nützlichen Typisierungen und problematischen Vorurteilen ist, wie gesagt, fließend.

Thomas Schwietring: Was ist Gesellschaft? Einführung in soziologische Grundbegriffe, Konstanz/München (UTB) 2011, S. 116 ff.

Stereotype – sind Senioren technikfeindlich?

1 Erläutern Sie die Nützlichkeit von Typisierungen.

2 Zeigen Sie, wie Jugendliche durch ihr Outfit und ihre Verhaltensweisen Typisierungen provozieren bzw. ihnen entgehen können.

3 Untersuchen Sie Kinderspielzeug bzw. Computerspiele daraufhin, inwiefern dort bestimmte Typisierungen z. B. in Bezug auf die Geschlechtsrolle vorgenommen werden.

4 Erläutern Sie, inwiefern Routinebildung für das menschliche Handeln wichtig ist. Schlagen Sie Strategien vor, wie man falschen Typisierungen entgehen kann.

Kompetenzcheck

Anforderungsbereich I:

- Stellen Sie das Thomas-Theorem dar.
- Beschreiben Sie das Konzept der Reduktion von Komplexität von Niklas Luhmann.
- Zeigen Sie an Beispielen, wie Routinen das Zusammenleben erleichtern.

Anforderungsbereich II:

- Erläutern Sie die Unterschiede von Alltagstheorien und wissenschaftlichen Theorien.
- Stellen Sie die Begrenztheit des Alltagswissens dar.
- Zeigen Sie an Beispielen, warum Alltagswissen nützlich ist.
- Skizzieren Sie an einem Beispiel, wie unterschiedliche Situationsdefinitionen zu Missverständnissen führen können.
- Erläutern Sie, wie eine Gemeinschaft über eine geteilte Situationsdefinition gesteuert wird.
- Erläutern Sie mithilfe des Konzepts der geteilten Situationsdefinition, warum in einer Gesellschaft nicht an der Macht befindliche Minderheiten am Umsturz der bestehenden Ordnung beteiligt sind.
- Stellen Sie den Zusammenhang von Stereotyp und Vorurteil dar.
- Erläutern Sie self-fulfilling prophecies.

Anforderungsbereich III:

- Nehmen Sie Stellung zu der Frage, inwiefern geteilte Situationsdefinitionen beeinflussbar sind.
- Interpretieren Sie die Karikatur unter Berücksichtigung soziologischer Begriffe:

Zeichnung: Körner

5 Wie leben wir zusammen? – Soziale Ordnung

Kraftfahrzeuge fahren auf der Fahrbahn, Fußgänger gehen auf dem Bürgersteig. Solche einfachen Ordnungsvorstellungen begegnen uns im Alltag an jeder Ecke. Komplexität wird auch hier deutlich reduziert. Diese Ordnung ist einsichtig und zweckdienlich, erlaubt sie doch den Autofahrern wie den Fußgängern eine relativ entspannte Fortbewegung, ohne auf die jeweils andere Partei achten zu müssen. Wie sehr die Einhaltung dieser Ordnung eingefordert wird, kann man erleben, wenn man sich in einem Zwischenbereich bewegt: als Radfahrer. Steht kein Radweg zur Verfügung, so erntet man böse Blicke und mehr – wenn man sich auf dem Gehweg oder auf der Fahrbahn fortbewegt. Soziale Ordnung hat positive wie negative Inhalte. Soziale Ordnung gibt Orientierung, die aber auch einengen kann.

Ordnung? Welche Ordnung?

Folgen wir einer Ordnung, wenn wir uns beim Shopping durch die Stadt bewegen? Unser Eindruck ist, dass wir uns dabei ganz spontan verhalten. Wir gehen in die Geschäfte, die uns gefallen, schauen hier und dort, nehmen ein Eis oder trinken etwas zwischendurch, setzen uns in ein Restaurant oder kaufen uns Pommes frites an der Ecke, ganz wie wir wollen.
Wirklich? Gehen alle zum Shopping? Wer geht in welche Geschäfte? Wer interessiert sich für welche Angebote? Wer sitzt im Restaurant, wer kauft sich Pommes frites an der Ecke? Ist es Zufall, dass wir gerade H & M und McDonalds in jeder Stadt auf der Haupteinkaufsstraße finden? Bei näherem Hinsehen lassen sich soziale Strukturen erkennen, die nicht nur mit dem Faktor Geld zu tun haben.

M1 Boarding-Chaos

Ein Beispiel für soziale Ordnung kommt aus der Logistik, die zum Betrieb von Passagierflugzeugen nötig ist. Immer wenn viele Menschen zusammen besonderen oder vermeintlichen Gefahren ausgesetzt sind, wird es lebenswichtig, Erkenntnisse über soziale Ordnung zu haben. Ein Beispiel ist die Besetzung eines großen Passagierflugzeugs, das Boarding. Werden hierbei Regeln der sozialen Ordnung nicht beachtet, kann es zum „Boarding-Chaos" kommen.

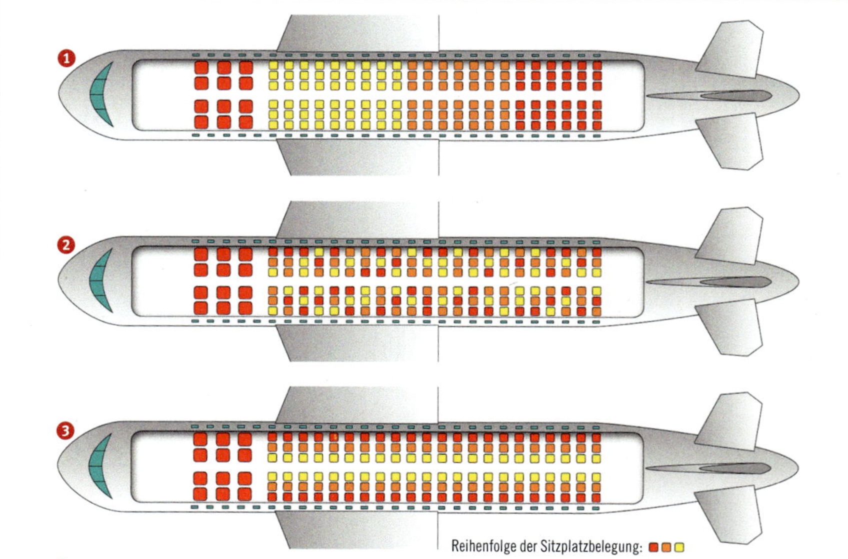

1. Auf das klassische „Von hinten nach vorn"-Boarding setzen die meisten Fluglinien.
2. Easyboarding, das scheinbar chaotische Einsteigen, bei dem jeder Fluggast seinen Sitzplatz frei wählen kann, verläuft schneller als das klassische Reihenboarding. Die freie Platzwahl verursacht allerdings Stress bei den Passagieren und wird daher nur wenig eingesetzt.
3. 2003 testete America West Airlines das Pyramide-System: Gäste mit Fernster- oder Mittelplätzen sollten dabei vor den Gangsitzern einsteigen. Der Zeitgewinn gegenüber dem „Von hinten nach vorn"-Prinzip war jedoch gering.

80 Sekunden reichten aus, um 873 Menschen aus einem Airbus A380 über acht Notausgänge flüchten zu lassen. Chaos gab es bei diesem Evakuierungtest vor fünf Jahren nicht. Das geordnete Einsteigen am Flugsteig dagegen dauert heute sehr viel länger. Je nach Größe des Jets brauchen Hunderte von Passagieren 15 bis 45 Minuten, bis sie ihren Platz gefunden haben und die Flugbegleiter „Boarding completed" verkünden. Das lange Warten zwischen Flugaufruf und Abflug zerrt nicht nur an den Nerven der Fluggäste. Ein zeitraubendes Boarding erhöht auch die Kosten für die Fluglinien, wenn es dadurch zu Verspätungen kommt. Laut Eurocontrol, der europäischen Organisation für Luftsicherheit, summieren sich die Verspätungskosten allein in Europa jährlich auf knapp eine Milliarde Euro.

Die Passagiere für die hinteren Reihen zuerst: Auf dieses Prinzip setzen heute die meisten Fluglinien, um den Stau beim Einsteigen zu minimieren. Damit sinkt die Boardingzeit immerhin um ein Drittel im Vergleich zur

schlechtesten Variante, bei der umgekehrt die vorderen Reihen zuerst aufgerufen werden. Doch die beste Lösung bietet diese Praxis nicht. Selbst das scheinbar chaotische Einsteigen, bei dem jeder Passagier seinen Sitzplatz frei wählen kann, verläuft schneller. Diese Jagd nach dem erstbesten Platz erzeugt jedoch Stress und wird daher nur von einigen Billigfliegern praktiziert. Neue und ausgefeilte Lösungen sind gefragt.
Die Lösung des Teilchenphysikers: Genau diese lieferte vor drei Jahren der Teilchenphysiker Jason Steffen vom amerikanische Forschungslabor Fermilab bei Chicago. Von dem langwierigen Boarding auf seinen Kongressreisen genervt griff er zu Computersimulationen und mathematischen Methoden, wie sie auch in der Chaosforschung genutzt werden.
Mit diesen so genannten Monte-Carlo-Simulationen fand er heraus, dass das weit verbreitete „Von hinten nach vorn"-Boarding die zweitschlechteste aller Varianten ist. „Dagegen könnte das Boarding mit anderen Methoden sogar vier- bis zehnmal schneller erfolgen, abhängig von der Größe des Flugzeugs", berichtete Steffen im Fachblatt Journal of Air Transport Management.
„Der wichtigste Grund für Verzögerungen beim Boarding ist das Verstauen des Handgepäcks", so der Physiker. Auf dieser Erkenntnis aufbauend analysierte er unterschiedliche Einstiegsszenarien – mit überraschenden Ergebnissen. Ließe das Flugpersonal jeden Passagier beliebig zu seinem reservierten Platz eilen, verteilten sie sich gleichmäßiger über das Flugzeug. Das spare etwa 20 Prozent Zeit im Vergleich zum klassischen Boarding. Soll es noch schneller gehen, müssten sich die Passagiere bereits am Gate in sehr speziellen Gruppen zusammenfinden; denn bei der optimalen Boarding-Strategie sollten die jeweils einsteigenden Passagiere mit ihrem Handgepäck möglichst weit verteilt werden.
explore: 3/2011: Chaos und Ordnung, S. 24

M2 Chaos und Ordnung

Ordnung bedeutet (...) nicht, dass eine systematische Struktur errichtet und aufrechterhalten wird. Und vor allem ist Ordnung nicht ständig von Zerfall bedroht, sondern im Gegenteil, Ordnung entsteht jederzeit und ganz von selbst. Voraussetzung für eine derartige Selbstorganisation ist, dass man sich Wirklichkeit nicht als etwas vorstellt, das „besteht", sondern das „geschieht". Im Laufe eines Geschehens, in dem ein Ereignis an das andere anknüpft und das jeweils Spätere das Vorangegangene zugleich voraussetzt und aktualisiert, stellt sich Ordnung ein, solange etwas geschieht. Ordnung ist demnach nichts Fixiertes, das durch Veränderung bedroht wäre, sondern die ständige Erneuerung ist die Ordnung. Die Vorstellung der Selbstorganisation ist also verknüpft mit einer verzeitlichten Auffassung von Wirklichkeit. (...)
Als Konsequenz geht es nun nicht mehr darum, eine einmal bestehende Ordnung immer wieder zu reproduzieren und zu bewahren, sondern darum, sich von dem Gegensatz zwischen Bestand und Auflösung ganz abzuwenden und zu einem neuen dynamischen Verständnis der ständigen Selbstorganisation und Neuorganisation zu gelangen.
Derartige Auffassungen spielen in der Physik für die Erklärung der Entstehung von Materie eine Rolle. In den Sozialwissenschaften wurden sie zuerst für ein Verständnis des menschlichen Bewusstseins und die Prozesse der Wahrnehmung und des Lernens nutzbar gemacht. Sie lassen sich aber auch auf das soziale Geschehen übertragen, das sich auf diese Weise als eine eigenständige, sich selbst organisierende und stabilisierende Wirklichkeitsebene beschreiben lässt.
Thomas Schwietring: Was ist Gesellschaft? Einführung in soziologische Grundbegriffe, Konstanz/München (UTB) 2011, S. 156 f.

1 Stellen Sie dar, wie sich der Ordnungsbegriff der neueren Natur- und Gesellschaftswissenschaft (M 2) von einem alltäglichen Ordnungsbegriff unterscheidet.
2 Erläutern Sie, wie nach der Chaosforschung Ordnung aus dem Chaos entsteht.
3 Beurteilen Sie, worauf sich eine Institution wie die Schule auf der Grundlage des neuen Ordnungsbegriffs einstellen muss.

Fast automatisch? – Ritualisierung von Handlungen

Nicht immer werden wir durch materielle äußere Gegebenheiten gelenkt wie beim Shopping durch die Straßenführung oder im Fußballstadion durch Drängelgitter. Meist sind es in unserem Verhalten angelegte Pfade, denen wir folgen. Ordnung ist keineswegs nur eine räumliche Angelegenheit wie etwa eine Ameisenstraße. Wegweiser auf den Pfaden der sozialen Ordnung sind vielfältig und wirksam. Dazu gehören ritualisierte Handlungen, die wir uns „in Fleisch und Blut übergehen lassen" und die uns Verhaltenssicherheit geben.

Emile Durkheim (1858–1917), französischer Soziologe

M3 Bedeutung von Ritualen

Für die Soziologie und die Sozialwissenschaften sind Rituale vor allem aus einem Grund von Interesse: Ihnen werden bestimmte Funktionen in Gruppen, Gemeinschaften und ganzen Gesellschaften zugeschrieben. Diese Funktionen beziehen sich zumeist auf die Stabilität eines Kollektivs, auf die Solidarität zwischen seinen Mitgliedern und auf die Stärke des Zusammenhalts in der Gruppe. Insofern haben Rituale eine ordnende und strukturierende Kraft, sie produzieren den „sozialen Kitt", der Gesellschaften und Gemeinschaften zusammenhält. Eine der großen offenen Fragen ist jedoch, wie diese Funktionen zustande kommen und welche sozialen Mechanismen ihnen zugrunde liegen.

Mit Emile Durkheim hat die Soziologie bereits vor gut hundert Jahren darauf hingewiesen, dass Gefühle und Emotionen bei der Realisierung dieser sozialen Funktionen vermutlich eine ganz entscheidende Rolle spielen. Rituale, die sich durch Zusammenkünfte, gemeinsames Handeln und körperliche Koordination auszeichnen, führen häufig zu einer affektiven Erregung der Teilnehmer, es kommt zu einem „Übersprudeln" der Gefühle, das schnell große Menschenmengen erfassen und deren Verhalten maßgeblich bestimmen kann.

Emile Durkheim hat diese kollektiven Emotionen als „Efferveszenz" (*Aufwallung*) bezeichnet. In unseren modernen westlichen Gesellschaften sind sie uns besonders von Sportveranstaltungen oder Demonstrationen bekannt. Diese kollektiven Emotionen können ganz spontan und unmittelbar als Gefühle der Zusammengehörigkeit, des „Einsseins" und der Bindung an die Gruppe oder Gemeinschaft empfunden werden. Wie aber entstehen aus diesen spontanen kollektiven Empfindungen im Ritual langfristige „Wir-Gefühle"? Wie kann diese Efferveszenz dazu beitragen, auch losgelöst von den außeralltäglichen Ritualen Solidarität zu stiften und den Zusammenhalt von Gruppen und Gemeinschaften zu fördern? Obgleich schon Emile Durkheim erste Antworten auf diese Fragen formuliert hat, stehen wir noch am Anfang der Erforschung der Rolle von Affekten in Ritualen. Klar ist, dass vor allem den weitreichenden Zusammenhängen von Kognition und Emotion eine herausragende Bedeutung zukommt.

Christian von Scheve: Ritual und kollektive Gefühle, in: Wozu braucht es Rituale? Kulturwissenschaftliche und neurobiologische Perspektiven, Berlin 2010, S. 18 f.

Rituale in der Politik

Zeichnung: Haitzinger

M4 Rituale im Alltag

Der Begriff des *Rituals* wurde in der Soziologie lange Zeit kaum verwendet, sondern man sah Rituale als Merkmal primitiver, kulturell auf einige wenige stereotype Muster festgelegter Gesellschaften, eben ritualisierter Gesellschaften. Rituale in diesem Sinn wurden bestenfalls als Ursprung und Vorform komplexerer kultureller Muster angesehen. Moderne Gesellschaften hingegen galten als dynamisch und individualisiert, sodass Rituale höchstens als Überbleibsel vergangener Zeiten, nicht aber als relevante Ordnungsformen gelten konnten.

Seit etwa zwanzig Jahren hat sich diese Auffassung verändert, und der Begriff des Rituals wurde wiederentdeckt, um Phänomene zu beschreiben, die gerade in einer durch mediale und alltagsweltliche Inszenierungen von Erlebniswelten und Lebensstilen gekennzeichneten Gesellschaft eine zunehmende Rolle spielen. In dem Maß, wie kulturelle Muster nicht vorgegeben, sondern zur fiktionalen Inszenierung und zur Ausgestaltung von Lebensstilen freigegeben sind, kommt den rein demonstrativen, eine Haltung oder Zugehörigkeit oder schlicht einen modischen Standpunkt ausdrückender alltagskulturellen Handlungen eine besondere Bedeutung zu. Und gerade diese lassen sich treffend als Rituale beschreiben.

Allerdings verweisen diese demonstrativ inszenierten Rituale nicht mehr auf eine transzendente Wirklichkeit wie die magischen rituellen Handlungen, von denen der Begriff seinen Ausgang genommen hatte. Sie verweisen in erster Linie auf sich selbst und dienen der Wiedererkennbarkeit und Distinktion. Damit aber erfüllen sie eine Orientierungs- und letztlich auch Ordnungsfunktion: Sie ermöglichen Identifikation und können Zugehörigkeit oder Abgrenzung symbolisieren. Wobei durch das Symbolisieren einer Ordnung immer auch die Herstellung und Bestätigung dieser Ordnung mitvollzogen wird.

Rituale sind äußere Formen, sie dienen nicht notwendig einem bestimmten Zweck, sie erbringen keinen unmittelbaren materiellen Nutzen, und sie stehen auch nicht zwangsläufig in einer engen Verbindung zu bestimmten Inhalten, Überzeugungen oder Werten. Rituale können als Gewohnheiten den Tagesablauf strukturieren und dadurch einen Halt geben, ohne dass damit mehr an Bedeutung verbunden wäre als ein allgemeines Raster. Wer erlebt hat, wie sehr kleine Kinder darauf beharren, dass bestimmte Abläufe am Tag nach dem gleichen Ritual ablaufen, kann sich eine Vorstellung davon machen, welche Bedeutung sie als Haltepunkte für einen Menschen haben, der täglich Unmengen an neuen Informationen über die Welt in sich aufnehmen muss.

Rituale können auch Überzeugungen, Orientierungen und Ordnungsmuster versinnbildlichen, ohne dass sie selbst diese Muster sind. Rituale finden sich auf vielen verschiedenen Ebenen. Sie finden sich als routinisierter Teil des Alltags oder als außeralltägliche besondere Inszenierung.

Das Begrüßungsritual einer Clique von Jugendlichen hat keine bestimmte inhaltliche Bedeutung. Aber die Einhaltung des Rituals symbolisiert die Zugehörigkeit zur Gruppe, sowohl für die Gruppenmitglieder als auch für die Außenstehenden. Wesentlich ist, dass es einem sozialen Verhältnis eine sichtbare Form gibt. Rituale ähneln darin anderen äußeren Zeichen, beispielsweise Ansteckern oder Kleidungsstücken, die die Zugehörigkeit zu einer Gruppe oder eine bestimmte Überzeugung auf sichtbare Weise symbolisieren.

Thomas Schwietring: Was ist Gesellschaft? Einführung in soziologische Grundbegriffe, Konstanz/München (UTB) 2011, S. 158 f.

1 Erläutern Sie den Zusammenhang von Ritualen und der Reduktion von Komplexität. Inwiefern ist in der Karikatur auf S. 88 ein Ritual dargestellt?

2 Beobachten Sie Begrüßungsrituale unter bestimmten Schülergruppen/-cliquen. Welches Verhalten bei der Begrüßung wird vom Gruppen-/Cliquenmitglied bei der Begrüßung erwartet? Beispiele für Ihre Beobachtung könnten sein: Körpersprache (Küsschen, Kopfnicken, Armbewegungen usw.), Begrüßungsformeln („Hi", „Jo" usw.), Verhalten zur Eingliederung in die Gruppe (Dazustellen, Körperkontakt usw.).

3 Erproben Sie dann in einem Experiment die Wirkung einer Durchbrechung des Rituals, indem Sie einen Faktor verändern, z. B. „Guten Tag" statt „Hi" etc.

4 Beurteilen Sie kritisch die Bedeutung von Ritualen für unser Alltagsleben. Beziehen Sie dabei die Erkenntnisse der Soziologie aus den vorigen Kapiteln ein.

Fall nicht aus der Rolle! – Internalisierung und Rollenkonflikt

Nicht in jeder Einzelsituation sind wir uns der Abgrenzungen von anderen bzw. von anderen Gruppen bewusst. Viele unserer Verhaltensweisen sind automatisiert und mit den Verhaltensweisen anderer verbunden. So sind es besonders die sozialen Rollen, die eine Struktur sozialer Art ergeben. Zu einer sozialen Rolle gehören vom sozialen System abhängige Erwartungen, Werte, Handlungsmuster und Verhaltensweisen – Anforderungen, denen sich ein sozialer Akteur entsprechend seiner Position stellen muss. Die Soziologie hat eine Rollentheorie entwickelt, die die Rollenerwartungen und -festlegungen innerhalb einer Gesellschaft beschreibt. Sie beschäftigt sich vor allem damit, wie gesellschaftlich vorgegebene Rollen erlernt, verinnerlicht, ausgefüllt und verändert werden.

M5 Soziale Rollen

Die unzähligen Verhaltensmuster, die der Soziologe empirisch vorfindet und die das wesentliche Erfahrungsmaterial der Soziologie ausmachen, stehen nicht isoliert nebeneinander, sondern sind vielfach miteinander verzahnt. Teils greifen sie ineinander, ergänzen und verstärken sich gegenseitig, wie es etwa der Fall ist, wenn ein Gesetz von verbreiteten Moralvorstellungen getragen wird. Teils machen sie einander Konkurrenz, so z. B., wenn eine Schulklasse sich bestimmte Pausenbeschäftigungen angewöhnt, die in der Schulordnung verboten sind. Solche Verflechtungen und Diskrepanzen lassen sich unter verschiedenen Aspekten (…) analysieren.

Man kann sie aus der Sicht des Einzelnen oder aus der Sicht der Gruppe zu erfassen versuchen. Geht man aus von dem Zusammenspiel von Einzelnen mit der Gesellschaft, so hilft vor allem die Figur der sozialen Rolle. (…)

Als terminus technicus hat den Begriff der Rolle 1936 der Amerikaner Ralph Linton in seiner klassischen Arbeit „The Study of Man" in die sozialwissenschaftliche Theorie eingeführt. Linton hatte betont, dass ein gesellschaftliches System unabhängig ist von den individuellen Mitgliedern, die eine solche Gesellschaft bilden. Die Individuen nehmen in jeder Gesellschaft bestimmte Plätze ein, die vorgegeben sind und das Individuum überdauern.

„So hat jedes Mitglied der Gesellschaft eine Position im Alters-Geschlechts-System und eine Position in der Einteilung nach Prestige. Der Einzelne hat seinen Platz im System der Arbeitsteilung, sei es als Spezialist, sei es als Angehöriger einer nicht spezifisch eingesetzten Restschicht, die in unserer eigenen Gesellschaft mit so vagen Ausdrücken wie ‚ungelernter Arbeiter' oder ‚Hausfrau' bezeichnet wird. Schließlich gehört er immer einer Familieneinheit und einer oder mehreren Vereinigungen an.

Solange in der Gesellschaft noch ein einziger Verwandter lebt, besitzt der einzelne eine Position im Familiensystem; und selbst wenn seine gesamte Verwandtschaft hinweggerafft ist, kann er durch Adoption und Heirat dem System wieder beitreten. Was die Zugehörigkeit zu Vereinigungen angeht, so wird es wohl keinem Mitglied einer Primärgesellschaft – wenn er nicht gerade unter Psychosen leidet – gelingen, ständig aus Freundesbünden oder Arbeitsgruppen ausgeschlossen zu bleiben. Man kann ihm die Mitgliedschaft zu Klubs oder anderen offiziöseren Vereinigungen versagen, aber selbst dann nimmt er einen genau bestimmten Platz in dem System ein, an dem solche Gruppen beteiligt sind. Er ist einer von den ‚Außenseitern', und gerade das Vorhandensein einer Gruppe von Außenstehenden verschafft den ‚Mitgliedern' mehr emotionale Genugtuung als irgendetwas anderes."

Den Platz, den ein Individuum zu einer bestimmten Zeit in einem bestimmten System einnimmt, nennt Linton sodann *Status*. Als Rolle bezeichnet er „die Gesamtheit der kulturellen Muster …, die mit einem bestimmten Status verbunden sind. … Jeder Status ist mit einer bestimmten Rolle verbunden, doch sind beide vom Einzelnen her keineswegs identisch. Sein Status wird ihm aufgrund seines Alters, Geschlechts, Herkommens und Einheirat in eine bestimmte Familie usw. zugewiesen. Seine Rollen erlernt er aufgrund eines gegenwärtigen oder zu erwartenden Status".

Klaus F. Röhl: Rechtssoziologie, Köln (Heymanns) 1987, S. 309 f.

M6 Rollen-Sozialisation

Auf die Frage, wie vorgeprägte Rollen zum Teil des Sozialverhaltens einzelner werden, gibt *Dahrendorf* nur beiläufig eine Antwort. Er nennt das Stichwort Sozialisation, mit dem in der Soziologie der Vorgang des Rollenlernens erfasst wird. Durch Beobachtung, Nachahmung und bewusstes Lernen muss der Einzelne sich die Verhaltensmuster aneignen, deren Beachtung die Gesellschaft von ihm fordert und die ihm ein planmäßiges und sinnvolles Leben ermöglichen. Einen besonders wichtigen Ausschnitt aus dem Sozialisationsprozess stellt die Erziehung dar, die bewusste und gezielte Heranführung des Einzelnen an den Erfahrungsschatz der Gesellschaft durch Familie, Schule und Ausbildungsstätte. Dabei werden im Laufe des Sozialisationsprozesses viele Normen so gut gelernt, dass dem Einzelnen gar nicht mehr bewusst ist, dass es sich dabei um Forderungen der Gesellschaft handelt. An die Stelle einer Verhaltenssteuerung durch äußere Reize tritt allmählich das Gewissen oder, in der Sprache Freuds, das Über-Ich, sodass viele Normen bei gelungener Sozialisation ohne Rücksicht auf Reaktionen der Außenwelt, auf Strafe oder Belohnung, sozusagen aus innerem Antrieb eingehalten werden. Diesen Vorgang nennt man Internalisierung.

Der Vorgang der Internalisierung ist zwar ein wichtiger Faktor des Soziallebens, gehört jedoch als solcher in die Psychologie. Für den Soziologen kommt es auf das Ergebnis an, darauf, dass Menschen sich erwartungsgemäß verhalten. *Dahrendorf* wendet sich ausführlicher vor allem der Frage zu, wie die Verbindlichkeit von Rollenerwartungen garantiert werden kann. Viele Verhaltensmuster werden nur deshalb gelernt und übernommen, weil ihre Anwendung zweckmäßig ist oder dem Einzelnen in bestimmten Situationen die Qual der Wahl erleichtert. Werden sie vernachlässigt, so kümmert das die Gesellschaft wenig. Hier handelt es sich also um die bloßen Verhaltensgleichförmigkeiten, Gewohnheiten und Bräuche (...).

Sehr viele der gesellschaftlich vorgeprägten Verhaltensweisen sind aber nicht Privatsache. Vielmehr hat die Gesellschaft ein hervorragendes Interesse an ihrer Beachtung, weil nur dadurch ein geregeltes Zusammenleben möglich wird. Nur wenn man sich darauf verlassen kann, wie „man" sich durchschnittlich verhält, kann jeder Einzelne sich zurechtfinden. Wie bringt die Gesellschaft das „öffentliche" Interesse an der Einhaltung von Rollenerwartungen zum Ausdruck? Rollenerwartungen, so sagt *Dahrendorf*, zeichnen sich dadurch aus, dass ihnen eine gewisse Verbindlichkeit zukommt, die darauf beruht, dass die Gesellschaft über Sanktionen verfügt, mit denen sie ihren Erwartungen Nachdruck zu verleihen vermag. Das Vorhandensein von *Sanktionen* macht Rollenerwartungen fassbar und überprüfbar.

„Wer seine Rolle nicht spielt, wird bestraft; wer sie spielt, wird belohnt, zumindest aber nicht bestraft."

Es scheint sich bei den Rollenerwartungen um nichts anderes zu handeln als um jene besondere Form von Verhaltensmustern, die man (...) als soziale Norm bezeichnet. Was hilft es uns, diese Normen mit dem neuen Namen Rollenerwartungen zu belegen? Der Ertrag besteht darin, dass es mithilfe des Rollenbegriffs gelingt, ein ganzes Bündel von Normen, die inhaltlich aufeinander bezogen sind, zusammenzufassen. Dadurch bringt man zunächst einige Ordnung in die Unzahl der sozialen Normen und erleichtert zugleich deren Darstellung. Die *Bündelung von sozialen Normen zu einer Rolle* wird dadurch erreicht, dass man auf die Normadressaten blickt und ein Situationsmerkmal herausgreift, das mehreren, an sie gerichteten Normen gemeinsam ist.

Klaus F. Röhl: Rechtssoziologie, Köln (Heymanns) 1987, S. 311 f.

Ralf Dahrendorf (1929–2009), deutscher Soziologe. Durch seinen Aufsatz „Homo Sociologicus" (1958) ist die Rollentheorie in Deutschland geläufig geworden

1 Analysieren Sie den Text im Hinblick auf die Internalisierung der sozialen Rollen.

2 Erarbeiten Sie in Gruppen die möglichen Inter- und Intrarollenkonflikte (M 7, M 8) für die folgenden Rollen: Schüler(in), Lehrer(in), Klassenkamerad(in), Mutter, Vater.

3 Diskutieren Sie, inwiefern die Menschen sich trotz ihrer Festlegung auf Rollen Freiheit erhalten können.

M7 Bestimmtheit der Rolle

a) Muss-Erwartungen

Dahrendorf unterscheidet die verschiedenen Erwartungen, die an eine bestimmte Position gerichtet werden, nach dem Grad ihrer Verbindlichkeit und gelangt damit zu einer Einteilung in Muss-, Soll- und Kann-Erwartungen. Das Wirken von (negativen) Sanktionen lasse sich besonders einleuchtend an Rollenerwartungen demonstrieren, über deren Einhaltung die Macht des Gesetzes und der Rechtsinstitutionen wache:

„Die meisten sozialen Rollen erhalten solche Elemente, solche ‚Muss-Erwartungen', denen wir uns nur auf die Gefahr gerichtlicher Verfolgung entziehen können."

So muss sich der Studienrat Schmidt, den Dahrendorf uns vorgestellt hat, als Autofahrer an die Verkehrsregeln halten, als Lehrer darf er nicht schlagen und als Vereinskassierer nicht in die Kasse greifen.

„Zumindest der große Ausschnitt des Rechtssystems, in dem Einzelne als Träger von Positionen in irgendeinem Sinne fungieren, lässt sich als Aggregat von Sanktionen begreifen, mit deren Hilfe die Gesellschaft die Einhaltung sozialer Rollenerwartungen garantiert. Zugleich sind diese Muss-Vorschriften gewissermaßen der harte Kern jeder sozialen Rolle; sie sind nicht nur formulierbar, sondern ausdrücklich formuliert, ihre Verbindlichkeit ist nahezu absolut; die ihnen zugeordneten Sanktionen sind ausschließlich negativer Natur."

b) Soll-Erwartungen

Außer den rechtlich garantierten Muss-Erwartungen kennen die meisten sozialen Rollen gewisse Soll-Erwartungen, deren erzwingbare Verbindlichkeit kaum geringer ist als die der Muss-Erwartungen. Viele Organisationen haben heute eigene quasi-rechtliche Institutionen entwickelt, die über die Einhaltung ihrer Verhaltensvorschriften wachen. Es könne kein Zweifel bestehen, so fährt Dahrendorf fort, dass es für den Einzelnen kaum weniger schwerwiegend als eine Gefängnisstrafe sei, wenn eine Kirche ihn mit dem Bann belege, eine Partei ihn ausschließe, ein Betrieb ihn entlasse oder eine Standesorganisation ihn aus ihren Listen streiche. Neben diesen extremen Sanktionen ist auch die Wirkung milderer Strafen von der stillschweigenden Ächtung bis zu Verwarnungen, Versetzungen und Beförderungsverzögerungen nicht zu unterschätzen.

c) Kann-Erwartungen

Schließlich unterscheidet Dahrendorf als eine dritte Gruppe von Rollenerwartungen die Kann-Erwartungen und weicht damit doch von dem engeren Normbegriff (...) ab. Wer den Kann-Erwartungen regelmäßig nachkommt, darf sich vor allem positive Sanktionen erhoffen. In der Berufssphäre, aber auch in den Parteien, Organisationen oder Erziehungsinstitutionen, ist die Erfüllung von Kann-Erwartungen vielfach eine Grundbedingung des Fortkommens. Es ist zwar schwieriger als bei den Muss-Erwartungen, den genauen Inhalt der Kann-Erwartungen und die zugehörigen Sanktionen zu formulieren. Dennoch besteht auch hier noch ein wichtiger Bereich vorgeprägter Rollenerwartungen.

Die Kann-Erwartungen sind sehr viel verschwommener als andere. Ihre Erfüllung ist weniger Verpflichtung als vielmehr eine Bedingung des Fortkommens. Sie verhilft zu neuen Positionen, die einen höheren Status vermitteln, einen höheren Rang in der sozialen Schichtung. Linton (s. S. 90) verwendete den Begriff Status anstelle von Position. Er sprach also von Rolle und Status. Inzwischen hat sich aber ein anderer Sprachgebrauch herausgebildet. Der Statusbegriff ist für die Stellung in der sozialen Rangordnung (Schichtung) reserviert (...). Im Zusammenhang mit der Rolle spricht man nur noch von Positionen. Dabei zielt die Rolle auf den dynamischen und die Position auf den statischen oder strukturellen Aspekt.

Es gibt soziale Rollen, denen viele und einschneidende Muss-Erwartungen anhaften, z. B. der Rolle des Staatsbürgers, aber auch der des Vaters und Ehemanns, und es gibt andere, bei denen rechtliche Sanktionen kaum ins Spiel kommen, z. B. für die Rolle des Skatspielers, des Protestanten, auch des Deutschen. Ja, es existiert „im heutigen Deutschland, Frankreich, USA, noch eine breite – und für die meisten Bürger wichtigere – Sphäre des Sozialverhaltens", die mit Recht und Gerichten unmittelbar nichts zu tun hat. Man könne aber, so meint Dahrendorf, den Grad, in dem Rollenerwartungen mit rechtlichen Sanktionen versehen seien, als Maßstab für die Bedeutung von Rollen für den Einzelnen wie für die Gesellschaft nehmen.

Klaus F. Röhl: Rechtssoziologie, Köln (Heymanns) 1987, S. 313 f.

M8 Rollenkonflikte

Eine Verhaltensstrategie, mit der der Träger zeigt, dass er nicht völlig in der gerade eingenommenen Rolle aufgeht oder sich ihr gegenüber kritisch verhält, ist die Rollendistanz. Sie ist zwar ein sehr häufiges, mit der Rolle aber keineswegs notwendig verbundenes Phänomen. Solche Rollendistanz besteht in einer *inneren Reserve gegenüber der zugemuteten Rolle. Goffman* (s. S. 53) nennt zwei Beispiele, den Jungen, der auf einem Karussell fährt und dabei durch seine Mimik anzeigt, dass diese Art von Vergnügen eigentlich zu kindisch für ihn ist, und den Chirurgen, der vor, während und nach der Operation ironische oder joviale Äußerungen von sich gibt, die mit dem Ernst der Situation nicht zusammenpassen. Das typische Stilmittel der Rollendistanz besteht darin, dass man bei der Ausführung der Rollenerwartungen zugleich auf einer Metaebene einen Kommentar, Witze oder Bemerkungen über die gerade betätigte Rolle macht.

Bezugspunkt solcher Rollendistanz (und ebenso vieler Strategien zum Umgang mit Rollenkonflikten) ist das Selbstbild oder die *Identität* des Handelnden. Von außen gesehen handelt es sich um die unverwechselbare Persönlichkeit des Individuums, von innen betrachtet um das Bewusstsein des Handelnden, in allen seinen Handlungen unterschiedlich und doch derselbe zu sein. Solche Ich-Identität steht am Ende eines gelungenen Erziehungsprozesses und befähigt den Handelnden, zwischen den eigenen Wünschen und Vorstellungen und den oft widersprüchlichen Anforderungen der Umwelt zu balancieren. (...)

a) Der Interrollenkonflikt

Mit der Vielzahl von Rollen ist die Möglichkeit des Rollenkonflikts gegeben. Von einem Rollenkonflikt sprechen wir dann, wenn sich eine Person in ihren verschiedenen Rollen unterschiedlichen Erwartungen ausgesetzt sieht, und zwar in diesem Fall genauer von einem Interrollenkonflikt. Die Berufsrolle des Mannes und seine Rolle als Familienvater sind in unserer Gesellschaft relativ gut aufeinander abgestimmt. Umso stärker kollidieren die Rollen der berufstätigen Ehefrau und Mutter, um nur einen wichtigen Interrollenkonflikt zu nennen. (...)

b) Der Intrarollenkonflikt

Der Intrarollenkonflikt hat seine Wurzel darin, dass von verschiedenen Seiten an den Inhaber einer Rolle einander widersprechende Erwartungen gerichtet werden. Viele solcher Situationen sind besonders im Arbeitsleben anzutreffen. Einige Berühmtheit erlangt hat der Intra-Rollenkonflikt für die Position des Arbeitsdirektors nach dem Mitbestimmungsmodell in der Montanindustrie. Bekanntlich kann der Arbeitsdirektor nicht gegen die Stimmen der Arbeitnehmervertreter im Aufsichtsrat in den Vorstand des Unternehmens gewählt werden. (...)

Intrarollenkonflikte sind anscheinend schwieriger zu bewältigen als Interrollenkonflikte, weil sich einzelne Segmente derselben Rolle schwerer trennen lassen als verschiedene Rollen. Oft können sich die Betroffenen nur mit einer Reihe von „Tricks" helfen:

1. *Handlungsverzögerung:* Wenn eine Situation entsteht, in der an den Positionsinhaber konträre Erwartungen gerichtet werden, dann zögert er seine Handlungen so lange hinaus, bis sich die Situation geändert oder bis einer der Erwartungsheger die Angelegenheit vergessen hat. Im Extremfall führt diese Haltung zu Verantwortungsscheu und zum sozialen Rückzug dergestalt, dass der Positionsinhaber den Kontakt mit seinen Bezugsgruppen meidet.
2. *Handlungsverschleierung:* Der Rollenträger vollzieht zwar eine Handlung. Er gibt sich jedoch Mühe, die Wahrnehmung seiner Handlung durch die eine oder durch beide Seiten zu trüben. Das dürfte etwa dem Meister im Betrieb gegenüber der Betriebsleitung besser gelingen als gegenüber den ihm unterstellten Arbeitnehmern.
3. *Alternierende Erwartungstreue:* Der Rollenträger betreibt eine Art Schaukelpolitik. Um es nicht völlig mit einer der beiden Seiten zu verderben, entspricht er in seinem Handeln einmal den Erwartungen der einen und einmal den Erwartungen der anderen Seite.
4. *Handlung nach Legitimitätsgesichtspunkten:* Der Rollenträger entspricht jeweils der Erwartung, der er höhere Legitimität zuerkennt.
5. *Handlung nach dem Sanktionskalkül:* Der Rolleninhaber trifft früher oder später eine grundsätzliche Entscheidung. Er stellt sich auf die Seite, die über die stärkeren Sanktionsmittel verfügt.

Klaus F. Röhl: Rechtssoziologie, Köln (Heymanns) 1987, S. 317–320

Lauter Freunde? – Soziale Netzwerke

Der Gedanke des Netzwerks wird in jüngster Zeit häufig genutzt, um soziale Zusammenhänge zu beschreiben. In der Soziologie ist er in Gestalt der Soziometrie ein schon länger gebrauchtes methodisches Instrument, um im Bereich der sozialen Gruppe Strukturen aufzuzeigen. Die Soziometrie beschreibt dabei die vernetzten Beziehungen unter den Mitgliedern einer Gruppe auf einfache Weise. Neu an der Vernetzung der Menschen ist der Faktor der neuen Medien und des Internets, die eine auch globale Vernetzung ohne direkten Face-to-face-Kontakt erlauben.

M9 „Zinnober"

Im folgenden Bericht der Laborschülerin Fiona wird am Beispiel einer Jugendgruppe („Zinnober") die Vernetzung innerhalb einer Gruppe bearbeitet und mithilfe der Soziometrie beschrieben:

Auf die Laborschule kommen die meisten Kinder mit fünf Jahren: Die „Nuller", „Einer" und „Zweier" lernen in altersgemischten Gruppen in Haus 1. Dann wechseln sie ins Haus 2, meist mit einem Freund/einer Freundin aus der bisherigen Gruppe. Ab dem 3. Schuljahr waren wir in einer Gruppe, Zinnober, zusammen. (Inzwischen gibt es auch in den Jahrgängen 3–5 altersgemischte Gruppen und erst ab Jahrgang 6 feste Stammgruppen.)

Nach und nach freundeten wir uns miteinander an – oder „verfeindeten" uns. Unter uns zehn oder elf Mädchen bildeten sich zwei Grüppchen, in denen die Beziehungen erst häufig wechselten, da mehrere wegzogen oder neue Schülerinnen dazukamen. Einige waren damals in den Pausen viel draußen, kletterten auf Bäume, machten sich dreckig, während die anderen sich oft im Schulzoo aufhielten. Mal haben sich diese zwei Grüppchen gut verstanden, mal gehasst. Es ging z. B. um den besten Tisch am Fenster und wer daran sitzen durfte.

Von dieser Feindschaft war in der Klasse nichts mehr zu spüren: Wir waren jetzt zu neunt und eine große Clique. Darin gab es Untergruppen mit je zwei oder drei Mädchen, die besonders gut befreundet waren: Carla, Teresa und Hannah, Leonie und Vera, Fiona, Jule und Marie. Damals verabredeten wir uns öfter außerhalb der Schule oder übernachteten zu zweit zusammen. Lisa wechselte häufig, war keiner Gruppe fest zugeordnet. Nach der 8. Klasse verließ sie die Schule (aber nicht wegen uns). Wir acht sind bis heute ein eingespieltes Team.

Auch wenn wir in der 3. Klasse noch mehr gestritten als gespielt haben, machte sich bald ein Zusammenhalt bemerkbar und es gab die ersten Freundschaften. Vor allem die „Mädchen-Konferenzen", die wir mit unserer damaligen Lehrerin machten, haben dazu beigetragen, dass wir Freundinnen wurden, weil wir da meistens Geheimnisse austauschten. Das hat uns zusammengeschweißt, wir hatten dann quasi unser „gemeinsames Geheimnis" vor den Jungen. (...)

Aber bei uns teilen oft nur zwei ein bestimmtes Interesse: So gehe ich (Fiona) mit Leonie zusammen ins Kino, mit Marie zum Schwimmen oder mit Teresa in die Disko; mit Jule höre ich dieselbe Musik und wir unternehmen oft spontan etwas zusammen. Mit Vera ist Spazierengehen schön, Hannah und Jule tanzen. Für Ausstellungen oder sonst etwas Kulturelles ist Leonie immer eine sehr gute Partnerin.

Mehrmals – zu zweit oder zu dritt, aber auch zu fünft – waren wir inzwischen auch im Urlaub. Und auch während der Schulzeit gibt es Extra-Unternehmungen, an denen wir in kleinen Gruppen Spaß miteinander hatten: beim Waffeln-Backen in der Uni, beim Schuheputzen für einen guten Zweck, bei Wochenenden von „art at Work" oder beim „alternativen Konfi". Dadurch sind es nicht jede Woche dieselben, mit denen wir Freizeit verbringen. Und nervt mich mal die eine, mache ich halt erstmal mehr mit der anderen. (...)

Streitigkeiten gibt es bei uns leider relativ oft! Meistens geht es um Kleinigkeiten, oder es ist eine Eigentümlichkeit einer Einzelnen, die nervt. Nur selten gibt es einen klar definierbaren Grund für Unstimmigkeiten. Doch sobald einen einmal etwas stört, reagiert man auf jede Kleinigkeit immer heftiger und die schlechte Stimmung schaukelt sich hoch. Deshalb ist echter Streit besser, als nur sauer zu sein.

Da wir uns so gut kennen, weiß man fast immer, zu welcher man gehen kann, die höchstwahrscheinlich die gleiche Meinung hat und mit der man alles intensiv besprechen kann. Dadurch steht man fast nie allein. (...)

Irgendwann versuchen wir dann doch, mit allen Beteiligten darüber zu sprechen. Manchmal geht eine „Partei" genervt weg, oder wir beschließen, es dabei zu belassen. Dann vertagen wir das auf „nachmittags bei MSN": Wir treffen uns im Chat und diskutieren dort, was uns stört. Das ist oft einfacher, weil man dort besser formulieren kann. Das bremst die Wut. Wir können dann unsere Argumente in Ruhe austauschen und uns auch nebenbei noch mit Einzelnen beratschlagen. Oder wir lassen unseren Ärger ab, damit wir in den „Verhandlungen" gelassener bleiben können. Manchmal sind wir dadurch nur noch viel aufgewühlter, und eine „rastet aus" und schreibt dann nichts mehr dazu oder geht, denn es ist nicht immer einfach, seine Meinung gegen viele zu verteidigen.

Oft vergehen Wochen, bis sich die Situation beruhigt hat – und eines Tages ist dann alles so wie immer, ohne dass die Sache wirklich geklärt ist. Das ist zwar keine unbedingt gute Lösung, aber oft die bequemste, denn eigentlich wollen wir ja nicht streiten. Ein Verhalten, was einmal schrecklich genervt hat, kann einen fast freuen, wenn man länger nicht in Kontakt war und das wiedererkennt. (...)

Im September 2009 fuhr der ganze Jahrgang 10 für zehn Tage an den Gardasee. Untergebracht waren wir auf einem Campingplatz in Bungalows. Wir Mädchen aus Zinnober bewohnten zwei benachbarte Bungalows, um Streit von vornherein zu vermeiden. Zu viert haben wir uns morgens fertiggemacht und gefrühstückt. Nur manchmal gab es dabei Diskussionen, wer zuerst das enge Bad benutzen durfte. Danach trafen wir uns draußen und brachen an vielen Tagen mit dem ganzen Jahrgang zu Ausflügen auf. Dabei lief es dann ganz unterschiedlich: So waren wir in Lazise in der großen Gruppe unterwegs, und in Garda und Sirmione ergaben sich je nach Interesse vorher eher untypische Kleingrüppchen.

Ein größeres Problem hatten wir auf die Fahrt „mitgebracht" und eigentlich erwartet, dass es dann „knallt". Bei den Ausflügen nach Verona und Venedig waren wir vorsichtig, damit unser unterschwelliger Streit nicht allen den Tag verdarb. Wir suchten verschiedene Ziele aus, z. B. den Markusplatz oder den Campanile, und teilten uns nach den Interessen auf. Nach den Ausflügen zogen sich die Bungalow-Gruppen meist in ihre Häuser zurück, um zu kochen und sich etwas auszuruhen. Wir schlossen meist sogar die Tür ab und zogen die Vorhänge zu, um wirklich Ruhe zu haben. Oft hatten wir vier den Tag über den ein oder anderen Streit über Nichtigkeiten. (...) Weil die Abende so schön ruhig waren, konnten wir einmal am See sitzen und in Ruhe reden und unseren grundsätzlichen Streit unter den Beteiligten wirklich klären.

Mädchenclique

Ende des Jahres wechseln wir alle die Schule. Das wird eine große Umstellung, weil wir jahrelang so fest in der Clique und in unserer Klasse waren.

Wir Mädchen werden auf unterschiedliche Schulen oder in eine Ausbildung gehen und uns nicht mehr selbstverständlich sehen. Ich vermute, dass wir uns schon noch mailen und chatten, uns aber erst eine Weile nicht mehr treffen werden. Jede macht dann erstmal ihr Ding und wird auch froh sein, ganz neue Leute kennenzulernen.

Ende des Schuljahres treffen wir uns dann vielleicht alle wieder und merken wahrscheinlich, wie schön es ist, über alles mit denen zu quatschen, die wir schon so lange und gut kennen!

Nyke Boniatowsky/Lucie Schooss: Unsere Clique: alle Mädchen aus der Zinnober, in: Szenen, Gruppen, Peers, Seelze (Friedrich-Verlag) 2010, S. 30 f.

1 Ermitteln Sie, welche Verbindungen zwischen den Beteiligten in **M 9** bestehen. Beschreiben Sie die Struktur der Gruppe, indem Sie die Beziehungen der einzelnen Mitglieder so weit wie möglich einbeziehen.

2 Fertigen Sie ein Soziogramm einer Gruppe Jugendlicher (einer Klasse).

3 Erläutern Sie die Bedeutung der neuen Medien für die Vernetzung von Jugendlichen. Achten Sie dabei besonders auf die Veränderung der Beziehungen (**M 10** bis **M 12**).

4 Analysieren Sie Gerald Wagners „Soziologie des Facebook" (**M 12**).

5 Nehmen Sie Stellung zu Gerald Wagners Kritik an den Facebook-Strategien.

M 10 Was fasziniert besonders Jugendliche an Sozialen Netzwerken?

Lange Jahre war die Furcht vor dem „gläsernen Menschen" groß, doch davon scheinbar unbeeindruckt wächst die Freude der Jugendlichen, sich im Internet ausführlich und ganz selbstverständlich darzustellen. Was übt einen solchen Reiz auf die Jugendlichen aus, dass sie auch vor der Preisgabe persönlichster Angaben (und den Folgen) nicht zurückschrecken?

Soziale Netzwerke kommen zuerst einmal den Interessen von Jugendlichen entgegen und unterstützen beim Bewältigen von Entwicklungsaufgaben:

- Jugendliche brennen darauf, sich selbst darstellen zu können. Interessen und soziales Umfeld repräsentieren schließlich die Persönlichkeit, und das wiederum verschafft Anerkennung durch andere.
- Soziale Netzwerke nur für Jugendliche sind von ihrer Grundidee erwachsenenfreie Räume, in denen sich die Jugendlichen ausprobieren können – ohne bspw. elterliche Bewertung oder Sanktionen befürchten zu müssen.
- Es ist sehr einfach, andere mit gleichen Interessen zu treffen und sich darüber auszutauschen. Der Jugendliche ist also nicht mehr von den lokalen Gegebenheiten in seinem Wohnort oder von seinem direkten Umfeld abhängig.
- Ein Social Network ist wie ein virtuelles Adressbuch, hat aber darüber hinaus den Vorteil, dass es sich ständig von selbst aktualisiert.
- Fast alle Social Networks bieten vielfältige Kommunikationsmöglichkeiten, z. B. per E-Mail, Gruppen, Blogs oder Foren. Jugendliche stärken damit ihre Identität und erhalten im Gegenzug die Selbstbestätigung durch Gleichaltrige.
- Das Social Network ist multifunktionell und spricht durch die verschiedenen Nutzungsmöglichkeiten nahezu jede Stimmungslage an. Bei „Null Bock"-Laune kann man einfach durch Profile klicken und in Blogs oder Gruppen lesen, Applikationen nutzen. Bei Tatendrang kann man kommunizieren und sich verabreden.
- Letztlich gibt es in Social Networks wie im realen Leben auch einen „Gruppenzwang", dem sich Jugendliche gerne beugen, um sich in ihrer sozialen Bezugsgruppe zu messen. Sind fast alle Freunde in einem Social Network angemeldet, so muss der Jugendliche dieses natürlich ebenfalls ausprobieren, um mitreden zu können. Ansonsten liefe er Gefahr, nicht mehr „up to date" zu sein über die Aktivitäten des Freundeskreises.
- „Mit vielen bekannt sein" ist zu einer Art neuem Wert avanciert. Die Anzahl der „Freunde" – mögen sie auch nur einmalige Bekanntschaften gewesen sein – zeigt, wie beliebt ein Nutzer ist.

Die Internetangebote werden also einerseits im Hinblick auf Prozesse des Identitätsmanagements genutzt – in kürzester Zeit und ohne großen Aufwand kann ein junger Mensch Identitätsmodelle ausprobieren und bekommt sogleich Rückmeldung von der Internetgemeinschaft: Fotos, auf denen das neue Ausgeh-Outfit präsentiert wird, werden anhand der Kommentar-Funktion bewertet. Den meisten Jugendlichen ist es dabei wichtig, möglichst authentisch zu sein und gleichzeitig möglichst „cool", sexy, seriös oder lustig „rüberzukommen".

Andererseits dienen Social Networks dem Beziehungsmanagement. Das Freundesnetzwerk anhand einer Freundesliste abzubilden, die Positionierung im Gefüge einer Clique oder der Schulklasse und den Kontakt zu Gleichaltrigen zu halten, all das ist in Sozialen Netzwerken möglich.

Was fasziniert besonders Jugendliche an Sozialen Netzwerken? Klicksafe.de o. J., in: http://www.klicksafe.de (Zugriff: 12.8.2012)

M 11 Warum werden Internet-Gemeinschaften genutzt?

Gründe für die Nutzung von Internet-Gemeinschaften, nach Anteil der Mitglieder in Prozent

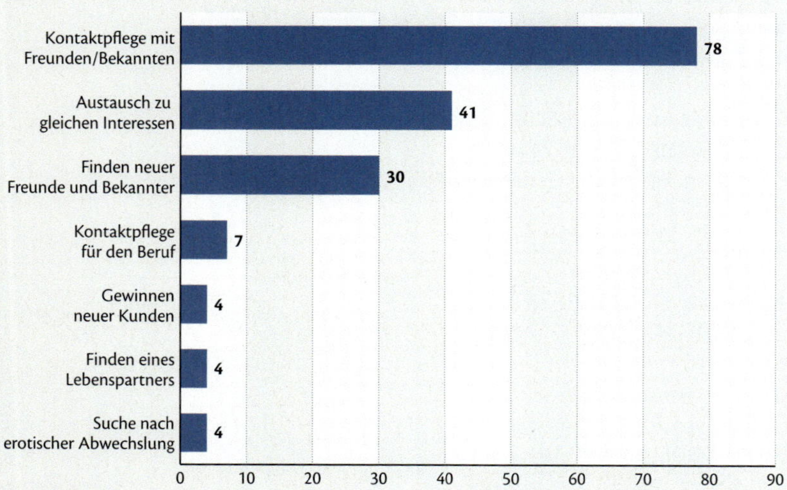

Quelle: Bitcom, Forsa

M 12 Soziale Netzwerke – eine Soziologie des Facebook

Zeichnung: Fuhr

Wer frisch dabei ist, ist für Facebook ein unbeschriebenes Blatt. Man sucht also zunächst nach seinen Bekannten, meldet sich bei diesen und investiert in die magische Währung des Netzes, die Freundschaft. Danach kann dann mit diesen Freunden alles getauscht werden, was das digitale Format hergibt. Hat man herumgestöbert und den einen oder anderen Fastvergessenen gefunden, hat man seinen Teil geleistet. Noch sind die Unterschiede von drinnen und draußen eher gering. Das Fenster ist auf, man kann sich jetzt gegenseitig beim Leben zusehen, also bei dem, was man davon preisgibt.

Erst jetzt kommt der genuine Beitrag von Facebook: Es beginnt das endlose Schaulaufen der von Facebook generierten Freundschaftsvorschläge: Wie wäre es mit dem? Oder doch der oder die? Aber warum gerade diese Leute? Erstaunlich dabei ist, dass Facebook dabei schlicht nach gemeinsam benutzten Institutionen sucht – Schule, Universität, Arbeitsplätze, so wie sie jedes Mitglied zuvor brav in sein Profil eingetragen hat: „Du und Musterschüler habt gemeinsam das Gymnasium von Musterstadt besucht!" Ja und? Das gilt schließlich für Tausende. Und wer hat nicht irgendwann einmal studiert? Vielleicht gar an der FU Berlin? (...)

Facebook vernetzt, gewiss, aber es vernetzt die Biographien vertikal, nicht horizontal. Eigentlich erstaunlich, dass ein Phänomen wie Facebook, das so sehr das Verbinden des Gleichzeitigen betont, sich dabei so an die Macht des Vertikalen in den Biographien klammert. Facebook ist auch insofern vergangenheitsorientiert, als es einen damit konfrontiert, dass man erst kürzlich wieder einmal nicht ehrlich war. Man hat jemanden kennengelernt – auf einer Party, im Urlaub, auf der Arbeit – und hat dabei genau jene weiche Verbindung etabliert, die angeblich so typisch ist für die Netzwelt: eine gewisse Zurückhaltung in der Ablehnung von jemandem, den man durch einen anderen oder einfach durch Zufall kennengelernt hat. Doch anstatt die Sache gleich zu beenden, belässt man es eben bei dieser Unverbindlichkeit. Aber kaum ist man aus dem Urlaub zurück, trudeln die ersten Freundschaftsanfragen ein: „Wir sind's, der Sven und die Lisa vom Strand!"

Aber wozu verpflichten zwei gemeinsame Wochen Last-Minute auf Fuerteventura? Im Grunde genommen schon immer zu nichts. Aber seitdem es Facebook gibt, gilt das nicht mehr. Gerade die Leichtigkeit, mit der man jede Freundschaftsandienung per Mausklick zurückweisen könnte, ließe eine solche umso taktloser erscheinen. Also lässt man Sven und Lisa eben rein und teilt schon bald die unvermeidbaren Galerien der Urlaubsfotos. Aber was teilt man sonst noch? Dabei ließe sich gerade hierin durchaus Verbindendes finden. (...)

Gewiss gibt es Versuche, das gesammelte Wissen stärker für kommerzielle Zwecke zu nutzen. Schon jetzt wird gewarnt, dass Facebook aus der Kombination meines Suchverhaltens bei Google, meines Bestellungsprofils bei Amazon und meiner Ersteigerungslust bei Ebay ganz andere Verknüpfungen erstellen könnte. Für Werbezwecke ließe sich daraus viel machen. Sollte Facebook aber einmal einen automatisch generierten Freundschaftsvorschlag damit begründen, dass der bei Ebay ständig auf die gleichen Sachen bietet wie ich – dann wäre das vielleicht in der Tat der Beginn einer wunderbaren Freundschaft. Aber es wäre vermutlich auch das Ende von Facebook. Für sein Image der leichten, freundlichen und friedlichen Kuschelecke des Internets braucht Facebook diese Unschuld. Dass man aus all den Spuren, die wir im Internet hinterlassen, ganz andere Dinge tun könnte, als uns mit vergessenen Banknachbarn und nichtssagenden Urlaubsfotos zu langweilen, weiß man auch bei Facebook. Dass man aber nicht darf, was die Technologien längst könnten, hat etwas sehr Beruhigendes.

Das Private, das Intime oder gar das Geheimnis – diese wirklichen Begrenzungen des Persönlichen sind auch auf Facebook nicht eingerissen worden. Im Gegenteil – fast muss man die Virtuosität bewundern, mit der seine Nutzer an dieser Grenze entlangtänzeln, ohne sie je zu überschreiten. Wo sie das gelernt haben? Bestimmt nicht auf Facebook.

Gerald Wagner: Eine Soziologie des Facebook, in: Frankfurter Allgemeine Zeitung v. 16.10.2009

Kompetenzcheck

Anforderungsbereich I:

- Definieren Sie soziale Rolle.
- Benennen Sie die Unterschiede von Muss-, Soll- und Kann-Erwartungen.

Anforderungsbereich II:

- Erläutern Sie den Zusammenhang von Chaos und Ordnung, wie er sich in der Chaosforschung darstellt.
- Legen Sie die Bedeutung von Ritualen für den Alltag dar.
- Fassen Sie zusammen, warum es zu Rollenkonflikten kommt und worin diese bestehen.
- Interpretieren Sie die nachstehende Karikatur.

Zeichnung: Schwarwel

- Erklären Sie die verschiedenen Arten der sozialen Differenzierung.
- Erläutern Sie das Soziogramm als sozialwissenschaftliche Methode.

Anforderungsbereich III:

- Beurteilen Sie, inwiefern die Chaosforschung der sozialen Ordnung gerecht werden kann.
- Nehmen Sie Stellung zu der Frage, inwiefern wir durch unsere Rollen festgelegt sind.
- Diskutieren Sie die Gefahren des Einsatzes von Soziogrammen (z. B. in Jugendgruppen).

6 Soziale Organisationen und Institutionen

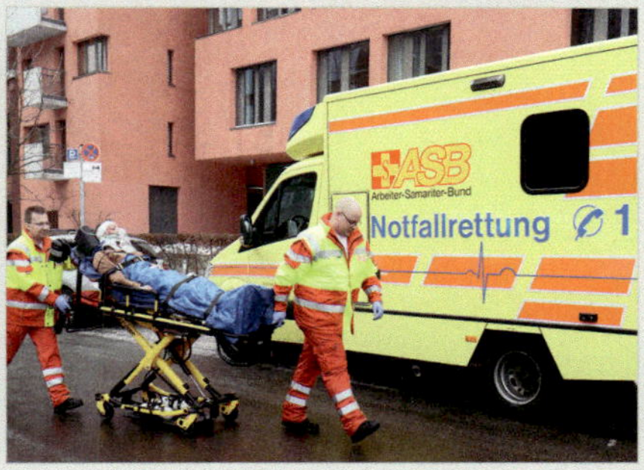

In der langen Geschichte sozialer Ordnung wurden Strukturen aufgebaut und zu sozialen Organisationen und Institutionen verfestigt. Auch wenn diese scheinbar nichts mit Soziologie zu tun haben, zeigen sie soziale Strukturen und werden wissenschaftlich von der Soziologie bearbeitet, z. B. der Organisationssoziologie, der Religionssoziologie, der Betriebssoziologie, der Mediensoziologie usw.
In diesem Kapitel sollen einige dieser Institutionen beispielhaft unter soziologischer Perspektive betrachtet werden. Dieser Blickwinkel hat nicht den Anspruch, sie in all ihren Bedeutungen vollständig zu erfassen, sondern die Erkenntnisse und Methoden der Soziologie zum Verständnis dieser Institutionen heranzuziehen. Dadurch wird auch ein Einblick in verschiedene Sparten der Soziologie gegeben.

Wie arbeiten wir zusammen? – Soziale Organisation

Sozialer Zusammenschluss geschieht spontan, häufig unabhängig vom Willen der Beteiligten – etwa indem man in eine Familie hineingeboren wird. Er kann aber auch bewusst vollzogen werden, z. B. durch den Eintritt in eine Partei. Die bewussten Willensentscheidungen können wir gut verstehen, ist ihnen doch meist ein Reflexionsprozess vorhergegangen. Andere Eintritte in soziale Zusammenhänge erscheinen uns eher unvermeidlich. Dies ist z. B. der Fall, wenn fast alle Jugendlichen in Deutschland Mitglied zumindest eines „sozialen Netzwerks" sind. Inwieweit handeln dann Jugendliche noch frei?
Soziale Organisationen und Institutionen, denen wir uns meistens ohne bewussten Beitritt anschließen, unterliegen Gesetzmäßigkeiten. Diese müssen wir uns bewusst machen, um uns möglichst viel Freiheit zu erhalten und die Organisationen und Institutionen für uns zu nutzen.

M1 Organisation

Während in der betriebswirtschaftlichen Organisationslehre die Organisation nur als formale Struktur, als Instrument zur Koordination der betrieblichen Prozesse auf ein gesetztes Soll hin erscheint (instrumenteller Organisationsbegriff), bezeichnet der Begriff Organisation in der Organisationssoziologie die Gesamtheit aller geplanten und ungeplanten sozialen Prozesse, die innerhalb des sozialen Systems bzw. im Rahmen der Außenbeziehungen mit anderen organisatorischen Gebilden ablaufen (institutioneller Organisationsbegriff).
Die zur vorgegebenen Zielerreichung geplanten Strukturen und sozialen Prozesse werden in der Organisationssoziologie als formale Organisation bezeichnet. Darunter ist die geplante Verteilung der notwendigen (zielgerichteten) Aktivitäten auf Arbeitsplätze im Sinne einer Aufgaben-, Kompetenz- und Instanzenzuordnung zu verstehen. Jedem Organisationsmitglied ist dadurch eine Position mit Regeln und Vorschriften zugewiesen, woraus eine genau definierte Rolle in einem rational strukturierten, zweckbezogenen Handlungssystem resultiert. Die organisatorischen Positionen weisen entsprechend der getroffenen Arbeits- und Kompetenzverteilung eine funktionale (Tätigkeitsspektrum) und eine hierarchische Dimension (Rang) auf. Die Anordnung der Positionen in horizontaler (funktionaler) und vertikaler (hierarchischer) Hinsicht stellt die Organisationsstruktur dar. In Abhängigkeit von der Strenge der hierarchischen Über- und Unterordnung der Positionen können unterschiedliche Formen der Organisationsstruktur unterschieden werden. Das diesbezügliche Spektrum reicht von der streng hierarchischen Organisationsstruktur, Linien-Organisation genannt, die sich durch eindeutige (pyramidenförmige) Unterordnung und Befehlswege auszeichnet, bis zur so genannten Matrix-Organisation, wo die klare Trennung zwischen Über- und Unterordnung zugunsten flexibler gleichberechtigter Organisationsbereiche und -ebenen aufgelöst ist.
Bei der Umsetzung (Anwendung) der formalen Organisation kommt es jedoch aufgrund der individuellen Bedürfnisse, Interessen, Antriebe und Fähigkeiten der Organisationsmitglieder ständig zu kleineren oder größeren Abweichungen vom geplanten Funktions- und Koordinationsschema, die den intendierten Ablauf des Organisationsgeschehens beeinflussen. Die soziale Wirklichkeit ist entsprechend eine Mischung aus geplanten und ungeplanten (unvorhergesehenen) sozialen Prozessen, die sich gegenseitig bedingen. Die ungeplanten sozialen Prozesse, das nicht vorgesehene Netzwerk sozialer Beziehungen, das die formale Organisation teilweise überlagert, neutralisiert und ergänzt, wird als informelle Organisation bezeichnet.
Unter dem Begriff soziale Organisation werden die formale Organisation mit ihren Regeln, Normen und Strategien wie die informelle Organisation als die tatsächlichen Beziehungs- und Gruppenstrukturen subsumiert. Gleichzeitig beruht jede soziale Organisation auf Ideen- und Wertsystemen, die aus umgebenden sozialen Systemen abgeleitet und legitimiert werden, sodass dem Verhältnis von Organisation und sozialer Umwelt eine hohe Bedeutung zukommt.
Organisation ist Voraussetzung und universales Merkmal moderner Industriegesell-

schaften. Dies heißt aber nicht, dass es in vorindustriellen Gesellschaften keine Organisation gegeben hat; aber sie hatten für das soziale Leben und für die Individuen nicht denselben Stellenwert. Der Mensch in industriellen Gesellschaften ist Zeit seines Lebens kurz- und längerfristig in verschiedenen Organisationen eingebunden: Kindergärten, Schulen, Hochschulen, Krankenhäuser, Betriebe, Unternehmen, Verbände, Vereine usw. sind Organisationen, und es gibt kaum einen Lebensbereich, der nicht in irgendeiner Weise mit Organisationen verbunden ist.

Bernhard Schäfers (Hg.): Grundbegriffe der Soziologie, Opladen (Leske und Budrich) 2003, S. 260 ff.

Der erste Schultag, 2012 – Eintritt in eine formale Organisation

M2 Bürokratische Organisationen

Bürokratische Organisationen sind durch folgende Merkmale gekennzeichnet:

1. Festlegung von *Zielen* und Aufgaben. Wenn es um Profitorientierung bzw. Gewinnmaximierung geht, dann besteht kaum ein Zielproblem. Doch es gibt Organisationen, wie Schulen oder Hochschulen, in denen die Ziel- und Aufgabenstrukturen komplex, diffus und umstritten sind.
2. *Hierarchische Ordnung* der Positionen. Befehle gehen von oben nach unten. Organisationen unterscheiden sich in der Anzahl der Hierarchiestufen und vor allem bezüglich des Freiraumes der Untergebenen. Die Gestaltungsmöglichkeiten und Freiräume sind für statushöhere Positionen (z. B. Ärzte, Hochschullehrer, Künstler) relativ groß. Die hierarchische Ordnung schließt informelle Machtverhältnisse, ja sogar eine heimliche Organisation innerhalb der offiziellen Organisation, nicht aus, wofür Gefängnisse Anschauungsmaterial liefern.
3. *Normen:* Vorschriften und Regeln bestimmen das Verhalten der Organisationsmitglieder und auch der Klienten (Betriebsordnungen, Arbeitszeiten, Sprechzeiten, räumliche Bestimmungen, Einsatz von Arbeitsmitteln usw.). Im Idealfall sollten sich die Verhaltensregeln aus den Zielen „ableiten" lassen. Doch vor allem in bürokratischen Organisationen entwickeln sich oft zielneutrale oder sogar zielschädigende Regelsysteme. Die Normen der Organisation können teilweise mit den allgemeinen gesellschaftlichen Normen im Widerspruch stehen, nicht nur bei kriminellen Organisationen. Außerdem bilden sich neben den formellen Regeln informelle aus.
4. *Spezialisierung* und technische Kompetenz: Moderne Organisationen zeichnen sich durch einen hohen Grad an Arbeitsteilung aus. Viele Spezialisten müssen koordiniert werden. Außerdem sind komplizierte und teure technische Anlagen und das entsprechende Personal für die Erfüllung der Ziele notwendig. Somit sind diese Organisationen von einem guten Schul- und Berufsbildungssystem abhängig. Moderne Organisationen funktionieren also nur in einem Verbundsystem von (staatlichen und privaten) Organisationen.
5. *Kommunikation:* Offiziell sind die Beziehungen unpersönlich, neutral, rein geschäftlich. Die persönliche Kommunikation ist eingeschränkt, wird beschnitten. Früher durfte in vielen Organisationen während der Arbeit nicht oder kaum gesprochen werden. Doch in modernen Organisationen gibt es nicht nur formelle berufsbezogene Kommunikation, sondern eine informelle Struktur. Ein positives informelles Kommunikationsklima kann sich auf das Erreichen der Ziele der Organisation günstig auswirken. Allerdings muss die informelle Kommunikation keineswegs für alle Beteiligten angenehm sein, man denke nur an Außenseiter, Mobbing bzw. sexuelle Belästigung.
6. Organisationen bestehen freilich nicht nur aus Zielen, Normen, Positionen und Rollen, sondern auch aus Gebäuden, Einrichtungsgegenständen und anderen räumlich-zeitlichen Aspekten. Auf diese Weise prägen sie die materielle Kultur und die Kunst.

Klaus Feldmann: Soziologie kompakt, 4. Aufl. Wiesbaden 2006, S. 189 ff.

M3 Organisation als System

Wir haben es also (*beim System*) erstens mit spezifischen Teilen (als Elementen) zu tun, die für sich unabhängig voneinander bestehen und erst über einen spezifischen Strukturaufbau und über eine spezifische Verbindung das Ganze darstellen. Die Schere z. B. besteht aus vier unabhängigen Elementen, nämlich einer Schraube, einer Mutter und zwei Klingen. Diese vier Elemente oder Bestandteile stehen für sich in keiner Weise für den Zusammenbau als Schere oder für das „System Schere". Erst über eine spezifische Kombination, über spezifische Strukturen ergibt sich aus den Elementen eine Ganzheit, nämlich die Ganzheit Schere.

Hinter dieser Differenz von Teil und Ganzem steht dann der Leitsatz: Das Ganze ist mehr als die Summe seiner Teile. Die Ganzheit der Schere ist insofern mehr als die Summe seiner Teile, als die Summe seiner Teile noch lange nicht für die Funktionsweise steht, damit etwas schneiden zu können.

Entsprechendes gilt für das System *Auto*, als weiteres Beispiel: Das Auto wird in diesem Kontext als Einheit verstanden, die aus Einzelkomponenten besteht, wie Schrauben, Gussteilen, Glasscheiben, Plastikteilchen usw. Die Addition dieser verschiedensten Bausteine deutet noch lange nicht auf die Funktionsweise der Ganzheit Auto hin. Insofern ist das Auto dann als zusammengesetztes Etwas, als Ganzheit, als System mehr als die Summe seiner Teile. Jemand könnte sicherlich mit den Teilen, aus denen ein Auto besteht, auch etwas völlig anderes herstellen, hätte es dann aber mit einem anderen System zu tun. Nach diesem Verständnis ist kein System hinsichtlich dessen, was es als Einheit darstellt, inwiefern es einsetzbar ist oder welche Funktion es hat, auf die einzelnen Bestandteile zurückzuführen.

Damit haben wir in knappen Zügen das erste Paradigma der Differenz von Teil und Ganzem bestimmt, wonach das Ganze nicht mehr auf die Summe seiner Teile zurückzuführen ist. Weder der Gesamtaufbau noch die Funktionsweise einer Ganzheit sind aus der Zerlegung in die Einzelelemente verständlich.

Das zweite systemtheoretische Paradigma steht unter der *Differenz von System und Umwelt* (s. *M 4*). Ein System als Ganzheit kann nur dann als Ganzheit betrachtet werden, wenn es in Differenz zu etwas anderem steht, was eben ein Nicht-System ist oder was nicht das System selbst ist. Dahinter verbirgt sich eine differenztheoretische Bestimmung. Etwas ist als Positivum nur darüber bestimmbar, indem ihm ein negativer Wert zugewiesen wird. Etwas ist nur etwas im Gegensatz zu dem, was es nicht ist. So ist ein System nur ein System im Vergleich zu einer Umwelt, die es nicht ist als System.

Diesem Ansatz entspricht eine *extra-unit-orientation*, d. h. die Zuschreibung von einer Ganzheit als System geschieht aus der Perspektive der Umwelt, geschieht von einem externen Systemstandpunkt. Indem jemand außerhalb des Systems steht, nämlich in der Umwelt, kann er etwas als Ganzheit, als System beobachten, und das eben nur, weil er in der Umwelt steht. Innerhalb dieses Paradigmas geht es dann immer aus der Perspektive der Umwelt darum, ein System hinsichtlich seiner Funktionsweisen oder seiner Strukturen zu bestimmen und zu analysieren.

Das dritte Paradigma nun ist das *autopoietische Konzept* bzw. die *Differenz von Identität und Differenz*. Hier finden wir eine *intra-unit-difference-orientation* vor, die nichts anderes besagt, als dass es nun nicht mehr um den externen Standpunkt in der Umwelt geht, von der aus ein System als System aufgefasst wird, sondern dass es nun um den internen Standpunkt innerhalb eines Systems geht, von dem aus sich das System selbst als System bestimmt. Es bestimmt sich selbst als System in Differenz zu einer Umwelt als Nicht-System.

Das bedeutet, die Sichtweise, die Perspektive ist von der Umwelt ins System hineinverlagert worden. Indem das System sich selbst als System bestimmt, liegt also eine intra-unit-orientation vor. Der ganze Beobachtungsprozess gilt nun aber als *intra-unit-difference(!)-orientation*, weil sich das System von seinem eigenen Standpunkt aus selbst als System bestimmt in Differenz zur Umwelt. Die Differenz zu einer negativen Umwelt leistet die Orientierung auf sich selbst als positive Identität. Das System baut seine eigene Identität auf in Differenz zu anderen Ereignissen, die in der Umwelt stattfinden, die aber nichts mit ihm selbst zu tun haben.

Dieter Krallmann/Andreas Ziemann: Grundkurs Kommunikationswissenschaft, Paderborn (UTB), 2001, in: http://koloss3.mykowi.net (Zugriff: 18.8.2012)

Autopoiesis/autopoietisch:
wörtl. griech. „Selbstschaffung"; von den Biologen Maturana und Varela kreierter Begriff zur Charakterisierung des Organisationsprinzips lebender Systeme (z. B. Zellen), das in der Selbstproduktion, -organisation und -reproduktion der Systemelemente und -strukturen besteht. Autopoietische Systeme sind durch ihre operationelle und informationelle Geschlossenheit autonom, sie sind aber auf der anderen Seite materiell und energetisch offen und daher nicht autark, d. h. völlig unabhängig von ihrer Umwelt

Selbstorganisation: Selbstorganisierende Systeme werden nicht durch ihre Umwelt gesteuert, sondern lediglich unspezifisch gestört und reagieren auf ihre Umwelteinflüsse ausschließlich im Rahmen ihrer Eigenlogik

M 4 Allgemeine Darstellung eines Systems

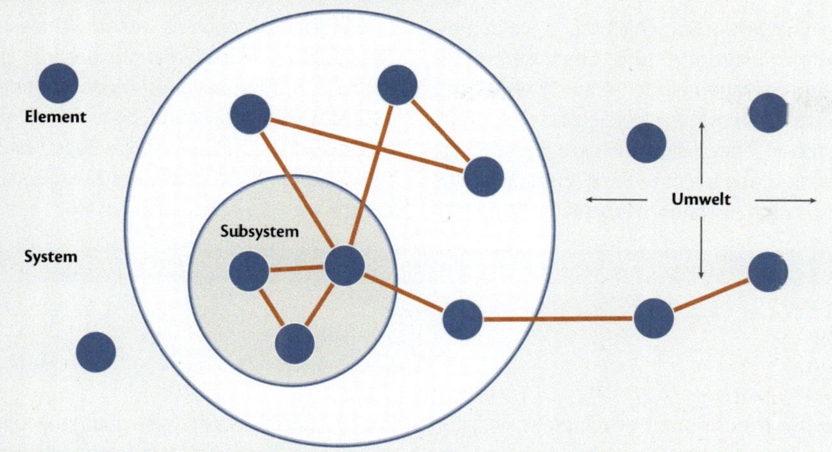

Quelle: Leicht verändert aus: Hill et al (1994), S. 22

M 5 Luhmanns Systemtypen

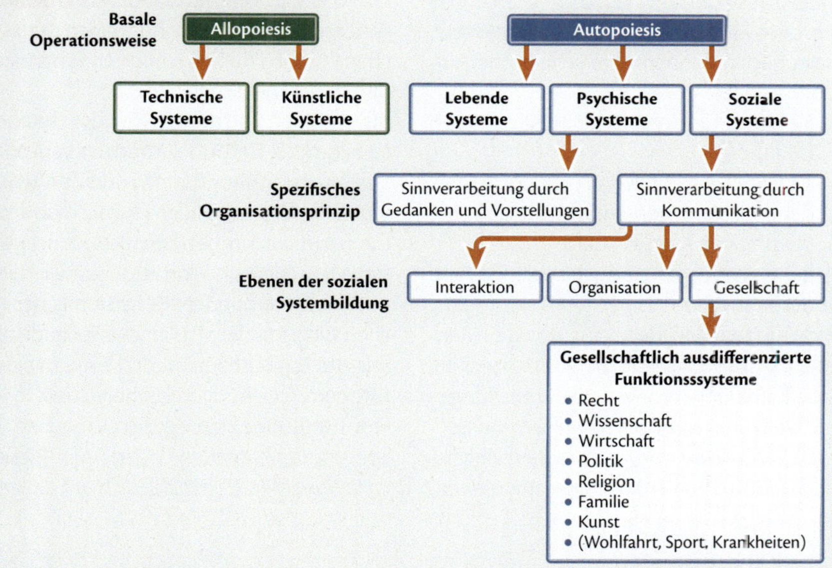

Nach: http://koloss3.mykowi.net/index.php?option=com_content&view=article&id=247&Itemid=309 (Zugriff: 18.8.2012)

1 Fassen Sie die Merkmale von sozialen Organisationen in einer Tabelle zusammen.

2 Wenden Sie die Merkmale bürokratischer Organisation auf Ihnen bekannte Organisationen an. Wo finden Sie Entsprechungen, wo Unterschiede?

3 Sammeln Sie Beispiele für die These Feldmanns vom Lenken des Handelns und Denkens durch die Organisation (M 2).

4 Diskutieren Sie, inwiefern Organisationen ihre Mitglieder „unterjochen" können. Beurteilen Sie die Möglichkeiten der Sicherung der Freiheit gegenüber Erfordernissen der Organisation.

5 Fassen Sie die grundlegenden Erkenntnisse der Systemtheorie von Organisationen in einer Tabelle zusammen (M 3–M 5).

6 Grenzen Sie soziale Institutionen und Organisationen voneinander ab.

7 Charakterisieren Sie den Prozess der Institutionalisierung (M 8).

8 Interpretieren Sie die Karikatur auf S. 105 vor diesem Hintergrund und nehmen Sie Stellung dazu.

M6 Soziale Institutionen

Im alltäglichen Sprachgebrauch werden die Worte „Institution" und „Organisation" oft bedeutungsgleich oder -ähnlich verwendet. In der Soziologie hat der Schlüsselbegriff Institution jedoch eine von dem Begriff Organisation abgegrenzte Bedeutung. Manche Institutionen treten hauptsächlich in Form von Organisationen auf, wie die Schule, andere dagegen, wie die Familie und die Ehe, nicht. Institutionen gehören vor allem dem Makrobereich an: Wirtschaft, Politik etc. Doch die Familie, Ehe und das Begräbnis als Institutionen kann man dem Mikrobereich zuordnen.

Bereich	Soziale Form/Struktur
Makro	Institution
Meso	Organisation
Mikro	Interaktion

Soziale Institutionen wie Sprache, Religion und Staat gewährleisten nach Gehlen Menschen Stabilität, Sicherheit und Ordnung. Gehlen definiert Menschen als Mängelwesen, ihnen fehlen eindeutige Instinkte. Ihr Verhalten müsse auf andere Weise gelenkt und geordnet werden, eben durch Institutionen. Institutionen können unterschiedliche Aufgaben erfüllen:

1. Sie dienen der Integration (Inklusion und Exklusion),
2. der Erhaltung der Werte und Normen,
3. der Entlastung von Entscheidungen (Reduktion von Komplexität),
4. der Vorhersagbarkeit von Handlungen und
5. der Motivation.

Institutionen sind der Leim, der die Menschen in der Gesellschaft zusammenhält, dauerhafte Einrichtungen, die Einstellungen und Verhalten stabilisieren. In funktionalistischer Perspektive sind Institutionen langfristig angelegte Problemlösungen, um die zentralen Aufgaben der Gesellschaft zu erfüllen. In einer *Konfliktperspektive* sind Institutionen Handlungsmuster, die der Machterhaltung der herrschenden Gruppen dienen. Aus *interaktionistischer* Sicht haben sich im Laufe der Entwicklung Kommunikations- und Symbolsysteme verfestigt, die nun einen verlässlichen Rahmen für den ständigen Symbolaustausch der Menschen bilden.

Institutionen sind nicht Orte oder materielle Gebilde (z. B. Gebäude), sondern verfestigte Verhaltensmuster, Routinen und Zeichensysteme, die allerdings auch räumlich und zeitlich gebunden sind. Im Bewusstsein der meisten Menschen sind Institutionen allerdings mit Orten verbunden: Religion mit der Kirche, Politik mit dem Parlamentsgebäude bzw. mit der Bundeshauptstadt, Kunst mit dem Museum, Erziehung mit Schulen usw.

Um Institutionen zu begreifen, kann man sich zuerst einen Ameisen- oder einen Bienenstaat vorstellen. Es handelt sich um ein gere-

M7 Zentrale Institutionen – Subsysteme

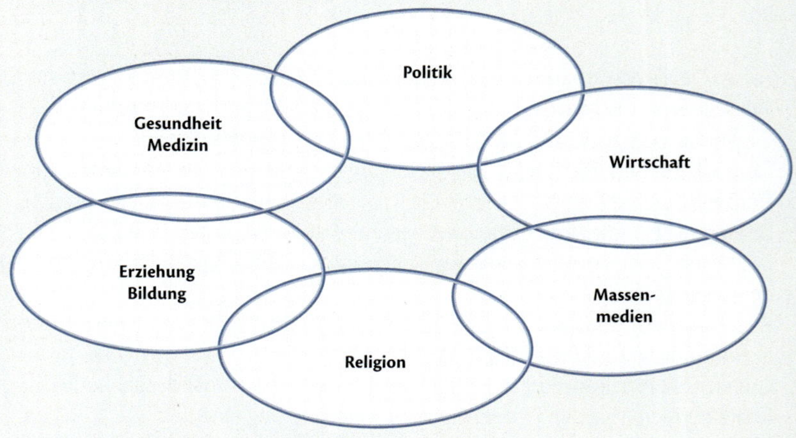

Nach: Klaus Feldmann: Soziologie kompakt, 4. Aufl. Wiesbaden 2006, S. 197

geltes Zusammenleben, an das die beteiligten Organismen gebunden sind, Brutstätten, Wege, Kommunikationsrituale, Kampfkompetenz usw.
Das zweite Bild betrifft die Entwicklung des einzelnen Menschen, die man sich als *Kette von Institutionen* vorstellen kann. Als Kind lernt er zuerst die Familie kennen, dann Erziehungsinstitutionen, wie den Kindergarten und die Schule, das Schützenfest, die kirchlichen Veranstaltungen, das Fußballspiel, die Heirat, den Betrieb, das Begräbnis und viele andere bewährte gesellschaftliche Problemlösungen. In der Regel sind sie mit Ritualen verbunden, also mit stabilen vorgegebenen Handlungsketten.

Klaus Feldmann: Soziologie kompakt, 4. Aufl. Wiesbaden 2006, S. 197 f.

M8 Institutionalisierung

Organisationen existieren nicht im luftleeren Raum. Sie sind vielmehr immer in ein bestimmtes gesellschaftliches Umfeld eingebunden, agieren in einer bestimmten Branche, in einem bestimmten Land mit jeweils unterschiedlichem Wirtschafts-, Rechts- und Bildungssystem und einer entsprechenden Landeskultur. In der Sprache institutionalistischer Ansätze sind Organisationen in ein regulatives, normatives und kulturell-kognitives Institutionengefüge eingebunden. Von diesen Institutionen und verschiedenen Interessengruppen werden recht spezifische Erwartungen an Organisationen gerichtet. Diese lassen sich auch bei Wirtschaftsorganisationen nicht auf die ökonomische Effizienz reduzieren; vielmehr müssen Organisationen in ihrem Handeln den Erwartungen des jeweiligen Umfeldes entsprechen, ihre Handlungen müssen legitim sein, da sonst das gesellschaftliche Umfeld seine Unterstützung für die Organisation verweigert und sich der Zugang zu wichtigen Ressourcen erschwert. Organisationen versuchen daher, regelmäßig auftretende, dauerhafte Umwelterwartungen in ihre Strukturen und Praktiken „einzubauen“. Verschiedene gesellschaftliche Umwelten führen damit zu jeweils unterschiedlichen, umweltspezifischen Strukturen und Praktiken, die untereinander oftmals nicht widerspruchsfrei sind. Diese können daher nicht im Sinne eines *best fit* zur Umwelt verstanden werden, sondern als Gestaltungsformen, die einerseits effizient und andererseits durch die Umwelt legitimiert sein müssen. Sie lassen sich daher am ehesten *als rational anerkannte Handlungsmuster* verstehen.
Mit der gesellschaftlichen Modernisierung ist nun, so eine weitere Basisthese der institutionalistischen Ansätze, ein Vorherrschen von verfestigten Erwartungen und Regeln der Rationalität in der Gesellschaft festzustellen. Sie erlangen allgemeine Gültigkeit, werden durch Organisationen und Individuen als gegeben hingenommen („*taken for granted*“) und kaum noch nach ihrem Sinn oder ihrer Zweckmäßigkeit befragt. Dementsprechend werden diese Regeln unhinterfragt adaptiert und weiter verbreitet. Zugleich nimmt mit der Modernisierung auch die Komplexität sozialer Organisationen und des ökonomischen Austausches zu. Beide Faktoren tragen zur Schaffung und Weiterentwicklung von formalen Organisationsstrukturen und Handlungsmustern bei und erklären vor allem die zunehmende Ähnlichkeit „moderner“ Organisationen. Den Prozess der Durchdringung der Organisationen, Strukturen und Handlungspraktiken in einer Gesellschaft mit solchen übergreifenden, gesellschaftlichen Regeln nennt man *Institutionalisierung*. In Anlehnung an Prozesse der sozialen Konstruktion der Wirklichkeit werden Prozesse der Institutionalisierung in drei Hauptphasen unterschieden: Habitualisierung, d. h. Entwicklung von Problemlösungsmustern und ihre Verbindung mit bestimmten Stimuli (*Reizen*), Objektivation, d. h. die Entwicklung generalisierter und geteilter sozialer Bedeutungen dieser Verhaltensmuster sowie Sedimentation, d. h. die Entwicklung von habitualisierten Problemlösungsmustern und deren Bedeutung als Teil der externen, sozialen Realität.

Christian Garhammer: Institutionensoziologische Ansätze, in: Elke Weik/Reinhart Lang: Moderne Organisationstheorien 2. Strukturorientierte Ansätze, Wiesbaden (Gabler) 2003, in: http://app.gwv-fachverlage.de (Zugriff: 18.8.2012)

Zeichnung: Stuttmann

So organisieren wir unsere Arbeit! – Wirtschaft als soziale Institution

In der Wirtschaft arbeiten und handeln Menschen miteinander. Wer diese Tatsache nicht beachtet und von reinen Zahlenspielen ausgeht, wird schnell scheitern. In der Organisation der Wirtschaft haben sich ganze Systeme herausgebildet, die mit dieser Tatsache umgehen. Sie können hier nur in wenigen Beispielen vorgestellt werden. Der Taylorismus hat in der Wirtschaft die Massenproduktion hervorgebracht. Er wurde aber überwunden und abgelöst, weil er die o. g. Tatsache zu wenig beachtete.

Frederick Winslow Taylor (1856–1915), US-amerikanischer Ingenieur

M 9 Taylorismus

Die Träger und Leiter der Rationalisierungsmaßnahmen waren bei Taylor die Ingenieure. Sie sollten Funktionen der Meister übernehmen, womit sie sich zwischen die kaufmännische Leitung des Betriebs und die Werkstätten schoben. In der Tat drangen die Ingenieure in den beiden Jahrzehnten nach der Jahrhundertwende in die Fertigung ein, die ihnen vorher weitgehend verschlossen geblieben war. (…) Die Aufgabe der in Betriebsbüros zusammengefassten Ingenieure – später sprach man von der Arbeitsvorbereitung – sah Taylor darin, die Produktionsmittel auf den neuesten Stand zu bringen und die Fertigungsprozesse zu optimieren. Die Meister waren für die Überwachung der Arbeiter zuständig. Im System der alten Fabrik hatten sie eine Gesamtverantwortung für die Produktion besessen; in Taylors System dagegen waren sie den Ingenieuren untergeordnet und funktional spezialisiert. Nach seinen Vorstellungen sollte ein Meister etwa für Disziplin sorgen, ein anderer die Arbeiter anlernen, ein dritter die Maschinen überwachen. Dies stellt ein Beispiel für Arbeitsteilung bei Taylor dar, welche jedoch – entgegen dem heutigen Verständnis von „Taylorismus" – in seiner Lehre keine zentrale Rolle spielte. Von der Rationalisierung sollten alle profitieren: die Unternehmer durch Gewinnsteigerung, die Arbeiter durch Lohnzuschläge (wenn sie das Pensum erfüllten) und die Allgemeinheit durch Verbilligung der Produkte. (…) Tatsächlich handelte es sich bei Taylors „wissenschaftlichen" Methoden um ein recht krudes Instrumentarium. Der Festlegung der „optimalen" Arbeitsprozesse lag eine Art Rekonstruktion der Erfahrung der besten Arbeiter zugrunde, die der Rationalisierer – wiederum aufgrund seiner Erfahrung – ergänzte. Die Zuschläge auf die mit der Stoppuhr gemessenen Mindestzeiten erfolgten eher willkürlich. Taylors Wissenschaftsbegriff setzte ganz auf Empirie: Seiner bekanntesten technischen Innovation, der Einführung des „Schnellstahls" (d. h. neuer wärmefester Werkzeuge für die spanende Metallbearbeitung und damit ermöglichte Betriebsweisen), lagen geradezu irrwitzig aufwändige Versuchsreihen zugrunde. In einem Zeitraum von 26 Jahren zerspanten Taylor und seine Mitarbeiter in 30 000 bis 50 000 Versuchen mehr als 400 Tonnen Eisen und Stahl. Taylor kann man das Verdienst zuschreiben, dass er auf die Notwendigkeit einer systematischen Analyse maschineller und handwerklicher Arbeitsprozesse hinwies. Das der Umsetzung dieser Aufgabe zugrundeliegende Menschenbild und das verwendete Instrumentarium blieben jedoch hoch problematisch. Taylor ging davon aus, dass die Arbeiter – wie die meisten Menschen – von Natur aus faul, selbstsüchtig und kaum lernfähig seien. In aller Regel seien sie nicht in der Lage, ihre Arbeit sinnvoll zu organisieren und eigenständig durchzuführen. Als Konsequenz forderte er eine scharfe Trennung zwischen der Kopfarbeit der Ingenieure und der ausführenden, manuellen Tätigkeit der Arbeiter. Soziale Kontakte zwischen den Arbeitern betrachtete er als Zeitvergeudung.

Wolfgang König: Kontrollierte Arbeit = optimale Arbeit? Frederick Winslow Taylors Programmschrift der Rationalisierungsbewegung, in: Zeithistorische Forschungen/Studies in Contemporary History, Online-Ausgabe, 6 (2009), H. 2

1 Fassen Sie Taylors System und dessen Schwächen kurz zusammen (**M 9**).

2 Erläutern Sie die Bedeutung der Ergebnisse der Hawthorne-Experimente in Bezug auf den Taylorismus (**M 10, M 11**).

3 Erklären Sie, warum der Taylorismus/Fordismus zu Beginn des 20. Jahrhunderts und der Human-Relations-Ansatz lange nach dem Zweiten Weltkrieg jeweils zum dominierenden Konzept der Arbeitsorganisation wurden.

M 10 Human Relations – die Hawthorne-Experimente

Human Relations ist ein (…) Begriff, der mit der Übersetzung „zwischenmenschliche Beziehungen im Betrieb“ nur unvollkommen umschrieben werden kann. Er wird verwendet zum einen als Überbegriff für eine Vielzahl grundlegender sozialpsychologischer Erkenntnisse zur Entstehung, Wirkung und Bedeutung sozialer Prozesse und Strukturen, auch zur Beeinflussung des Arbeitsverhaltens der Mitarbeiter im Betrieb, sowie zum anderen zur Bezeichnung der an diesen Erkenntnissen orientierten sog. Human-Relations-Schule. Bekannt geworden ist sie v. a. wegen der starken Betonung sozialer Motive von Mitarbeitern sowie des von ihr verursachten wie erforschten sog. Hawthorne-Effektes.

- Dem Human-Relations-Ansatz liegen Forschungsarbeiten (…) zugrunde, die sich mit verschiedenen *Experimenten* beschäftigten:
  In einem *Licht-Experiment* erfolgte die Bildung einer Testgruppe und einer Kontrollgruppe, die in ihren Arbeitsbereichen unterschiedlich starker Beleuchtung ausgesetzt wurden. Die beiden Gruppen wiesen trotz unterschiedlicher Beleuchtungsstärken etwa die gleiche Leistungssteigerung auf. Als Hauptgrund dafür wurde erkannt, dass mit den Betroffenen jedesmal gesprochen wurde, wenn Änderungen nötig waren. Der kooperative Umgang mit den Arbeitskräften wirkte sich also auf deren Leistung positiv aus.
- In einem *Pausen-Experiment* wurden ähnliche Ergebnisse erzielt. Auch hier war nicht die Zunahme der Pausen für die stetige Leistungssteigerung entscheidend, sondern die veränderte soziale Einstellung gegenüber den Arbeitern.
- In einem *Beobachtungsraum-Experiment* montierten die Arbeiter Schalter für Telefonanlagen. Zunächst wurde angenommen, dass sie so hart wie möglich arbeiten würden, um einen möglichst hohen Stundenlohn zu erreichen. In dem Beobachtungsraum produzierten die Arbeiter aber weit weniger als das, wozu sie physisch in der Lage gewesen wären. Sie folgten nämlich einer sozialen Norm, welche die Produktionsmenge gruppenintern festlegte. Es wurde erkannt, dass die Gruppendynamik von großer Bedeutung für den Erfolg ist.
- Das *Hauptergebnis* der Hawthorne-Studie ist die Erkenntnis, dass die menschlichen Beziehungen (Human Relations) im Unternehmen bedeutsam für das Arbeitsverhalten der Beschäftigten sind. Die Beachtung und Aufmerksamkeit, die den Arbeitskräften geschenkt wurde, war für deren Arbeitszufriedenheit und für die Steigerung der Leistung von entscheidender Bedeutung.

NN: Human-Relations-Ansatz, Personal-Management-Info o. J., in: http://www.personal-management.info/de (Zugriff: 19.8.2012)

M 11 Blinde Flecken im traditionellen Management

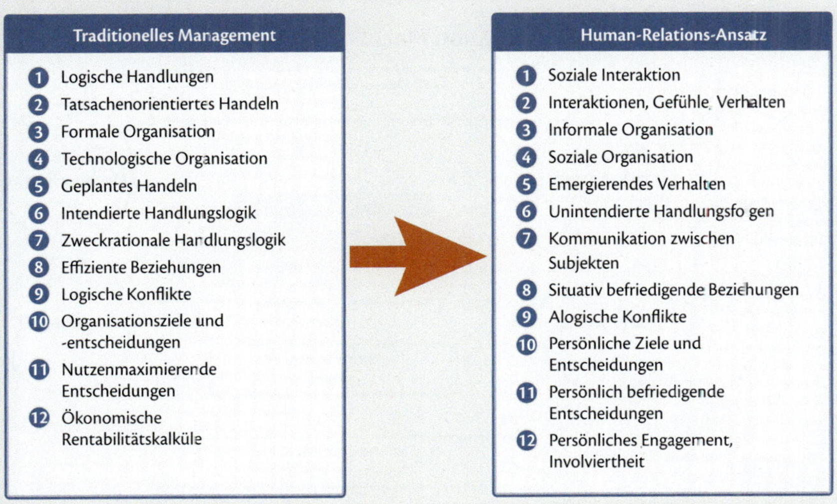

Nach: Sandra Naumann/Claudia Franko, in: http://www.euba.sk/nemeckofonne/doc/Human.pdf (Zugriff: 19.8.2012)

So verteilen wir die Macht! – Demokratie als soziale Institution

Politik hat offensichtlich mit Gruppenprozessen zu tun. Besonders aus der Wahlforschung ist bekannt, dass Entscheidungen vom Umfeld sehr stark beeinflusst werden. Auch wenn in der Demokratie natürlich jede und jeder frei entscheiden kann, so sind die tatsächlichen Ergebnisse z. B. von Wahlen, Abstimmungen und Volksentscheiden auch beeinflusst durch die soziale Lage der Entscheidenden, durch ihre soziale Umgebung, durch die Medien usw.

M 12 Macht und Herrschaft

Regierung im demokratischen Staat: Macht auf Zeit

Macht ...

... scheint so etwas wie ein Grundstoff zu sein, der alles politische Handeln begleitet (Karl Rohe);

... bedeutet jede Chance, innerhalb einer sozialen Beziehung den eigenen Willen auch gegen Widerstreben durchzusetzen (Max Weber);

... ist ein politisch-soziologischer Grundbegriff, der für Abhängigkeits- oder Überlegenheitsverhältnisse verwendet wird. (...) Macht kann von Personen, Gruppen, Organisationen (Parteien, Verbänden, Behörden) bzw. dem Staat ausgeübt werden oder von gesellschaftlichen (wirtschaftlichen, technischen, rechtlichen, kulturell-religiös geprägten) Strukturen ausgehen (Online-Lexikon);

... bezeichnet einen fundamentalen Aspekt, ohne den die soziale Wirklichkeit von Politik nicht zu verstehen ist (Wolfgang Sander);

... entsteht in einem koordinierenden Zusammenschluss, in einem Prozess des „Miteinander-Redens-und-Handelns" (Hannah Arendt).

Herrschaft ...

... ist ein politisch-soziologischer Grundbegriff, der ein Über- und Unterordnungsverhältnis zwischen Herrschenden und Beherrschten beschreibt (Online-Lexikon);

... ist die Chance, für einen Befehl bestimmten Inhalts bei angebbaren Personen Gehorsam zu finden (Max Weber);

... ist ein Spezialfall von Macht, die sich verdichtet, verfestigt und akkumuliert hat (Peter Imbusch);

M 13 Grundlagen und Wirkung von Macht

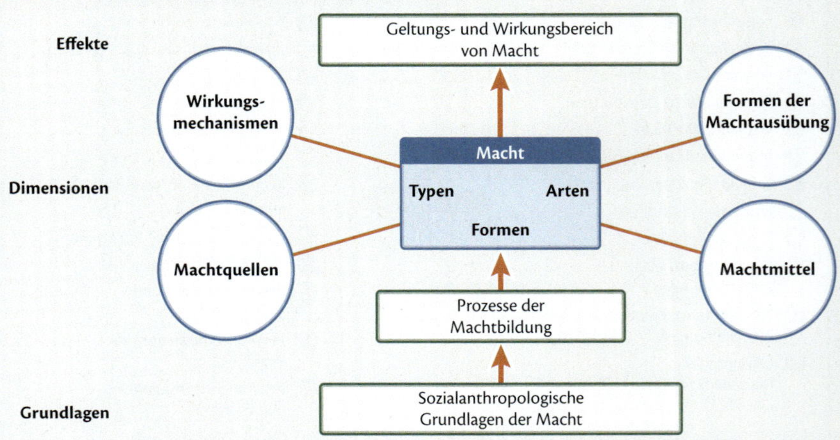

Nach Peter Imbusch: Macht und Herrschaft, in: Hermann Korte/Bernhard Schäfers (Hg.): Einführung in Hauptbegriffe der Soziologie, 6. Aufl. Opladen 2002, S. 164

... bezeichnet eine asymmetrische soziale Beziehung, in der Macht dauerhaft, institutionalisiert und regelgebunden ausgeübt wird und für eine Befehlsgebung somit Gehorsam erwartet werden kann (Wolfgang Bergem).

Sammlung in: Forum Politische Bildung (Hg.): Herrschaft und Macht – Informationen zur Politischen Bildung, Bd. 31, Innsbruck-Wien-Bozen 2009, S. 4

M 14 Die drei reinen Typen der legitimen Herrschaft

Kriterien	Legale Herrschaft	Traditionale Herrschaft	Charismatische Herrschaft
Legitimierung des Herrschenden	Kraft Satzung	Kraft Glaubens an die Heiligkeit der von jeher vorhandenen Ordnungen und Herrengewalten	Kraft affektueller Hingabe an die Person des Herrn und ihre Gnadengaben, insbesondere magische Fähigkeiten, Heldentum, Macht des Geistes und der Rede
Reinster Typ	Bürokratie	Patriarchalische oder patrimoniale Herrschaft; ständische Herrschaft	Herrschaft des – Propheten – Kriegshelden – großen Demagogen
Typus des Befehlenden	Vorgesetzte	„Herr"	Führer
Typus des Gehorchenden	Verbandsmitglieder; Bürger	Untertanen	Jünger; Gefolgschaft
Typus des Verwaltungsstabs	Ernannte Beamte	Hausangehörige; Diener	Gemeinde (irrational vom Führer ausgelesen nach Charisma und persönlicher Hingabe)
Basis der Gehorsamspflicht	Betriebsdisziplin; die Gehorsamspflicht ist abgestuft in der Hierarchie von Ämtern und geregeltem Beschwerdeverfahren	Treue bzw. Pietät: gehorcht wird der Person kraft ihrer durch Herkommen geheiligten Eigenwürde	Charisma: Gehorcht wird dem Führer kraft seiner persönlichen Qualitäten und Bewährung durch Wunder, Erfolge, Wohlergehen der Gefolgschaft
Nachfolge	Durch Wahl oder Ernennung	Durch Wahl oder Ernennung	– Durch Orakel, Los – Durch Führer selbst a) Nachfolgerdesignation b) Sohn durch Erbcharisma oder Aufsuchung des „Neuen" nach Merkmalen der charismatischen Qualifikation
Beispiel	Stadtverwaltung	Sippenchef, König	Napoleon, Jesus

Nach: Karsten Altschmidt u. a.: Max Webers Typologie der Herrschaft, Institut für Kommunikationswissenschaft der Universität Duisburg-Essen, o. J., in: http://www.koloss3.mykowi.net (Zugriff: 9.9.2012)

1 Erläutern anhand **M 12** Macht und Herrschaft, wie die Soziologie sie sieht, in einem Schaubild.

2 Erarbeiten Sie in Gruppen die Formen legitimer Herrschaft nach Max Weber (**M 14**).

3 Beurteilen Sie, inwiefern die Formen legitimer Herrschaft nach Max Weber in der modernen Demokratie bestehen.

So bilden wir uns – Erziehung und Bildung als soziale Institutionen

Besonders für Schülerinnen und Schüler scheint das Bildungssystem, insbesondere ihre eigene Schule, festgefügt und ehern zu sein. Diese Institution bietet ihnen ja auch Orientierung in einer Lebensphase, die ansonsten stark von Veränderungen bestimmt ist. Sie fordert einen klaren Tagesablauf und eine scheinbar festgefügte Zeiteinteilung. Zuspätkommen wird sanktioniert, Selbstbestimmung beim Schulbesuch kommt gar nicht infrage. Dabei ist eben dieses Bildungssystem voll innerer Widersprüche, denn es soll mit dem Abitur selbstständige Menschen hervorbringen, die ihr Studium oder ihren Beruf eigenverantwortlich organisieren können.

M 15 Erziehung als Institution

Erziehung oder das Erziehungssystem ist eine Institution. Die großen Institutionen oder Subsysteme sind in der Regel mit Professionen verbunden, und sie sind strukturell verkoppelt (s. M 16).

Nach *funktionalistischer* Perspektive dienen Erziehungsinstitutionen, wie die Schule, der gesellschaftlichen Reproduktion, d. h., es soll ein brauchbares Gesellschaftsmitglied, das die geltenden Normen und Werte akzeptiert und die Kulturtechniken beherrscht, hergestellt werden.

Erziehung (durch Schule etc.) ist in der Geschichte der Menschheit ein junges Phänomen, sie beschränkte sich in traditionalen Hochkulturen außerhalb der Primärgruppe auf ausgewählte, kleine Gruppen und auf kurze Phasen im Lebenslauf. Auf Massenbasis funktioniert sie erst seit 100 oder höchstens 200 Jahren – je nach europäischer Region. Erst in der zweiten Hälfte des 19. Jahrhunderts wurde es in europäischen Staaten durchgesetzt, dass fast alle Kinder bis zum 10. oder 12. Lebensjahr tatsächlich in die Schule gingen.

Erziehung hat sich durch den gesellschaftlichen Wandel (steigende Komplexität und Differenzierung) dynamisiert und ausgebreitet, sie beschränkt sich nicht mehr auf die Schule: Erwachsenen- und Weiterbildung, betriebliches Lernen, Fernstudium, lebenslanges Lernen, Seniorenstudium etc. (...)

Ein *funktionalistischer* Ansatz dagegen sieht die Gesellschaft als einheitliches System, für das der Erziehungsbereich Dienstleistungen zu erbringen hat, d. h., die Schule muss drei zentrale Funktionen erfüllen:

- *Selektion:* Die Guten ins Töpfchen, die Schlechten ...
- *Qualifikation:* Lesen, Schreiben, Rechnen usw.
- *Integration und Legitimation:* Wir sind ein Volk! Wir lieben unser Vaterland, unsere Form der Demokratie, die deutsche Sprache und Kultur, und jetzt werden wir auch gute Europäer.

Dass die funktionalistische Perspektive implizit einen Konfliktansatz enthält, lässt sich am Beispiel der Notengebung erläutern. Noten und Abschlüsse dienen der Selektion. Doch sie beeinträchtigen die Qualifikationsfunktion, da schlechte Noten motivations- und leistungsbehindernd wirken. Außerdem schwächen sie die Integration, da die Ausglie-

M 16 Strukturelle Verkoppelung von Institutionen

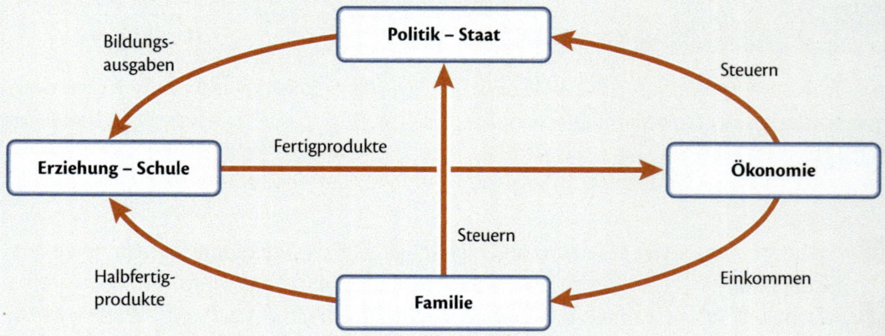

Nach: Klaus Feldmann: Soziologie kompakt, 4. Aufl. Wiesbaden 2006, S. 189 ff., 244 ff.

derung von Unterschicht- und Migrantenkindern über schlechte Noten und die Versonder- und Verhauptschulung Exklusion und Vorurteile verfestigt.

Klaus Feldmann, Soziologie kompakt, 4. Aufl. Wiesbaden 2006, S. 189 ff., 244 ff.

M 17 Reproduktion sozialer Ungleichheiten durch das Bildungssystem

Im vergangenen Jahrhundert hat sich hierzulande die Bildungsbeteiligung signifikant erhöht. Trotzdem weisen Bildungsforscher immer wieder darauf hin, dass nicht allen Kindern der Zugang zu Schulformen gleichermaßen offen steht. Durch die Veröffentlichung der PISA-Ergebnisse (...) gewann das Thema soziale Disparitäten in der Bildungsbeteiligung und dem Kompetenzerwerb signifikant an Bedeutung in der bildungssoziologischen und -politischen Debatte. Im Rahmen der PISA-Studie wurde der sozioökonomische und kulturelle Hintergrund der Schüler erfasst und in Verbindung mit den erlangten Kompetenzen gesetzt. In Deutschland zeigte sich insbesondere bei den Erhebungen zur ersten und zweiten PISA-Studie, dass zwischen der sozialen Herkunft und dem erlangten Kompetenzniveau ein besonders enger Zusammenhang besteht im Vergleich zu anderen OECD-Staaten.

Bei der Betrachtung von Familien im generationsübergreifenden Kontext fällt auf, dass ein bestimmter sozioökonomischer Status über Generationen hinweg bestehen bleibt und somit zu einer stringenten Reproduktion der Sozialstruktur führt.

Die schulische Ausbildung entscheidet maßgeblich über die weitere soziale und berufliche Entwicklung der Kinder. Da die Schule entscheidend für die weiteren Entwicklungswege der Kinder ist, sollten Schülerinnen und Schüler unabhängig von ihrer Herkunft möglichst ähnliche Chancen erhalten, erfolgreich am Schulsystem partizipieren und ein hohes Kompetenzniveau erlangen können. Die Chancengleichheit der Kinder, am Bildungssystem gleichermaßen zu partizipieren, ist an deutschen Schulen nicht gegeben.

Phillip Legrand: Die Reproduktion sozialer Ungleichheiten im deutschen Schulsystem – Mythos Chancengleichheit, in: Tabula rasa 43/2011, http://www.tabularasa.de (Zugriff: 10.9.2012)

PISA: Programme for International Student Assessment (Programm zur internationalen Schülerbewertung). Dabei handelt es sich um internationale Schulleistungsuntersuchungen der OECD, die seit dem Jahr 2000 in dreijährigem Turnus vor allem in den meisten Mitgliedstaaten der OECD durchgeführt werden. Sie haben zum Ziel, alltags- und berufsrelevante Kenntnisse und Fähigkeiten 15-Jähriger zu messen

M 18 Anteile der 15-jährigen Schüler

nach Schichtzugehörigkeit und Bildungsgang bei PISA 2000 in Prozent

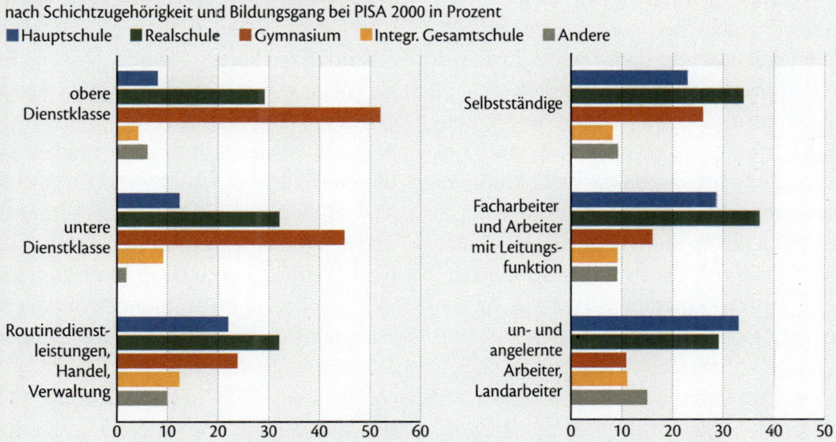

Nach: Phillip Legrand: Die Reproduktion sozialer Ungleichheiten im deutschen Schulsystem–Mythos Chancengleichheit, in: Tabula rasa 43/2011

1 Erläutern Sie die Funktionen der Institution Erziehung.

2 Analysieren Sie **M 15**, **M 17** und **M 18** im Hinblick auf ihre Aussagen zur Erfüllung der Funktionen durch das deutsche Bildungssystem.

3 Nehmen Sie zu den festgestellten Trends Stellung.

So informieren und unterhalten wir uns! – Massenmedien

Die Medien haben im letzten Jahrhundert die Gesellschaft revolutioniert. „Alles, was wir wissen, wissen wir durch die Massenmedien" – dieser provokative Satz Niklas Luhmanns (s. S. 46) bringt die Umwälzung auf den Punkt. Auch unser Wissen über die Gesellschaft, über Kontakte mit anderen, über Rituale, Normen, Werte, Liebe und Tod wissen wir demnach heute über die Medien.

Grundgesetz Art. 5 Abs. 1:
Jeder hat das Recht, seine Meinung in Wort, Schrift und Bild frei zu äußern und zu verbreiten und sich aus allgemein zugänglichen Quellen ungehindert zu unterrichten. Die Pressefreiheit und die Freiheit der Berichterstattung durch Rundfunk und Film werden gewährleistet. Eine Zensur findet nicht statt.

M 19 Aufgaben und Funktionen der Medien

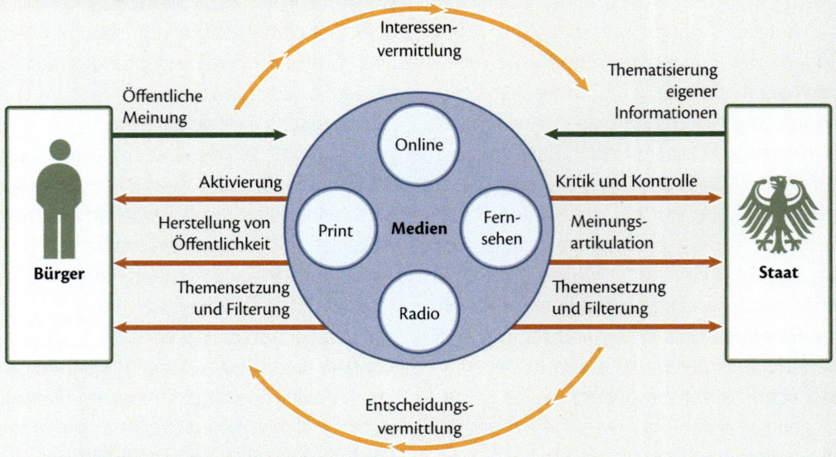

Quelle: Bundeszentrale für politische Bildung, 2009, www.bpb.de

M 20 Massenmedien

Wenn über „Funktionen der Massenmedien" gesprochen wird, geht es in der Regel um Leistungen (oder Nicht-Leistungen) des Systems Massenkommunikation für die Gesamtgesellschaft oder für bestimmte Teilsysteme, um politische, ökonomische und soziale Funktionen und damit sehr schnell um Forderungen an die Massenmedien.

Zu den politischen Funktionen der Massenmedien gehört neben der Kritik- und Kontrollfunktion und der politischen Bildung vor allem das Herstellen von Öffentlichkeit.

Jürgen Gerhards und Friedhelm Neidhardt haben Öffentlichkeit als „Diskussionssystem" beschrieben, an dem prinzipiell alle Mitglieder der Gesellschaft teilnehmen können (in der Regel natürlich als Publikum), als ein System, in dem Informationen, Meinungen und Interessen aufgenommen, verarbeitet und artikuliert werden – ein System, in dem zwischen Bürgern und politischem System vermittelt wird und in dem nicht nur die Themen und Probleme ausgehandelt werden, mit denen sich die Herrschaftsträger beschäftigen müssen, sondern auch die Richtung, in der dies zu geschehen hat. Gerhards und Neidhardt unterscheiden dabei zwischen drei Öffentlichkeitsebenen: „kleine Öffentlichkeiten" (Gespräche im Bus, in der Bahn, am Arbeitsplatz), Veranstaltungsöffentlichkeit und Massenmedienkommunikation, wobei sie die dritte Ebene in komplexen Gesellschaften als die einzige Möglichkeit sehen, Öffentlichkeit herzustellen, da diese die Teilnahme aller voraussetze (wenigstens eine allgemeine Wahrnehmung).

Als zentrale Leistung der Massenmedien wird daneben ihre Sozialisationsfunktion gesehen. Massenmedien vermitteln Werte, Normen und Muster für soziale Rollen, sie prägen kulturelle Leitbilder und tragen damit zum sozialen Wandel bei. Eng verbunden mit der Sozialisationsfunktion sind die Orientierungs- und die Integrationsfunktion.

Massenmedien ermöglichen das Zurechtfinden in einer komplexen Umwelt und vermitteln zugleich das Gefühl, zu einer bestimmten Gruppe, einer bestimmten Gemeinschaft dazuzugehören.

Michael Meyen: Massenmedien, in: Jürgen Hüther/Bernd Schorb (Hg.): Grundbegriffe Medienpädagogik, 4. Aufl. München (kopaed) 2005, S. 230 f.

M 21 Leistungskatalog des Mediensystems für andere Teilsysteme der Gesellschaft

Leistungen des Mediensystems für das ...

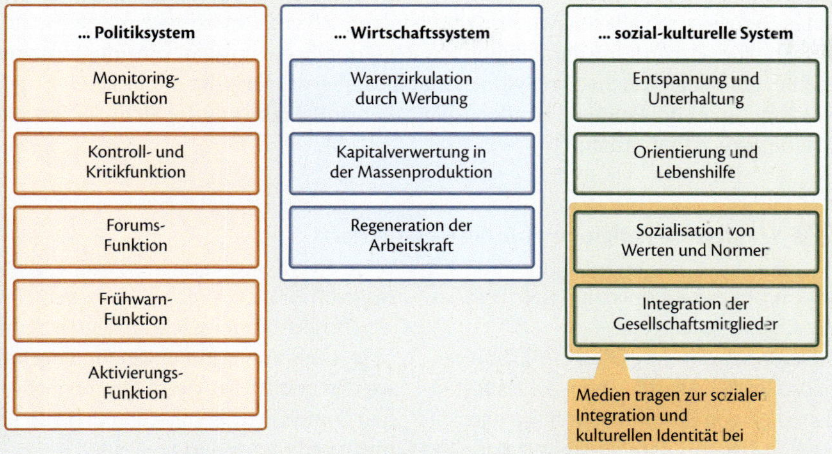

Nach: Wolfgang Seufert, http://www2.uni-jena.de/oeko/SS%202012/Vorlesung/Vorl12_5%20[Kompatibilitaetsmodus (Zugriff: 16.9.2012)

M 22 Medienkultur

Moderne Gesellschaften sind in immer größerem Maße zu Mediengesellschaften geworden. Die Deutschen verbringen heute im Durchschnitt gut sechs Stunden täglich mit massenmedialer Kommunikation, wogegen sie nur etwa eineinhalb Stunden personal, von Angesicht zu Angesicht, kommunizieren. Massenmedien durchdringen allgegenwärtig den modernen Alltag, und diese Entwicklung ist es, die den Begriff der „Mediengesellschaft" rechtfertigt. Der Zeichen- und Wahrnehmungsraum, der durch die Medien umschrieben wird, definiert den Menschen ihre Selbstverständlichkeiten und Normalitäten. Das hat stets zugleich zwei mögliche Konsequenzen, die auch empirisch beobachtbar sind. Zum einen fungiert der Mediendiskurs als Befestigung des kulturellen Status quo. Mediensysteme sind heute in der Regel marktförmig organisiert, und die Anbieter müssen darauf achten, dass sie die Erwartungen des Publikums möglichst genau bedienen. Erwartungen, Normalitätsvorstellungen, Werte und Sinnkonstrukte werden somit stabilisiert und auf Dauer gestellt. (...)

Die Medien führen uns – beinahe rituell – die geltenden Selbstverständlichkeiten in immer wieder neuer Form vor und halten sie somit im kulturellen Gedächtnis lebendig. Medien dienen somit der Traditionssicherung politischer Kulturen.

Auf der anderen Seite bewirkt die Verstärkerfunktion, dass bestimmte Veränderungstendenzen zunehmen – wenn sie von einflussreichen Akteuren aufgegriffen werden oder aufgrund ihres Aufmerksamkeitswertes besonders mediengängig sind. Daher können Medien immer auch Verstärker von Wandlungsprozessen sein. Dies geschieht, indem sie etwas „Neues" – eine neue Wertpräferenz, einen neuen Way of Life – immer wieder in den öffentlichen Wahrnehmungsraum bringen, dadurch „normalisieren" und bei anderen Teilen der Bevölkerung Akzeptanz erzielen.

Andreas Dörner/Ludgera Vogt: Unterhaltungskultur als politische Kultur: Politikvermittlung in der Gegenwartsgesellschaft, in: Dies. (Hg.): Unterhaltungsrepublik Deutschland. Bonn (Bundeszentrale für politische Bildung) 2012, S. 16

1. Stellen Sie die Funktionen der Medien aus den Materialien zusammen.
2. Analysieren Sie eine Folge einer Daily Soap im Hinblick auf „Erwartungen, Normalitätsvorstellungen, Werte und Sinnkonstrukte".
3. Nehmen Sie auf dieser Grundlage zur These von der Systemstabilisierung durch die Medien Stellung.

So glauben wir! – Religion als soziale Institution

Religion ist Privatsache – diese in der Aufklärung aufgekommene und in Deutschland durch Friedrich den Großen bekannt gewordene Haltung ist bei weitem nicht weltweites Gemeingut. Viele Staaten sind durch folgende Verhältnisse gekennzeichnet: weitgehende Verbannung der Religion aus der Öffentlichkeit wie in kommunistischen Staaten, die Pflege von Staatsreligionen und die Unterwerfung der öffentlichen Angelegenheiten unter die Religion. In allen Fällen aber ist Religion aus der Sicht der Soziologie eine soziale Institution.

Sigmund Freud (1856–1939), Nervenarzt und Begründer der Psychoanalyse

M23 Was leisten Religionen für die Gesellschaft?

Warum gibt es Religionen und welche sozialen Aufgaben erfüllen sie?

A. Freud hat der Religion die Aufgabe der *Triebkontrolle* zugeschrieben: Sie habe die Menschen vom Inzest und vom Kannibalismus abgehalten. Götter seien übergroße Elternfiguren. Erst durch eine kulturelle Entwicklung, in der diese kollektive Infantilität abgelegt werde, erübrige sich die Religion. Man könnte Freuds Perspektive als Konfliktansatz einordnen, wobei Religion fundamentale psychische und soziale Konflikte zu lösen versucht und dadurch neue Konflikte erzeugt.

B. Nach Harris sind die tötungsfeindlichen Religionen (Parsismus in Persien, Dschainismus und Buddhismus in Indien, Christentum) unter anderem aufgrund der *Knappheit* an Fleisch entstanden, wodurch die weit verbreitete Praxis ritueller Schlacht- und Umverteilungsfeste erschwert wurde. Außerdem erwies sich das Versprechen, statt materieller Belohnungen (Fleischverteilung) ein gutes Leben im Jenseits zu erlangen, als sehr kostengünstige Motivationsstrategie.

C. Nach Durkheim (s. S. 88) verehren Menschen in Religionen ihre eigene Gesellschaft, er sah ein religiöses Kollektivbewusstsein für den Erhalt einer Gesellschaft als notwendig an. Mitglieder einer Gruppe benötigen ein verbindliches Wertsystem und Riten (regelmäßige gemeinsame Handlungen), damit der Zusammenhalt und die erfolgreiche Wirklichkeitsbewältigung garantiert seien.

Durkheim definierte Religion durch drei Bestimmungen:

1. Alle Dinge sind entweder *heilig* oder weltlich (profan).
2. Die heiligen Dinge sind in *ritualisierten Kontexten* eingeordnet.
3. Es gibt eine religiöse *Gemeinschaft*, z. B. eine Kirche.

Es gibt keine allgemein verbindliche Definition von Religion. Giddens (s. S. 13) meint, dass man von Religion sprechen kann, wenn *Rituale*, also gleichförmige regelmäßig wiederholte gemeinsame Handlungen, durchgeführt werden und ein Set von zusammenhängenden Symbolen, die mit Gefühlen der Ehrfurcht verbunden sind, vorliegt.

Funktionalistisch gesehen erfüllt Religion

- Aufgaben der Wertgebung und -erhaltung,
- der Integration der Menschen in eine Gemeinschaft,
- der sozialen Kontrolle,
- der Kompensation und Enttäuschungsverarbeitung und
- der Identitätsbildung.

Die soziale Steuerung durch die Religion kann eine allgemein erwünschte Funktion sein, wenn sie z. B. Menschen von abweichendem Verhalten abhält, sie kann jedoch auch als unerwünscht gelten, wenn die Normen der Religionsgemeinschaft in Widerspruch zu rechtlichen oder allgemein anerkannten Verhaltensregeln stehen. Krasse Fälle solcher abweichender Religionsgemeinschaften waren kleine amerikanische Gruppen, deren Mitglieder kollektiv Selbstmord begangen haben, oder eine japanische Sekte, die terroristische Anschläge verübte.

Im Rahmen eines *Konfliktansatzes* kann man Religionen als Kampf- und Distinktionsmittel zwischen sozialen Gruppen, Völkern und Kulturen sehen. Religionen dienten zu Herrschaftszwecken, sie legitimierten soziale und politische Ordnungssysteme, die für die jeweiligen herrschenden Klassen eingerichtet worden waren. Ägyptische Pharaonen und römische Kaiser machten sich zu Göttern. In früheren Jahrhunderten wurden die europäischen Könige und Kaiser mit dem Segen der jeweiligen Kirche ausgestattet. Dem König den Gehorsam zu verweigern, hieß Gott den Gehorsam zu verweigern. Nach Marx ist Religion Opium für das Volk, d. h., sie dient der Verschleierung von Klassen- oder Gruppenkonflikten im Interesse der herrschenden Klasse.

Aus einer Perspektive des *Interaktionismus* fällt der Blick auf das religiöse Verhalten, vor allem auf den Symbolgebrauch: Kreuz, Lamm, Fisch, Halbmond, Kuh. Es werden Gegenstände und Lebewesen hervorgehoben, für heilig erklärt. Menschen versammeln sich an vorgesehenen Orten und führen dort gleichbleibende Handlungen aus: Ritualisierung. Die Symbole und die Handlungen sind in einen Glaubenszusammenhang eingeordnet, der durch Kommunikation entstanden ist und dann festgeschrieben wurde. Eine bedeutsame Rolle spielen religiöse Erweckungserlebnisse. Die Kinder werden in diese Rituale und Symbolwelten eingeführt und somit wird ihre Weltsicht strukturiert. Die religiösen Funktionäre versuchen, durch kanonisierte heilige Schriften den ständigen Umdeutungen entgegenzutreten. Es wird vorgeschrieben, dass in Ritualen jede Bewegung und jedes Wort an der gleichen Stelle bleiben muss. Kreative Veränderungen in Bewegungen, Worten und Sätzen werden bestraft. Doch durch solche rigiden Regelungen kann Reaktanz provoziert werden, es kommt zu Abweichungen und Abspaltungen.

In Religionsgemeinschaften gewinnen Gläubige sozialen Halt, Geborgenheit, Antworten auf zentrale Sinnfragen und Gesundheit. Die meisten werden in Religionsgemeinschaften hineingeboren, darin sozialisiert, sie werden für sie quasi-natürlich. Diese traditionelle Bindung hat jedoch an Stärke verloren. Denn über 40 Prozent der US-Amerikaner verlassen die Religionsgemeinschaft, in der sie ursprünglich sozialisiert worden sind, und die meisten schließen sich dann wieder einer anderen an.

Religionen müssen heute mit einem großen Angebot an Weltdeutungen, vor allem wissenschaftlichen, politischen, künstlerischen und von den Medien hervorgebrachten, konkurrieren. Wieso können sich dann religiöse Deutungssysteme überhaupt noch halten? Eine Reihe von Antworten können gegeben werden:

- Sie werden in Gemeinschaften über Generationen weitergegeben und vermitteln damit Geborgenheit und Sicherheit (Sozialisation).
- Sie bieten gemeinschaftsgestützte Deutungen und Rituale für die wichtigen Übergänge und Stationen des Lebens: Geburt, Übergang ins Erwachsenenalter, Heirat, Kindererziehung, Krankheit, Partnerverlust, Tod (Institutionalisierung).
- Sie dienen der Affektsteuerung und Angstbewältigung (z. B. Angst vor dem Tod, Schuld- und Verlusterfahrungen), indem sie eine Hinterwelt, ein Jenseits, eine transzendente Sphäre konstruieren, in der menschliche Probleme gelöst werden (kompensatorische Funktionen)
- Sie sind mit einem verbindlichen Moralkodex und Handlungsanweisungen verbunden. So erfolgt eine Sinngebung für Unrecht, Leid, Tod und Schicksalsschläge (Stabilisierung des Wertsystems).
- Sie bleiben stabiler als politische, wissenschaftliche oder über die Massenmedien gestützte Deutungssysteme (Traditionen, Dogmen).
- Sie sind einfacher und umfassender als die wissenschaftlichen Systeme (kollektive Weltdeutung, Kosmisierung)
- Sie dienen den Interessen bestimmter Gruppen, z. B. viele Religionen stützen das Patriarchat oder die oberen Schichten (Stabilisierung von Herrschaft).
- In Religionsgemeinschaften erhalten Mitglieder soziale und ökonomische Gratifikationen (Nutzenaspekt).

Klaus Feldmann: Soziologie kompakt, 4. Aufl. Wiesbaden 2006, S. 297 ff.

Opfergaben bei einer buddhistischen Mönchszeremonie in Laos

1 Stellen Sie die Funktionen der Religion aus dem Text **M 23** zusammen.

2 Analysieren Sie ein religiöses Ritual (z. B. eine Beerdigung) im Hinblick auf seine Funktionen.

3 Nehmen Sie auf dieser Grundlage zur These von der Systemstabilisierung durch die Religion Stellung.

So bleiben wir gesund! – Medizin als soziale Institution

„Gesundheit" und „Krankheit" sind besonders prägnante Lebenschancen bzw. Lebensrisiken. Sie betreffen jeden Menschen und sind deshalb für die Gesellschaft besonders wichtig. Ihre Regelung beansprucht vielfältige gesellschaftliche Ressourcen, und ihr Regelsystem kennzeichnet nachhaltig die Gesellschaft. Wenn man Medizin rein naturwissenschaftlich versteht, hat Gesundheit scheinbar mit der Soziologie nichts zu tun. Bei näherer Betrachtung sind jedoch viele medizinische Fragestellungen nur zu lösen, wenn man die gesellschaftliche Perspektive einbezieht.

M24 Gesundheit und Krankheit

Im Verlauf des 20. Jahrhunderts hat in Bezug auf Gesundheit ein umfassendes Umdenken stattgefunden, dem die Weltgesundheitsorganisation (WHO) mit ihrem wegweisenden Gründungsdokument vom 22.7.1946 den nachhaltigsten Ausdruck verliehen hat. Darin wird die mittlerweile weithin bekannte Definition formuliert, dass Gesundheit ein Zustand vollständigen körperlichen, psychischen und sozialen Wohlbefindens sei und nicht ausschließlich die Abwesenheit von Krankheit, Behinderung und Gebrechen (WHO).

Dieser Definition sind in Bezug auf das klassisch medizinisch naturwissenschaftliche Verständnis von Gesundheit und Krankheit drei entscheidende Paradigmenwechsel zugrunde gelegt. Der eine besteht darin, dass Gesundheit nicht einfach als der undefinierbare, geisterhafte Gegenpol von Krankheit gesehen wird – eben als die Abwesenheit von etwas –, sondern im positiven, affirmativen Sinn als Wohlbefinden (positive Gesundheit) definiert wird. Sie stellt eine eigenständige Dimension des menschlichen Lebens dar, die auch unabhängig von Krankheit und sogar bei völliger Abwesenheit von Krankheit gesteigert oder vermindert werden kann.

Dieses Verständnis geht auf die Arbeiten von Aaron Antonovsky zurück, der Gesundheit als Ressource begreift und Prozesse, die auf die Entstehung dieser Ressource abzielen, mit dem Begriff der „Salutogenese" versieht. Der Vorteil dieser Konzeption besteht darin, dass sie neben allen Risikofaktoren, die pathogene Prozesse einleiten, den Blick auch auf die salutogenen, gesundheitsförderlichen Prozesse richtet. Es sind daher Prozesse denkbar, die gleichzeitig Gesundheit und Krankheit steigern oder verringern.

Interessant ist dies deshalb, weil die Differenz gesund/krank als Code und Leitdifferenz jenes modernen Funktionssystems, das sich mit Gesundheit und Krankheit beschäftigt, in der zweiten oder reflexiven Moderne offenbar eine Umdeutung erfahren hat, die zu einer Neubestimmung der Gesundheit geführt hat. Während im medizinisch dominierten System der Krankenversorgung „krank" der Anschluss- und „gesund" der Reflexionswert dieser Differenz ist, scheint sich ein paralleles Funktionssystem in Ansätzen oder schon weit darüber hinaus herausgebildet zu haben, welches umgekehrt „gesund" als den Anschluss- und „krank" als den Reflexionswert verwendet. Während in der Krankenbehandlung Systemereignisse, z. B. ärztliches Handeln, immer nur dann möglich sind, wenn Krankheit vorliegt, wäre ein „Gesundheitssystem" ganz auf die Erhaltung und Steigerung von Gesundheit gerichtet und daran orientiert.

Gesundheit und Krankheit werden folglich nicht länger als zwei sich gegenseitig ausschließende Zustände betrachtet, sondern sind unauflöslich miteinander verwoben, indem sie einander in einem orthogonalen (rechtwinkligen) Verhältnis gegenüberstehen. Dies bedeutet einerseits, dass Krankheit immer ein Minimum an Gesundheit voraussetzt und dass Menschen, solange sie am Leben sind, über ein Minimum an Gesundheit verfügen. Andererseits gilt, dass bei zunehmender Krankheit ein Verlust an Gesundheit stattfindet, während die Gesundheit hingegen auch unabhängig von „relativer Krankheit" gesteigert werden kann. Querliegend dazu kann zwischen einer subjektiven und einer „objektiven" (professionellen) Bewertung der Gesundheit unterschieden werden, wobei mit der subjektiven Bewertung das individuelle Wohlbefinden in den Vordergrund, die professionelle Bewertung (Diagnosen und Befunde) hingegen in den Hintergrund rückt.

Robert Griebler/Wolfgang Dür: Gesundheit und Gesellschaft, o. J., in:http://lbihpr.lbg.ac.at/webfm_send/11 (Zugriff: 22.9.2012)

Salutogenese: Konzept, das sich auf Faktoren bezieht, die zur Entstehung (Genese) und Erhaltung von Gesundheit führen

M25 Alltagstheorien von Gesundheit und Krankheit

Die Theorie des Übernatürlichen

Geister oder Dämonen wurden in verschiedenen Kulturen als Verursacher von Krankheiten angesehen. Auch im Christentum wurde Krankheit häufig als Bestrafung durch Gott verstanden. Anhänger der Theorie des Übernatürlichen wandten sich gegen Wissenschaft und Demokratisierung. Krankheit, Armut und die sozialen Bedingungen von Ungleichheit wurden als gottgegeben angesehen.

Die Ansteckungstheorie

Sie war schon in der Antike und im Mittelalter bekannt, als man noch keine Kenntnisse von Bakterien und Viren hatte. Der „schlechte“ bzw. fremde Geruch oder Berührungen von Menschen, die an sichtbaren Körperstörungen oder -deformationen litten, waren verdächtig. Man versuchte durch Quarantäne, also durch Isolation der Kranken von den Gesunden, eine weitere Verbreitung von Seuchen und Krankheiten zu verhindern. Leprakranke wurden in verschiedensten Kulturen (z. B. in Indien auch heute noch) als Außenseiter angesehen und in isolierten Gruppen gehalten. Diese Sichtweise war häufig gekoppelt mit Fremdenfeindlichkeit und Vorurteilen gegenüber Minderheiten oder negativ besetzten Gruppen.

Die Theorie der Keime, Bakterien und Viren

Diese über die wissenschaftliche Forschung ins Alltagsbewusstsein gelangte Sichtweise überschneidet sich mit der Ansteckungstheorie, ist jedoch nicht mit ihr identisch. Menschen sehen sich, ihr Inneres und ihre Wohnung als Schlachtfeld, Myriaden von bösen Lebewesen sind eingedrungen und werden von den guten eigenen Kräften – oder von medizinischen und hygienischen Hilfstruppen – bekämpft. Hinter diesen Annahmen stehen teilweise wissenschaftliche Theorien, teilweise gesundheitsschädigende Fehl- und Vorurteile. Außerdem begünstigt diese Sichtweise diffuse Gefühle der Ohnmacht und des Ausgeliefertseins, hypochondrische Reaktionen, z. B. Waschzwänge, und Ängste.

M26 Umweltbedingungen

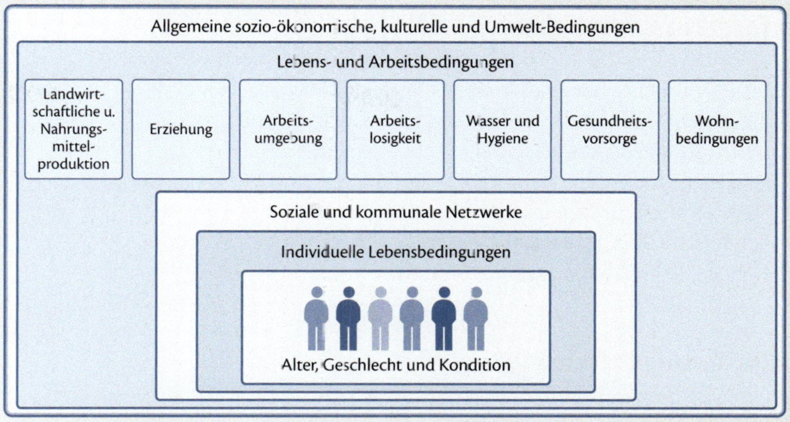

Nach: Dahlgren und Whitehead

Theorie des persönlichen Verhaltens und des Lebensstils

Schon in der Antike wurden Ernährung, körperliche Übungen, Sauberkeit und richtige emotionale Befindlichkeit als entscheidend für Gesundheit angesehen. Im 19. und 20. Jahrhundert überschwemmte eine Flut von Verhaltenskatalogen zur Verhinderung von Krankheiten den Markt. In der Regel wurde ein bürgerliches Leben als gesundheitsfördernd angesehen. Der Glaube an individuelle Freiheit und Selbstbeherrschung war für Vertreter dieser Richtung entscheidend. Im Zeitalter der Individualisierung werden Rauchen, Stress, zu fette Ernährung etc. zu zentralen Krankheitsursachen erklärt, und der Einzelne wird bei entsprechenden Erkrankungen verantwortlich gemacht. Nach Elias wurde im Laufe der Zivilisation Selbstkontrolle im Vergleich zu Fremdkontrolle bedeutsamer. Die individuelle Ursachenzuschreibung begünstigt Ablehnung oder Verdrängung der Suche nach strukturellen gesellschaftlichen Ursachen und Rechtfertigung der sozialen Ungleichheit.

Kosmos- und Umwelttheorien

Kosmos- und Umwelttheorien sind so alt wie die Menschheit. In vielen Kulturen wurden Verbindungen zwischen den Basiselementen (Wasser, Erde, Feuer etc.) und dem Körper und seinen Teilen hergestellt.

Klaus Feldmann: Soziologie kompakt, 4. Aufl. Wiesbaden 2006, S. 321 f.

1. Stellen Sie die Funktionen des Gesundheitssystems aus **M 24** zusammen.
2. Analysieren Sie von Ihnen gesammelte Alltagstheorien über Krankheiten unter Zuhilfenahme von **M 25**.
3. Nehmen Sie Stellung zu den sozialen Funktionen solcher Alltagstheorien.

Kompetenzcheck

Anforderungsbereich I:

- Benennen Sie die Merkmale sozialer Organisationen.
- Benennen Sie die Merkmale bürokratischer Organisationen.
- Stellen Sie die Merkmale sozialer Institutionen dar.
- Skizzieren Sie die Organisationsform des Taylorismus in der Wirtschaft.
- Stellen Sie den Human-Relations-Ansatz dar.
- Beschreiben Sie Konzepte von Macht.
- Nennen Sie Typen von legitimer Herrschaft.

Anforderungsbereich II:

- Charakterisieren Sie die Systemtheorie der Organisation.
- Erläutern Sie, wie Institutionalisierung abläuft.
- Erläutern Sie den Typus demokratische Herrschaft in seinen Besonderheiten.
- Erklären Sie Besonderheiten politischer Institutionen.
- Erläutern Sie Besonderheiten der Erziehung/Bildung als Institution.
- Fassen Sie die Funktionen der Erziehung zusammen und nehmen Sie Stellung zur Erfüllung dieser Funktionen im aktuellen Bildungssystem Ihres Bundeslands.
- Erläutern Sie die Funktionen der Massenmedien.
- Erklären Sie den Begriff der Mediengesellschaft.
- Erläutern Sie die Funktionen der Religion als sozialer Institution.
- Arbeiten Sie die Besonderheiten der Medizin als sozialer Institution heraus.

Anforderungsbereich III:

- Beurteilen Sie die These Luhmanns, wonach soziale Organisationen sich aus Systemgründen selbst stabilisieren und auch selbst zu erhalten versuchen.
- Beurteilen Sie, inwiefern die Ansätze der betrieblichen Organisation in der Organisation eines Sportvereins oder eines anderen Vereins geeignet sind.
- Nehmen Sie Stellung zu der Frage, ob den Medien zu viel Macht zukommt.
- Bewerten Sie, inwiefern das Gesundheitssystem derzeit in Deutschland seinen Funktionen gerecht wird.

7 Wie ist Gesellschaft? – Gesellschaftstheorien

Die Frage, wie Gesellschaft eigentlich ist, hat in der Vergangenheit nicht nur zu wissenschaftlichen Auseinandersetzungen geführt. Denn diese Frage kann auch die Perspektive beinhalten, ob die Gesellschaft so, wie sie ist, sein und bleiben sollte. Gesellschaftstheorie hat häufig den gesellschaftlichen Wandel in den Blick genommen und für sich in Anspruch genommen, diesen vorhersagen oder sogar beeinflussen zu können. Der Blick von Gesellschaftstheorie richtet sich dabei nicht mehr nur auf bestimmte Segmente, Gruppen oder Populationen, sondern wieder verstärkt auf die Gesamtgesellschaft. Es gilt, neue Zusammenhänge zu erforschen, die durch Paradoxien und veränderte Unsicherheiten geprägt sind.

Wie die Gesellschaft funktioniert – Funktionalismus

Die Frage, wie Gesellschaft ist, kann man dadurch beantworten, dass man versucht, ihre Funktionsweise zu erklären. Dabei stellt sich die Frage, ob der Gesellschaft eine bestimmte Ordnung eigen ist und wie sie aufrechterhalten wird. Diesen Weg sind viele Soziologen gegangen. Theoriebildend hat sich unter ihnen besonders der US-Amerikaner Talcott Parsons (s. auch S. 46/47) hervorgetan.

Talcott Parsons (1902–1979), US-amerikanischer Soziologe

M1 Ordnung und ihr Gegenteil

Auf die leitende Frage, wie es denn zu einem geordneten und dauerhaften Zusammenleben von Menschen komme, fand Parsons im kulturanthropologischen *Funktionalismus* grundlegende Antworten, die auch mit Grundannahmen von Emile Durkheim (s. S. 88) übereinstimmen. Nach deren Auffassung nämlich ist das Zusammenleben durch die *institutionalisierten Elemente der Kultur* (z. B. Werte, Normen, Institutionen, Rollen, Handlungsmuster, Symbolsysteme) so vorstrukturiert, dass nicht nur die Befriedigung individueller Bedürfnisse, sondern auch die Bewältigung immer wiederkehrender Aufgaben und Probleme der Gruppe oder Gesellschaft (z. B. Erziehung, Nahrungsversorgung, Sicherheit) gewährleistet sind. Bei dieser Annahme wird vorausgesetzt, dass die normativen Elemente der Kultur ein – wie auch immer zustande gekommenes – Gefüge von funktionalen Handlungsmöglichkeiten (*normative Struktur*) darstellen und deren konsequente Umsetzung in konforme Handlungen jene gesellschaftlichen Prozesse ausmachen, die in ihrer Gesamtwirkung (*Funktion*) eben die Bewältigung der gesellschaftlichen Grundprobleme und schließlich den Fortbestand des jeweiligen Sozialsystems hervorbringen.

Als *Grundprobleme*, die in jedem Sozialsystem von relativer Dauer bewältigt werden müssten, sieht Parsons die folgenden vier: die Verknüpfung der normativen Elemente und der verschiedenen Handlungen im System zu einem funktionalen Ganzen (engl. *Integration*), die Erhaltung und Tradierung dieser Ordnung (engl. *Latent pattern maintenance*), die Erreichung individueller und kollektiver Ziele (engl. *Goal attainment*) und schließlich die Anpassung der Strukturen und Prozesse des Systems an sich verändernde Einflüsse, Anforderungen oder Bedingungen seiner Umwelt (engl. *Adaptation*).

Dieses allgemeine Raster von zu bewältigenden Grundproblemen oder bestandsnotwendigen Funktionen, das nach den Anfangsbuchstaben der engl. Begriffe kurz als AGIL-Schema bezeichnet wird (s. M 2), kann man, nach Parsons, zur *funktionalen Analyse* bestehender Sozialsysteme benutzen. Diese hat nach R. K. Merton die Aufgabe, die verpflichtenden kulturellen Elemente und gewollten Handlungen und/oder die tatsächlichen Handlungen und Prozesse in einem (Sozial-)System daraufhin zu überprüfen, ob und für welches dieser Probleme sie etwas zur Bewältigung beitragen (d. h. *funktional* sind), dies nicht tun (d. h. *funktional neutral* sind) oder gar die Problembewältigung stören oder behindern (d. h. *dysfunktional* sind). Darüber hinaus ist zu ermitteln, ob diese Funktionen oder Dysfunktionen den Handelnden bewusst sind (*manifeste* Funktionen) oder nicht (*latente* Funktionen).

Parsons benutzt dieses AGIL-Schema auch zur analytischen Differenzierung von Bereichen (*Subsystemen*) der Realität. So erwartet er L-Funktionen vom *kulturellen*, I-Funktionen vom *sozialen*, G-Funktionen vom psychischen (oder *Persönlichkeits-*) und A-Funktionen vom *Organismus-System*. Auch das Sozialsystem Gesellschaft lässt sich in ein wirtschaftliches (A-Funktion), politisches (G-Funktion), sozio-kulturelles (L-Funktion) Subsystem und in die gesellschaftliche Gemeinschaft (I-Funktion) aufgliedern.

Bernhard Schäfers (Hg.): Grundbegriffe der Soziologie, Opladen (Leske und Budrich) 2003, S. 343 ff.

M 2 AGIL-Schema

Legende
F = Faktor **I** = Intelligenz **AB** = Affektive Bindung
P = Produkt **H** = Handlungskapaziät **D** = Definition der Situation

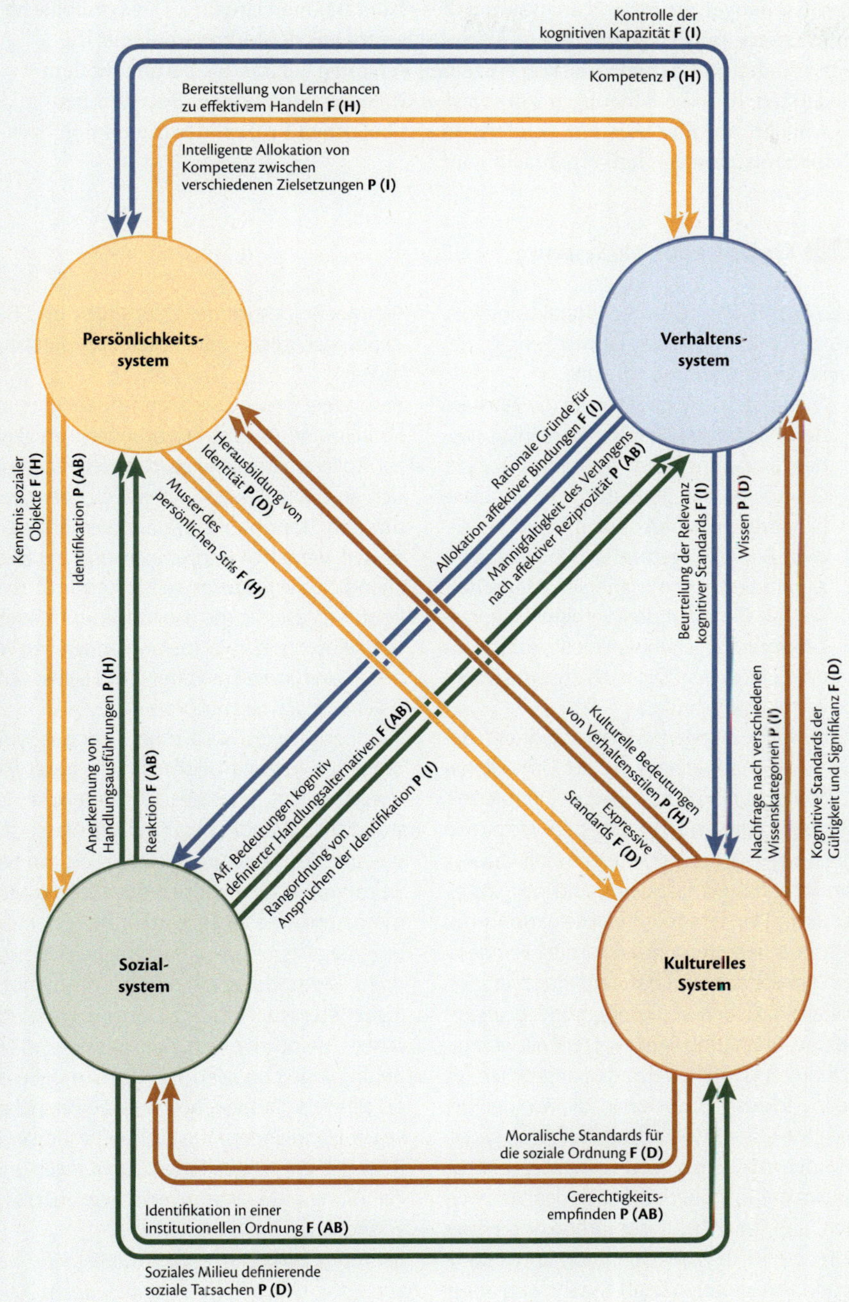

Nach: Richard Münch: Soziologische Theorie, Band 3: Gesellschaftstheorie, Frankfurt/New York: Campus 2004, S. 103

Das **AGIL-Schema** (auch: Vierfelderschema) ist ein systemtheoretisches Modell, das die vier Funktionen (s. M 1) zusammenfasst, die ein Handlungssystem erfüllen muss, wenn es bestehen will.

1 Erarbeiten Sie arbeitsteilig den Ansatz der einzelnen Theorien (M 1 bis M 8). Berücksichtigen Sie bei der Erarbeitung besonders die folgenden Aspekte:
- Wie erklärt die Theorie den gesellschaftlichen Zusammenhalt?
- Welche Maßstäbe legt die Theorie an die Gesellschaft an?
- Wie erklärt oder begreift die Theorie gesellschaftliche Veränderung?

2 Bereiten Sie eine Präsentation für den Kurs vor und führen Sie sie durch.

Wie die Gesellschaft interagiert – Symbolischer Interaktionismus

Talcott Parsons (s. S. 120/121) geht davon aus, dass die Interaktionen, die Beziehungen der Menschen untereinander, die Gesellschaft ausmachen. Diesen Ansatz verfolgen andere Soziologen weiter und analysieren diese Interaktionen genauer. Der symbolische Interaktionismus als soziologische Theorie stammt aus der Mikrosoziologie, die sich mit der Interaktion zwischen einzelnen Personen befasst. Sie beruht auf dem Gedanken, dass die Bedeutung von sozialen Objekten, Situationen, Beziehungen usw. nicht „objektiv" existiert, sondern im symbolischen Prozess der Interaktion bzw. Kommunikation erst hervorgebracht wird.

M3 Organisation als System

Herbert George Blumer (1900–1987), US-amerikanischer Soziologe

Der Begriff Symbolischer Interaktionismus wurde 1937 von Herbert Blumer geprägt, der drei Grundannahmen benennt:
- Menschen handeln „Dingen" (Gegenständen, Menschen, Handlungen, Institutionen, Situationen u. a.) gegenüber auf der Grundlage der Bedeutungen, die diese Dinge für sie haben;
- diese Bedeutungen entstehen in der sozialen Interaktion mit anderen Menschen; sie sind somit kulturell verbindlich vorgegeben und ergeben sich nicht einfach aus den „objektiven" Eigenschaften des jeweiligen Gegenstandes;
- die Bedeutungen werden während der Auseinandersetzung mit der Umwelt verändert und situationsadäquat interpretiert.

Diese grundlegenden Prämissen vermitteln eine spezifische Sichtweise des Individuums, des interaktiven Handelns und der Sozialstruktur: Der Symbolische Interaktionismus betont erstens den aktiven Part der Handelnden bei der Konstruktion und Interpretation sozialer Situationen und ihrer Bedeutungen. Soziale Interaktion wird zweitens als wesentlich durch Symbole vermittelt angesehen. Sie vollzieht sich in Situationen, die von den Beteiligten unter Rückgriff auf die (vorab geteilte oder in Aushandlungsprozessen erst zu vereinbarenden) Bedeutungen definiert werden, und der Ablauf der Interaktion hängt von dem Prozess der Definition und Redefinition von Situationen ab. Macht wird in der Folge als Definitionsmacht analysiert, d. h. als die Macht, bestimmte Deutungen und Bedeutungen gegen konkurrierende durchzusetzen.

Besondere Bedeutung kommt dabei der im *Sozialisationsprozess* erworbenen Fähigkeit zur Rollenübernahme zu, d. h. der Fähigkeit, sich an die Stelle des anderen zu versetzen, um den Standpunkt des anderen erfassen, dessen Verhalten antizipieren und entsprechend darauf reagieren zu können. Im Sozialisationsprozess lernt das Individuum auch, sich selbst aus der Perspektive anderer zu sehen – ein für die Entstehung des Selbst zentraler interaktiver Lernprozess.

Die Sozialstruktur wird in der Sicht des Symbolischen Interaktionismus nicht als etwas Vorgegebenes, als statisch, sondern als in ständigem Wandel begriffen aufgefasst, sodass ihre Beschreibung zu einem bestimmten Zeitpunkt nicht mehr sein kann als die Momentaufnahme eines in ständiger Entwicklung begriffenen gesellschaftlichen Phänomens. Methodologisch tendiert der Symbolische Interaktionismus zu einer „naturalistischen" Perspektive. D. h., man ist bemüht, die Bedingungen sozialen Handelns möglichst detailliert zu beschreiben und die Perspektive der Handelnden, ihre Wahrnehmung und Bewertung von Handlungsbedingungen und Handlungsalternativen verstehend nachzuvollziehen.

Bernhard Schäfers (Hg.): Grundbegriffe der Soziologie, Opladen (Leske und Budrich) 2003, S. 354 f.

M4 Annahmen des Symbolischen Interaktionismus

Zusammenfassend kann man den Symbolischen Interaktionismus, hier in seiner durch Sozialpsychologie und Theorien der Körpersprache erweiterten Form, durch folgende Annahmen charakterisieren:

1. Soziales Handeln ist *symbolvermittelt.* Menschen handeln aufgrund der ihnen selbstverständlich erscheinenden Bedeutungen von Dingen und Beziehungen.

2. *Bedeutungen* entstehen in der *Interaktion*. Worte und Gesten erhalten in sozialen Situationen ihre Bedeutung. Das kleine Wörtchen „Ja" kann ja, nein, vielleicht und vieles anderes bedeuten. Nichtverbales Verhalten hat für das Erkennen und Bewerten von Menschen oft eine größere Bedeutung als verbales Verhalten.
3. *Erkenntnis* ist nicht eine Widerspiegelung von Wirklichkeit, sondern eine prozess- und kontextabhängige Interpretation der Beziehungen zwischen Begriffen, Gegenständen, Personen und anderen sozialen Gebilden.
4. Interaktion und Kommunikation vollzieht sich auf verschiedenen Ebenen oder Dimensionen, z. B. auf einer *Inhaltsebene* (z. B. Informationen) und einer Beziehungsebene (z. B. emotionale Botschaften).
5. Soziale Situationen werden durch die Beteiligten *definiert*. Dabei wird um alles gefeilscht: Bedürfnisse, Rollen, Interessen, Identität, Geld etc.
6. Personen, die von der Polizei eines Verbrechens beschuldigt und verhört werden, geben manchmal das Verbrechen zu, obwohl sie es nicht begangen haben. Es wird also eine „subjektive Realität" hergestellt, die der „objektiven Realität" nicht entspricht.
7. *Thomas-Theorem (s. s. 70/71)*: Wenn die Menschen Situationen als real definieren, so sind auch ihre Folgen real. In diesem Zusammenhang spricht man auch von sich selbsterfüllender Prophezeiung. Weil Menschen Hexen für „real" hielten, haben sie diese „leibhaftigen" Hexen verbrannt.
8. Widersprüchliche Erwartungen und Normen werden situationsspezifisch in Handeln „übersetzt". Manche laufen trotz roter Ampel über die Straße, um eine wichtigere Norm einzuhalten, z. B. pünktlich zu erscheinen.
9. Die Ausbildung von Selbstbewusstsein und Identität erfolgt durch antizipative (vorausschauende) *Rollenübernahme*. Eine Person definiert sich kontextabhängig als gläubige Christin, da sie die Absicht hat, später mit kirchlichem Pomp zu heiraten.
10. Die *Identität* wird immer wieder in Interaktionen ausgehandelt und bestimmt: Menschen ändern heute häufiger Identitätsteile als in früheren Zeiten: Berufs- und Partnerwechsel, Therapie, Gruppenveränderung, Weiterbildung (Identität als Prozess).
11. Um diese flexible Identität erfolgreich und situationsangemessen konstruieren zu können, sind Kompetenzen erforderlich: Rollendistanz, Ambiguitätstoleranz (widersprüchliche Rollenerwartungen bewältigen), Empathie (Einfühlungsvermögen) etc.

Klaus Feldmann: Soziologie kompakt, 4. Aufl. Wiesbaden 2006, S. 45 f.

M 5 Bedeutungskonstitution durch interaktive Interpretation

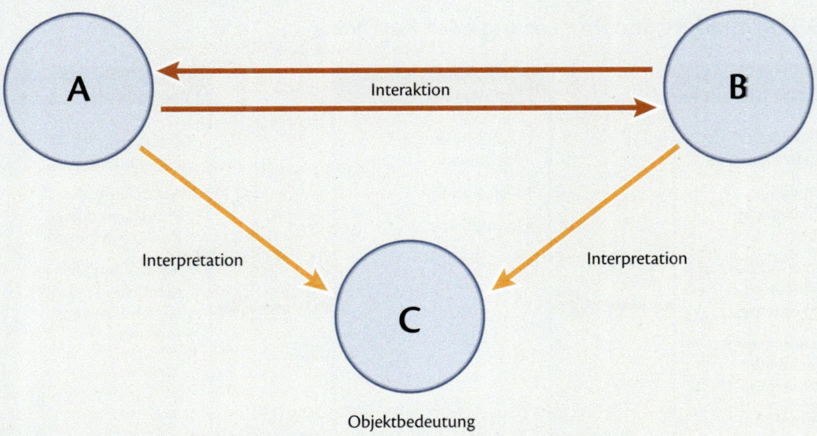

Nach: Richard Münch, Soziologische Theorie Band 2: Handlungstheorie, Frankfurt/New York 2007, S. 263

Wie sich die Gesellschaft streitet – Konflikttheorien

Soziologische Theorien, die den gesellschaftlichen Konflikt für das Bestimmende in der Gesellschaft halten, haben eine lange Tradition. Vornehmlich im 19. Jahrhundert entstanden, gehen sie von den Erfahrungen des Frühkapitalismus aus, der in einer ungehemmten Ausbeutung der Besitzlosen durch die Besitzenden bestand. Herausragend in seiner Bedeutung und weiterhin stilbildend für soziologische Theorie ist der Marxismus.

M6 Marxismus als Konfliktansatz

Konflikte zwischen Göttern, Dämonen, Menschen, Tieren und anderen Wesen spielen in Mythen und Religionen entscheidende Rollen, z. B. bei der Entstehung der Welt oder als Begründung für die Sterblichkeit des Menschen. Auch im Christentum gibt es das Reich des Guten und des Bösen, Himmel und Hölle.

Verschiedene Weltanschauungen und Theorien erklären soziales Verhalten und gesellschaftliche Zustände durch Konflikte und Konkurrenz zwischen Gruppen. „Der Krieg ist der Vater aller Dinge?" Sozialwissenschaftlich interessant sind Interessensunterschiede und Kämpfe zwischen sozialen Gruppen, die vor allem nach folgenden Merkmalen getrennt sind: ökonomische Position (Einkommen, Kapitalbesitz, Beruf), Bildungsstatus, ethnische oder nationale Zugehörigkeit, Religion oder Geschlecht.

Der berühmteste Konfliktansatz stammt von *Karl Marx* und an ihn anschließenden Autoren. Marx ging von der Tatsache aus, dass in Hochkulturen herrschende Gruppen andere Gruppen unterdrücken und ausbeuten. In der Antike und auch später waren Sklaven die untersten Gruppen. In den Industriegesellschaften des 19. Jahrhunderts diagnostizierte Marx einen grundlegenden Konflikt zwischen Kapitalisten, die Produktionsmittel (Fabriken, Finanzkapital, Patente etc.) besitzen, und Arbeitern bzw. Proletariern.

Marx erkannte, dass der Kapitalismus und die moderne Gesellschaft sich in einem sozialen Wandel befanden. Die Folgen dieser Veränderungen sahen Marx und seine Jünger jedoch zu mechanistisch und undifferenziert:

- Verelendung der Arbeiter bzw. des Proletariats,
- allmählicher Anstieg der Empörung und des erfolgreichen Widerstandes der Ausgebeuteten,
- durch den Mechanismus des kapitalistischen Produktionsprozesses kontinuierlich zunehmende internationale Vereinigung der Arbeiterklasse,

M7 Analyse der Sozialen Frage im 19. Jahrhundert und ihre Lösung nach Karl Marx

Ursache
- Kapitalistisches Gesellschaftssystem
- Privateigentum an Produktionsmitteln

→ **Eigentumshäufung in den Händen der Bourgeoisie**

→

Situation des Proletariats
- **„Ware"** im Besitz des Kapitaleigners
- **Entfremdung** (keine Beziehung zur Arbeit)
- Erhält nur Mittel zur Lebenserhaltung (**Mehrwertlehre**)
- **Verelendung** durch fortschreitende Mechanisierung
- **Zentralisation** Abfall des Mittelstands ins Proletariat

→

Veränderung durch ...
- Solidarisierung des Proletariats
- Klassenkampf
- Revolution

→

Klassenlose Gesellschaft
- Aufhebung der Entfremdung
- Abschaffung des Privateigentums an Produktionsmitteln
- Abschaffung aller Klassen und klassenspezifischen Merkmale

Nach: http://www.fit-for-net.de/geschichte/content/aktuelles/downloads/sozialefrage2loesung.pdf (Zugriff: 29.9.2012)

- die „Akkumulation des Kapitals“ (eine immer kleinere Zahl von Kapitalisten) behindert immer stärker die Entwicklung der Produktivkräfte,
- Revolution und Zerstörung des Kapitalismus.

Klaus Feldmann: Soziologie kompakt, 4. Aufl. Wiesbaden 2006, S. 40 f.

Karl Marx (1818–1883), einflussreichster Theoretiker des Sozialismus und Kommunismus

Friedrich Engels (1820–1895), Theoretiker des Sozialismus und Kommunismus

M8 Marxistische Soziologie

(*Unter marxistischer Soziologie versteht man*) eine auf Karl Marx (1818–1883) und Friedrich Engels (1820–1895) wie auf den Marxismus zurückgehende Gesellschaftstheorie, deren wissenschaftstheoretische und philosophische Basis der *Historische Materialismus* liefert. Zu seinen Grundannahmen gehören:

- Strukturbestimmend für Gesellschaften und ihre Entwicklung ist der Stand der *Produktivkräfte* (Entwicklungsstand von Maschinen/Werkzeugen und menschlicher Arbeitsfähigkeit) und die ihr entsprechende oder nicht entsprechende Entwicklung der *Produktionsverhältnisse* (Eigentums- und Herrschaftsverhältnisse) und des gesamten Überbaus (z. B. Recht, Religion, Kunst).
- Aller historischen und gesellschaftlichen Entwicklung liegt eine bestimmte Gesetzlichkeit zugrunde; diese ist so lange durch *Klassengegensätze* (in ihren historisch unterschiedlichen Ausprägungen) gekennzeichnet, wie es nicht zur Aufhebung des fundamentalen gesellschaftlichen Widerspruchs von Ausbeutung und Aneignung menschlicher Arbeitskraft (und ihres jeweiligen Mehrwerts) kommt. In der bürgerlich-kapitalistischen Gesellschaft ist dieser Widerspruch als Gegensatz von Lohnarbeit und Kapital gegeben und dadurch charakterisiert, dass über gesellschaftsrelevante Produktionsmittel auf der Basis privaten Eigentums verfügt (und ausgebeutet) wird. Der Widerspruch erreicht seine schärfste Form, er wird den proletarischen Massen offenkundig und ist nur durch den revolutionären Übergang in die sozialistische bzw. kommunistische Gesellschaftsorganisation aufhebbar.

Da die gesellschaftliche Wirklichkeit in allen ihren Erscheinungsformen durch Klassengegensätze bestimmt wird, hat die marxistische Soziologie die Aufgabe, deren Wirkungen aufzuspüren bzw. handlungsrelevantes Wissen zur Verfügung zu stellen, wie der Klassenantagonismus beseitigt werden kann. Hier fällt die Aufgabe der marxistische Soziologie mit der des wissenschaftlichen Sozialismus zusammen: dem Proletariat seine Klassenlage und seine welthistorische Aufgabe zu verdeutlichen. In diesem Sinne ist die marxistische Soziologie immer „parteiische“ Soziologie, den Standpunkt einer wertfreien Wissenschaft im Sinne Max Webers teilt sie nicht.

Bernhard Schäfers (Hg.): Grundbegriffe der Soziologie, Opladen (Leske und Budrich) 2003, S. 348 f.

Doppelseitiges Kunstblatt aus der Mai-Zeitung der SPD, 1896

Wie sich die Gesellschaft verändert – Entwicklungstheorien

Bereits in der Theorie des Marxismus steckt das Element der Gesellschaftsveränderung. Seit Marx hat sich die Gesellschaft auch insofern verändert, als sie auf die Theorien reagiert hat; und vorhergesagte Entwicklungen sind wahrscheinlich deshalb – noch – nicht eingetreten, weil sich die Gesellschaft angepasst hat.
Ralf Dahrendorf, der grundsätzlich ebenfalls vom gesellschaftlichen Konflikt ausgeht, hat solche Veränderungsprozesse beschrieben.

Funktionalismus: Theorieansätze, die soziale Phänomene auf ihre soziale Funktion in bzw. für die betreffende Gesellschaft oder Gruppe hin zu erklären versuchen

Proposition: Vorschlag, These

M9 Dahrendorfs Ansatz: Konflikttheorie versus Funktionalismus

Ralf Dahrendorf (s. S. 91) versuchte im Unterschied zum funktionalistischen Ansatz, ein Bild der Gesellschaft zu zeichnen, das sich auf Konflikt und Wandel konzentriert:

Dahrendorf spricht dem Funktionalismus keinesfalls jeglichen Wert zum Verstehen und Erklären der Vorgänge in der Gesellschaft ab, wirft ihm aber Einseitigkeit vor. In seinen Augen beschäftigt sich der Funktionalismus nur mit den Strukturen und Prozessen, die dazu beitragen, die Gesellschaft aufrecht und im Gleichgewicht zu halten. Diesem funktionalistischen Bild der Gesellschaft stellt er ein anderes Bild gegenüber, das betont, was zur Destruktion der Gesellschaft führt. Er charakterisiert die beiden gegensätzlichen Bilder der Gesellschaft in vier Paaren kontrastierender Postulate. Die funktionalistische Sicht umfasst die folgenden vier Postulate:

1. Jede Gesellschaft ist eine relativ beständige Konfiguration von Elementen.
2. Jede Gesellschaft ist eine gut integrierte Konfiguration von Elementen.
3. Jedes Element einer Gesellschaft trägt zu ihrem Funktionieren bei.
4. Jede Gesellschaft basiert auf dem Konsensus ihrer Mitglieder.

Die konflikttheoretische Sicht präsentiert folgende vier Postulate:

1. Jede Gesellschaft unterliegt in jedem Augenblick der Veränderung: Sozialer Wandel ist allgegenwärtig.
2. Jede Gesellschaft erlebt in jedem Augenblick Konflikt: Sozialer Konflikt ist allgegenwärtig.
3. Jedes Element einer Gesellschaft trägt zu ihrer Veränderung bei.
4. Jede Gesellschaft basiert auf dem Zwang, den einige ihrer Mitglieder auf andere ausüben. (…)

Dahrendorf versucht, die Wurzeln des Konflikts in den Strukturen der Gesellschaft zu identifizieren. Er interessiert sich nicht für Konflikte, die aus zufälligen Begegnungen zwischen Menschen und Gruppen in Situationen entstehen, in denen sie zufällig entgegengesetzte Ziele verfolgen. Sein Hauptaugenmerk gilt den anhaltenden Ursachen für anhaltende Konflikte. Aus diesem Grund betrachtet er die Struktur der Gesellschaft, die ein dauerhaftes Element der Gesellschaft ist, um die Ursprünge solcher Konflikte zu identifizieren. Da der Konflikt eine Konfrontation gegnerischer Gruppen ist, lautet Dahrendorfs erste Frage: Auf welche Weise entstammt der Konflikt zwischen Gruppen der Struktur der Gesellschaft? Seine zweite Frage ist: In welcher Form kommen Konflikte zwischen sozialen Gruppen vor? Und die dritte Frage heißt schließlich: Wie lässt der Konflikt zwischen solchen Gruppen eine Veränderung der Sozialstruktur entstehen?

Dahrendorfs grundsätzliche Antwort auf seine erste Frage besagt, dass die strukturellen Gründe für soziale Konflikte in den Herrschaftsverhältnissen einer Gesellschaft oder jeder kleineren untersuchten sozialen Organisation zu suchen sind. Nach Dahrendorf ist jede soziale Organisation in zwei gegnerische Gruppen geteilt: die Herrschenden und die Beherrschten. Die Herrschenden sind Träger positiver Herrschaftsrollen, die Beherrschten sind Träger negativer Herrschaftsrollen. Sofern diese beiden Gruppen nicht organisiert sind und nicht einheitlich handeln, bilden sie einfach Quasi-Gruppen mit latent konfligierenden Interessen. Die Herrschenden sollten daran interessiert sein, den Status quo aufrechtzuerhalten. Die Beherrschten sollten daran interessiert sein, die Sozialstruktur so zu verändern, dass die etablierte Herrschaft gestürzt wird und sie somit Zugang zu Herrschaftspositionen erhalten. Obwohl Dahrendorf seine Aussagen nicht als Propositionen formuliert, könnten wir eine erste Proposition aufstellen und damit Dahrendorfs existenzielle Aussage über die Allgegenwärtigkeit von Herrschaftsbeziehungen und konfligierenden latenten Interessen in eine bedingte Aussage umändern:

1. Je mehr die Struktur einer sozialen Organisation durch ein Verhältnis der Herrschaft zwischen Herrschenden und Beherrschten gekennzeichnet ist, desto mehr bilden diese beiden Kategorien Quasi-Gruppen mit konfligierenden latenten Interessen in Bezug auf die Aufrechterhaltung oder Veränderung des Status quo.
   Allerdings wird der Konflikt nur dann in einer offenen Handlung sichtbar, wenn die Quasi-Gruppen ausreichend organisiert werden, um koordiniert in Bezug zueinander zu handeln. Wir können die unterschwellige Absicht von Dahrendorfs Aussage in folgende Proposition fassen:
2. Je mehr Quasi-Gruppen von Herrschenden und Beherrschten organisiert werden und Interessengruppen bilden, desto mehr werden sie koordiniert in Bezug zueinander handeln.
   Was in dieser Proposition ausgesagt wird, ist eine Bedingung für das Umwandeln eines latenten in einen manifesten Konflikt:
3. Je mehr Interessengruppen von Herrschenden und Beherrschten koordiniert handeln, desto mehr machen sie aus ihrem latenten Konflikt einen manifesten; dies führt zum Kampf um die Aufrechterhaltung bzw. Veränderung des Status quo. Dieser Kampf zwischen Herrschenden und Beherrschten eröffnet die mehr oder weniger große Chance eines sozialen Wandels, der dazu führt, dass die bestehende Herrschaft gestürzt wird. Obwohl Dahrendorf es nicht ausdrücklich erwähnt, können wir leicht folgern, dass es wohl der Erfolg der Beherrschten ist, der zu sozialem Wandel führt.
4. Je mehr die Beherrschten erfolgreich gegen die Herrschenden kämpfen, desto mehr wird sozialer Wandel stattfinden.

Richard Münch: Soziologische Theorie Bd. 3: Gesellschaftstheorie, Frankfurt/New York (Campus) 2004, S. 349 f.

M 10 Konflikt und struktureller Wandel

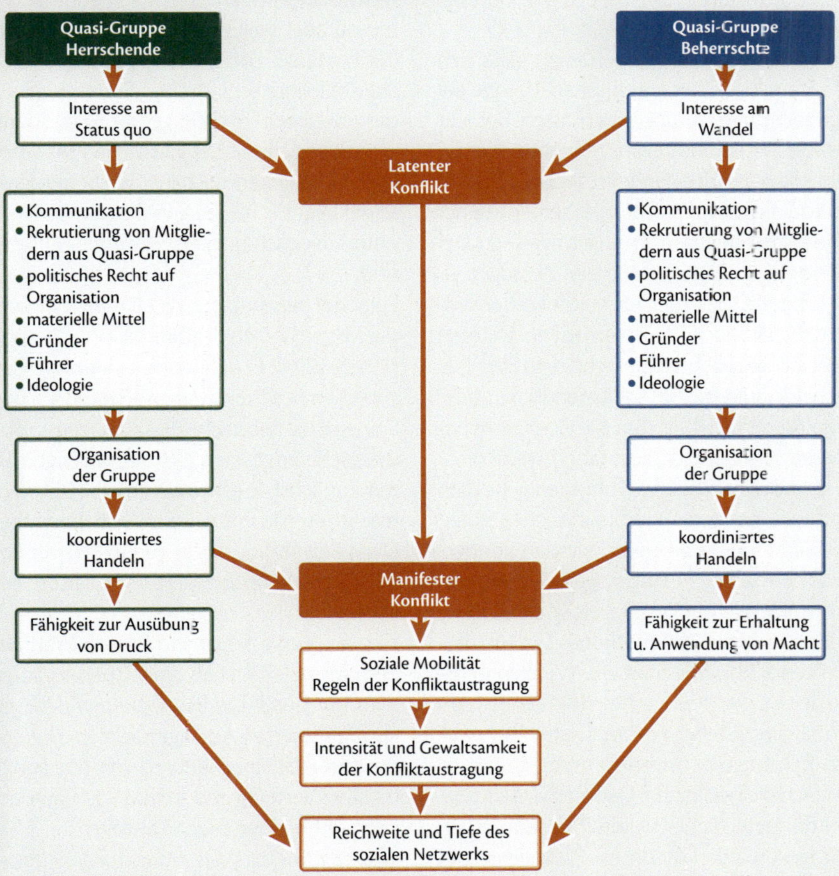

Nach: Richard Münch: Soziologische Theorie Bd. 3: Gesellschaftstheorie, Frankfurt/New York (Campus) 2004, S. 351

Wie Theorien erklären –Theorien gesellschaftlicher Theorien

Die vorgestellten Beispiele soziologischer Theorien haben verschiedene Merkmale, die Theorien insgesamt eigen sind. Die Soziologie reflektiert allerdings auf der Metaebene nochmals die Theorien, sie fertigt eine Theorie der Theorie. Dies soll helfen, die allgemeinen Merkmale soziologischer Theorien zu erkennen und vor allem ihre Bedeutung für das Handeln zu erfassen.

Karl Popper (1902–1994), österreichisch-britischer Philosoph und Staatstheoretiker

Tautologie: Erklärung eines Sachverhalts mit zwei bedeutungsgleichen Begriffen bzw. Erklärung eines Sachverhalts durch sich selbst

M11 Theorie der Theorie

Es klingt fast wie eine Tautologie, aber es gibt eine Theorie, die sich mit Theorien beschäftigt, die Wissenschaftstheorie. In gewisser Weise kann dieser Essay als wissenschaftstheoretischer Exkurs bezeichnet werden. Die Wissenschaftstheorie sieht in der Theorie ein Gefüge von Aussagen mit Form und Inhalt. Sie fasst eine Reihe wissenschaftlicher Ergebnisse in übersichtlicher und kompakter Form zusammen.

Im Allgemeinen unterscheidet man empirische Theorien und deduktive Theorien. Empirische Theorien sind gewissermaßen induktiv, weil einzelne Beobachtungsergebnisse verallgemeinert werden und zu einem Geflecht aus verifizierten Gesetzeshypothesen führen.

Im Reduktionismus fordert man, dass sich alle Elemente einer empirischen Theorie auf Beobachtbares zurückführen lassen. Das legt gerade ihr Attribut empirisch nahe. Die Erfahrung mit Theorien lehrt jedoch, dass es gerade nicht möglich ist, alle Elemente einer Theorie per Beobachtung nachzuweisen. Der Gehalt, das heißt die zentralen Aussagen einer Theorie, die in der Terminologie der Wissenschaftstheorie Prinzipien heißen, pflanzen sich von Beobachtungsergebnissen über Gesetze fort und können schlussendlich in einer empirischen Theorie, die viele Gesetzeshypothesen verifiziert hat, konstatiert werden.

In deduktiven Theorien hingegen geht man von Axiomen aus. Axiome sind „erste Sätze", die nicht weiter bewiesen werden können. Welche Axiome herangezogen werden, entscheidet die Zweckmäßigkeit. Viele Axiome bilden dann ein Axiomatisches System, dessen zentrale Eigenschaft die Widerspruchsfreiheit ist. In der Mathematik kennt man eine Reihe solcher Axiomatischer Systeme, das bekannteste und historisch erste ist sicherlich die Euklidische Geometrie. Als im 19. Jahrhundert Nicht-Euklidische Geometrien entdeckt wurden, für die das Parallelenaxiom (Euklids 5. Axiom) nicht gilt, wurde ein damit äquivalentes Axiomatisches System bekannt. Damit verloren die Axiome ihren absoluten Wahrheitsanspruch und wurden zu Zweckmäßigkeitsregeln. (...)

Die Wissenschaftstheorie unterscheidet weiterhin wahre Theorien und erfolgreiche Theorien. Während eine wahre Theorie einen Absolutheitsanspruch hat und singulär – das heißt einzigartig – ist, kann es durchaus mehrere Theorien geben, die einen Sachverhalt mehr oder weniger erfolgreich beschreiben. In diesem Sinne können Theorien inkommensurabel (*unvergleichbar*) sein, also zwar ein und denselben Sachverhalt, aber mit nicht vergleichbaren, „nicht deckungsgleichen" Mitteln beschreiben. So sind Relativitätstheorie und Newtonsche Theorie inkommensurabel, weil sie zwar dieselben Begriffe (Zeit, Masse, Energie etc.) benutzen, diese aber mit unterschiedlichen Bedeutungen in der jeweiligen Theorie gefüllt sind. Ebenso verhält es sich mit der klassischen Mechanik und der Quantenmechanik, wo beispielsweise die Begriffe Teilchen, Welle und Bahn mit unterschiedlichen Interpretationen versehen sind.

Einer der bekannteste Wissenschaftstheoretiker ist sicherlich Sir Karl Raimund Popper (1902–1994). Er sah keine Unabhängigkeit zwischen Beobachtung und Theorie in dem Sinne, dass Beobachtungsaussagen immer theoriebedingt seien. Gesetzesaussagen gelten zunächst nur hypothetisch (Gesetzeshypothesen) und müssen sich bewähren. Diese Bewährung bestehe jedoch darin, dass sie sich nicht widerlegen, nicht falsifizieren, ließen.

Eine sukzessive Annäherung an die Wahrheit, dem zentralen Gehalt einer Theorie, könne man nur durch die Beseitigung widerlegter, also falsifizierter, Aussagen leisten. Die Methode ähnelt einer Sequenz von Trial and Error, also Versuch und Irrtum, die nach und nach eine seriöse Theorie freilegen.

Andreas Müller: Alles graue Theorie?, Astro-Wissen, August 2007, in: http://www.wissenschaft-online.de (Zugriff: 6.3.2013)

M 12 Was bringen Theorien?

Zeichnung: Pfuschi

Theorien sind mächtig: Sie liefern nicht nur Verständnis, sondern können eingesetzt bzw. umgesetzt und weiterentwickelt werden. Der Stand der Theorien ist kein Stillstand, sondern eine unaufhörliche Weiterentwicklung des Wissens. Dies mündet in neue Theorien, neue Sichtweisen, neue Technologien und neue Ideologien. (...)

Die Menschheitsgeschichte ist voll von Beispielen: In welchen Einheiten würden wir heute die Zeit messen, wenn die Babylonier nicht das Sexagesimalsystem begründet hätten? Welche Bauwerke stünden in Ägypten, wenn die ägyptischen Vorfahren nicht architektonische Kenntnisse gehabt hätten? Welche Sternzeichen würden den Himmel zieren, wenn die Griechen keine Sagengestalten gehabt hätten? Wie sähen die Prunkstätten der Maya-Kultur ohne astronomisches Wissen aus? Welche Stellung hätten freies Denken und der Freiheitsbegriff überhaupt ohne Aufklärung und Französische Revolution? Welche Weltordnung hätten wir ohne Kalten Krieg und die abschreckende Wirkung von Nuklearwaffen?

Aber Theorien haben nicht nur Vorteile, wie einige politische Beispiele im letzten Abschnitt andeuten. Theorien wurden auch immer von Machthabern instrumentalisiert, um die eigene Macht zu erhalten und zu vergrößern. Schon die Maya-Kultur hatte naturwissenschaftliches Wissen mit religiösen Anschauungen verquickt. (...)

Eine gänzlich andere Form der Gefahr ist die Unübersichtlichkeit. Diversifikation des Wissens und einhergehende „Disziplinarisierung" haben auch eine Fragmentation des Wissens als Folge. Der Orthopäde wird kein Herz transplantieren, der Psychologe wird keinen Kernspintomographen bedienen, der Hausarzt wird keinen Zahn ziehen. Doch alle Fachgebiete versammeln sich unter dem Oberbegriff Medizin. In anderen Wissenschaften ist die Tendenz analog. Ein Ende der Diversifizierung scheint nicht absehbar. Im schlimmsten Fall geht diese Entwicklung weiter und wir werden uns die pejorative (*abwertende*) Betitelung als „Fachidiot" oder ameliorativ (*aufwertend*) als „Koryphäe" gefallen lassen müssen. (...)

Eine letzte Form der Gefahr, deren Entwicklung ich mit Argwohn beobachte, ist die Scharlatanerie, also die Ausnutzung etablierter Theorien oder der Aufbau von Scheintheorien oder Pseudo-Theorien, um unseriös theoretische Konzepte für eigene Belange auszunutzen. (...)

Die Krux ist, dass in der Regel nur der Fachmann diese Unzulänglichkeiten entlarven kann, der Laie bleibt im Glauben, er lese einen seriösen, wissenschaftlichen Artikel. Was ist zu tun, damit der Informationssuchende nicht zwischen Wissenschaft und Mystik stecken bleibt?

Es ist die Pflicht der Theoretiker, unseriöse Theorien zu entlarven, dem Laien (und das ist jeder auf irgendeinem Gebiet!) das Rüstzeug an die Hand zu geben, seriöse von unseriösen Theorien zu unterscheiden, kurz gesagt Öffentlichkeitsarbeit und Aufklärung zu leisten. Die Pflicht der Laien besteht darin, immer kritisch zu sein, nachzufragen, gründlich zu recherchieren oder seriöse Informationsquellen zu nutzen, die sich bewährt haben.

Andreas Müller: Alles graue Theorie?, Astro-Wissen, August 2007, in: http://www.wissenschaft-online.de (Zugriff: 6.3.2013)

1 Klären Sie arbeitsteilig durch Recherche, was grob unter folgenden Begriffen zu verstehen ist: Euklidische Geometrie, Relativitätstheorie, Newtonsche Theorie, Klassische Mechanik, Quantenmechanik (s. **M 11**).

2 Erläutern Sie die Aussagen der Texte zur Theorie der Theorie.

3 Beurteilen Sie, inwiefern die erarbeiteten soziologischen Theorien für die angesprochenen Gefahren anfällig sind (**M 12**).

Kompetenzcheck

Anforderungsbereich I:

- Erläutern Sie das AGIL-Schema von Talcott Parsons.

Anforderungsbereich II:

- Erläutern Sie den Ansatz des Funktionalismus.
- Stellen Sie den Ansatz des Symbolischen Interaktionismus dar.
- Erläutern Sie den marxistischen Ansatz der Gesellschaftstheorie.
- Erläutern Sie Dahrendorfs Ansatz.

Anforderungsbereich III:

- Beurteilen Sie, inwiefern Dahrendorfs Ansatz zwischen den anderen Theorieansätzen angesiedelt ist, indem Sie ihn vergleichend einordnen.
- Ordnen Sie nach dem folgenden Schema die Theorien ein.

Reichweite/Abstraktionsniveau von Theorien

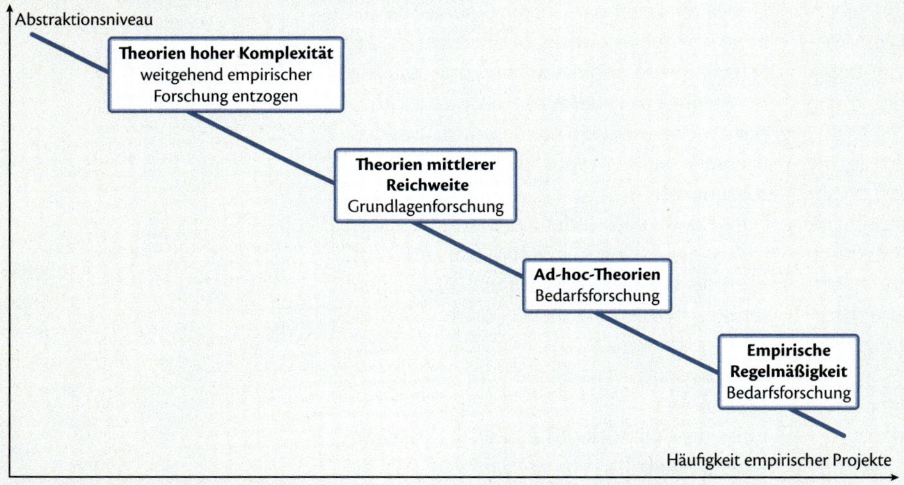

Quelle: http://de.wikipedia.org./w/index.php?title=Datei:TheorienReichweite.png&filetimestamp=20061016124475 (Zugriff: 6.6.2011)

- Erläutern Sie die Gefahren von Theorien.

8 Methoden in den Sozialwissenschaften

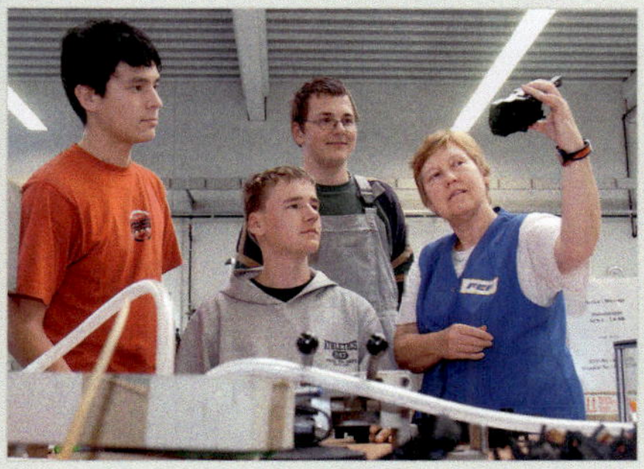

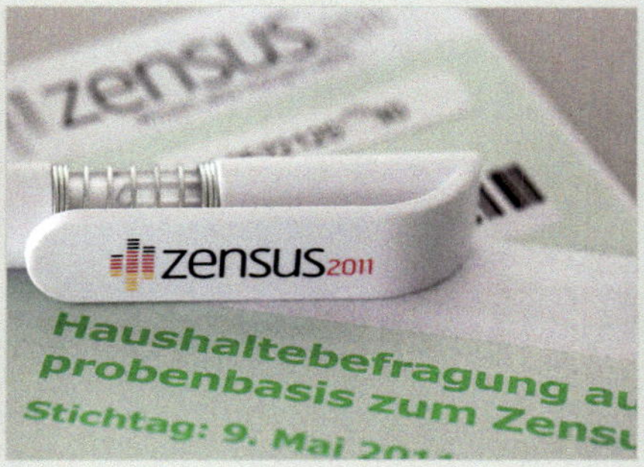

Die Forschungsmethoden, besonders die Methoden der Empirischen Sozialforschung, machen die Sozialwissenschaften zu einem „Methodenfach". Die Inhalte des Faches sind stärker als bei anderen Disziplinen mit der Methodik verbunden. Grundlegende Auseinandersetzungen und Neubestimmungen des Faches waren in der Vergangenheit häufig Debatten über die richtigen Methoden. Darüber hinaus haben die Vertreterinnen und Vertreter der Fächer, die heute in den Sozialwissenschaften verbunden werden, die Wissenschaften um ein Handwerkszeug erweitert, mit dem der methodische Zweifel, der am Beginn aller modernen Wissenschaften stand, im Hinblick auf die geisteswissenschaftliche Analyse systematisiert wurde. So stellen die Sozialwissenschaften in mehrfacher Hinsicht im Hinblick auf die Methoden eine Brücke zwischen den Naturwissenschaften und den Gesellschaftswissenschaften dar.
Über die Fachmethoden hinaus sind in der Schule Methoden wichtig, die auch im Fach Sozialwissenschaften der Oberstufe eine Rolle spielen, wie etwa die Methoden der Textarbeit oder der Medienanalyse. Solche Methoden werden im Folgenden bezogen auf das Fach vorgestellt, wobei die Besonderheiten der analytischen Herangehensweise des Faches in den Blick genommen werden.

Analyse von Grafiken

Bei Grafiken gibt es verschiedene Darstellungsmöglichkeiten, die häufig auch in Kombination sowie zusammen mit Tabellen auftreten können. Verschiedene Formen von Grafiken sind Standard und mit jeder Tabellenkalkulation selbst zu erzeugen.

M1 Formen von Diagrammen

a Balkendiagramm

„Frauen sollten sich um Kindererziehung kümmern"

Zustimmung in Prozent der Befragten

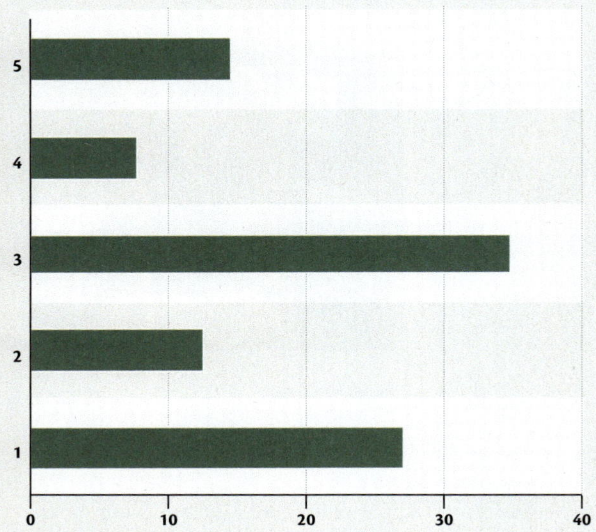

Quelle: Statistisches Bundesamt

b Kreisdiagramm

Deutschlands Energieträger 2008

Anteile am Primärenergieverbrauch in Prozent

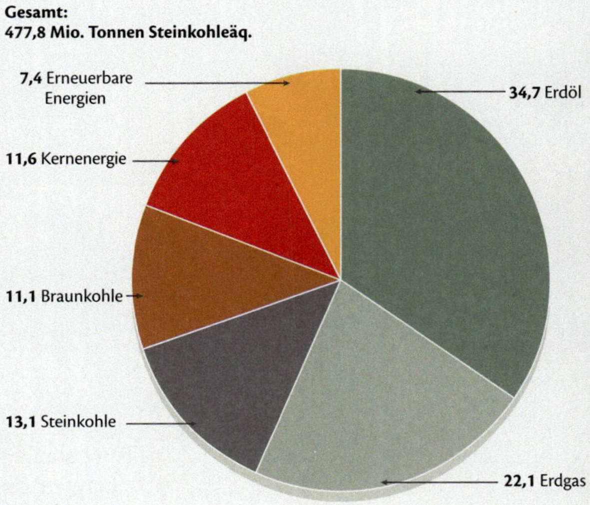

Quelle: Arbeitsgemeinschaft Energiebilanz 2009

c Säulendiagramm

Die „wahre" Arbeitslosigkeit

Angaben in Millionen

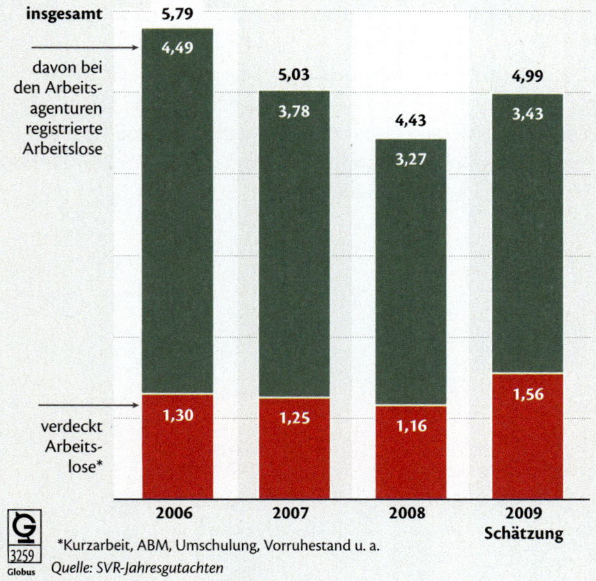

*Kurzarbeit, ABM, Umschulung, Vorruhestand u. a.

Quelle: SVR-Jahresgutachten

d Liniendiagramm

Weltindustrieproduktion[1] nach Ländergruppen

Index 2008 bis 2010; 1. Quartal 2008 = 100

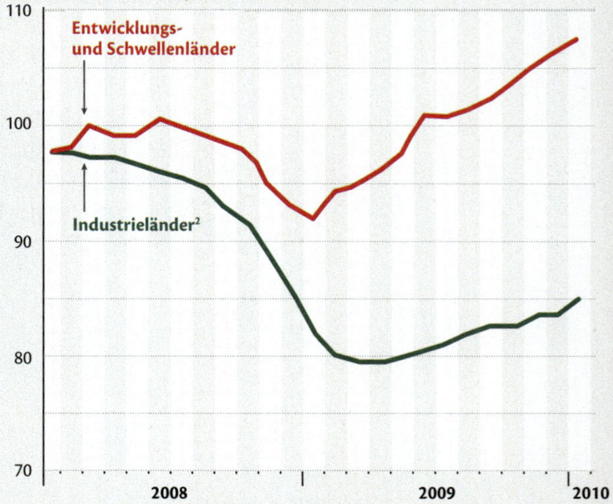

[1] Gewichtet mit Anteilen an der Weltproduktion

[2] OECD-Länder ohne Türkei, Mexiko, Korea und mittelosteuropäische Länder

Nach: Projekt Gemeinschaftsdiagnose, Erholung setzt sich fort – Risiken bleiben groß, Kiel 2010, S. 9

e Spannweitendiagramm

„Ausländer nehmen Arbeitsplätze weg"

Zustimmung in Prozent der Befragten

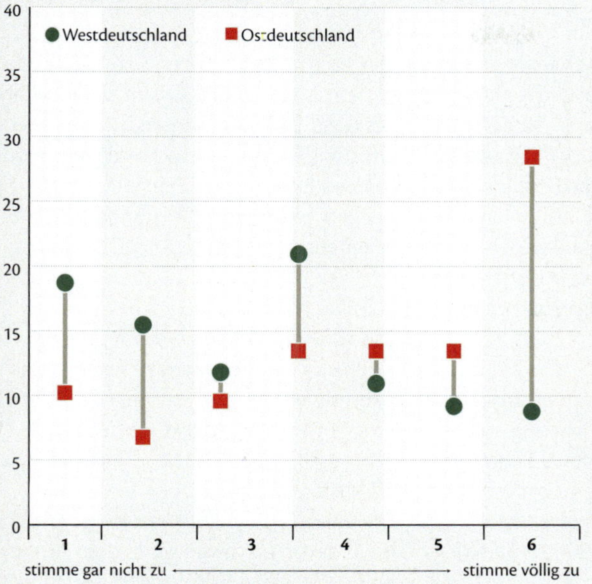

f Flächendiagramm

Erdölförderung großer Konzerne 2004–2008

in Mio. Barrel pro Tag

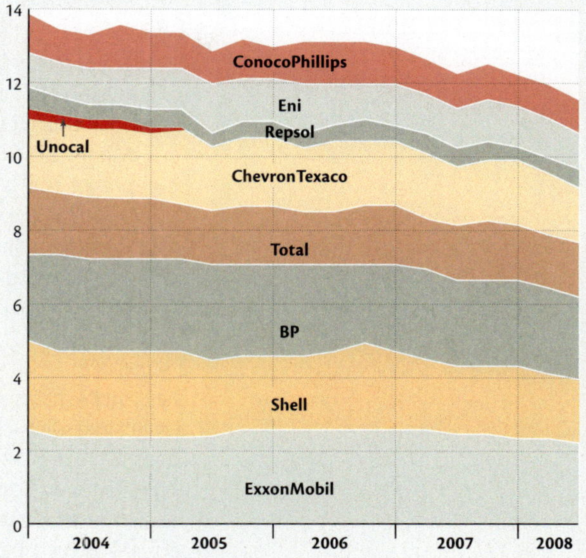

Quelle: Quartalsberichte der Firmen

M2 Stellenwert von Grafiken

Diagramme stellen häufig komplizierte Sachverhalte in einfachen grafischen Formen dar. Weil sie so eindeutig, übersichtlich, grafisch einfach und klar gehalten sind, sind sie ein beliebtes Mittel zur Veranschaulichung, als Verständnishilfe und als Medium zum Einprägen und Behalten. Es erhebt sich jedoch die Frage, ob die Gesichtspunkte der Einfachheit, der Eindeutigkeit und Übersichtlichkeit nicht auch manchmal Gefahren für einen sachgemäßen Umgang mit historischen Problemen und für eine angemessene Erkenntnis mit sich bringen können.

Die statistische Auflistung, die tabellarische Zusammenfassung und die grafische Darstellung heben immer nur einzelne Aspekte aus einem komplizierteren Zusammenhang hervor. Man kann hier von einer inhaltlichen Vereinfachung sprechen, die noch durch die Darstellung mit einfachen grafischen Symbolen verstärkt wird. Man muss sich also davor hüten, so zu tun, als habe man mit einem Diagramm das ganze Problemumfeld abgehandelt. Vielmehr sind gerade dann Gefahren zu bedenken, wenn anhand eines Diagramms nur ein bestimmter Aspekt des dargestellten Problemzusammenhangs, wie z. B. die Verfassungstreue von politischen Parteien, hervorgehoben wird. Im schlimmsten Fall kann dies sogar zur Verkürzung, Verzerrung oder gar zur Verfälschung ausarten, wenn im Bemühen um Verallgemeinerung und eine besonders pointierte Darstellung jegliche inhaltliche Differenzierung unterbleibt.

Ulrich Mayer: Umgang mit Statistiken und Diagrammen, in: Hans-Jürgen Pandel/Joachim Rohlfes (Hg.): Umgang mit Geschichte, Stuttgart 1992, S. 137

Schritte zur Analyse von Statistiken und Diagrammen befinden sich auf S. 136, M 8.

1 Analysieren Sie eine aktuelle Infografik aus einer Zeitung in Gruppen.

2 Vergleichen Sie Ihre Ergebnisse.

3 Manipulation mittels Grafiken? Erkunden Sie die Möglichkeiten durch Anwendung einer Tabellenkalkulation.

Analyse von Karikaturen

M3 Fünf Schritte der Analyse von Karikaturen

1. Beschreiben:
Grundvoraussetzung für das Verständnis einer Karikatur ist, dass die bildliche Darstellung genau erkannt und in ihren Details (Haltung, Mimik, Gestik, Details der Darstellung usw.) präzise erfasst wird. Eine Beschreibung dessen, was zu sehen ist, steht am Anfang. Sie sollte zunächst von den weiteren Schritten getrennt werden, damit Details nicht verloren gehen oder einseitig interpretiert werden.

2. Verstehen:
Die Symbole müssen nicht nur erkannt werden, sie müssen auch in ihrer Bedeutung bekannt sein. Ikonische (bildhafte) Zeichen sind aufgrund ihrer Darstellung normalerweise aus sich selbst heraus verständlich (z. B. Fessel für Unfreiheit, Pferdegeschirr für Lenkung und Unterdrückung). Die Bedeutung arbiträrer (*willkürlicher*) Zeichen beruht auf gesellschaftlicher Konvention, die man kennen muss (z. B. Michel für die Deutschen bzw. Deutschland, Hahn für Frankreich, Waage für Gerechtigkeit).

3. Anwenden:
Der Sachverhalt, auf den sich die Karikatur bezieht, muss in den Grundzügen bekannt sein und benannt werden. Die politischen Umstände und gesellschaftlichen Bezüge müssen Erwähnung finden. Evtl. muss eine Recherche über die Umstände stattfinden, unter denen die Karikatur entstanden ist.

4. Erklären:
Die Karikatur geht über das Aufdecken charakteristischer Wesenszüge einer Situation hinaus, sie wertet und kommentiert das Geschehen, was aufgedeckt werden muss.

5. Urteilen:
Die Qualität einer Karikatur hängt entscheidend davon ab, inwieweit es dem Autor gelungen ist, seine Kritik angemessen ins Bild umzusetzen. Die Beurteilung der Karikatur muss sich auf den Zusammenhang mit dem Karikierten beziehen.
Nach: Manfred Faust: Politische Karikaturen im Geschichtsunterricht der Sekundarstufe I, in: GWU H. 12 (1980), S. 739–753

M4 Karikatur

Zeichnung: Koufogiorgos

1 Analysieren Sie die Karikatur anhand der Arbeitsschritte.

Analyse von Texten

M 5 Herangehen an Texte

Herkunft des Textes

- Welche Angaben werden zur Herkunft des Textes gemacht (siehe besonders die Quellenangabe)?
- Handelt es sich um einen Primärtext (eigenen Verfassertext) oder einen Sekundärtext (Wiedergabe des Gedankenguts anderer)?

Ermittlung des Kontextes (Zusammenhangs)

- In welcher Umgebung steht der Text (z. B. in einer Zeitung, als Kapitel in einem Buch)?
- Zu welchen anderen Texten hat der Text einen Bezug (etwa durch Zitate oder durch Nutzung einer bestimmten Form)?
- Wer ist der Autor bzw. wer sind die Autoren, und was ist über sie bekannt? Was kann sie dazu veranlasst haben, den Text zu verfassen? Zu welchem Anlass hat er/sie den Text verfasst?
- Innerhalb welcher Auseinandersetzung steht der Text (etwa einer wissenschaftlichen Kontroverse, einer politischen Auseinandersetzung usw.)?

Inhalt des Textes

- Was ist das Thema des Textes? Innerhalb welchen Themenkomplexes ist das Thema einzuordnen?
- Welche Aussagen werden im Text gemacht?
- Was sind die Hauptthesen des Textes, wenn es sich um einen argumentativen Text handelt?
- Welche Ausführungen zum Detail werden gemacht?
- Welche Belege, Argumente und Beispiele werden benutzt?
- Was ist dem Autor besonders wichtig, worauf weist er besonders hin?
- Was ist die Aussageabsicht des Autors? Worauf will er hinaus?
- Welchen Charakter hat der Text (beschreibend, wertend usw.)?

Aufbau und Stil des Textes

- Wie geht der Autor vor, um seine Intention zu verfolgen?
- Wie ist der Text gegliedert? Welche Sinnabschnitte weist er auf?
- Welche allgemeinen Merkmale hat die Sprache des Textes? Versucht sich der Autor anzubiedern? Verwendet er bewusst ein bestimmtes Sprachniveau?
- Wie ist der Sprachstil des Textes? Handelt es sich z. B. um eine wissenschaftlich-nüchterne oder eine agitatorische Sprache?
- Fallen besondere sprachliche Mittel auf?

Rezeption (Aufnahme) des Textes

- An welches Publikum wendet sich der Autor aufgrund von Inhalt, Form und Sprache? Ist die angesprochene Zielgruppe identisch mit der tatsächlich erreichten?
- Was ist über die Aufnahme des Textes beim Publikum bekannt?

Textkritik

- Welchen Stellenwert hat der Text im Publikationszusammenhang, im Werk des Verfassers, in Bezug auf eine bestimmte Problematik oder Textsorte?
- Lässt sich der Text einer geistigen Strömung oder Epoche bzw. Ideologie zuordnen?

M 6 Textsorten in den Sozialwissenschaften

	Kognitive Texte	Normative Texte	Informative Texte	Appellative Texte
Beispiele	Lehrbuch, Sachbuch, wissenschaftlicher Text	Gesetz, Vertrag, Urteil, Verordnung	Nachricht, Meldung, Bericht, Reportage	Werbetext, Rede, Flugblatt, Programm
Inhalt	Die Verfasser teilen Erkenntnisse mit, fassen Ergebnisse zusammen	Festsetzen von Normen und Regeln, Abstecken von Grenzen	Feststellen bzw. Mitteilen von Beobachtetem, von Erfahrungen usw.	Interessengeleitete Darstellung, Aufforderungen
Intention	Mitteilen und lehren	Regulieren des Handelns, Festlegen des Verhaltens	Sachlich-objektive Darstellung	Überzeugen, auffordern, überreden, zu Handlungen veranlassen
Verfasser	Fachleute, Experten, Lehrkräfte	Richter, Parlamentarier, Juristen	Journalisten, Reporter, Wissenschaftler	Werbefachleute, Politiker, Pressestellen
Adressaten	Lernende, Interessierte, andere Fachleute	Betroffene, andere Juristen	Zeitungsleser, Medienkonsumenten	Potenzielle Käufer oder Wähler

1 Analysieren Sie einen aktuellen Zeitungsartikel nach den Vorgaben von M 5.

2 Sammeln Sie Texte aus Zeitungen oder aus dem Internet und ordnen Sie sie in das Schema M 6 ein.

Analyse von Tabellen

M7 Tabellenformat nach DIN 5008

Kopfbezeichnung / Vorspaltenbezeichnung	Gemeinsame Spaltenbezeichnung		
	Spaltenbezeichnung	**Spaltenbezeichnung**	**Spaltenbezeichnung**
Zellenbezeichnung			
Zellenbezeichnung		*Feld bzw. Zelle*	
Zellenbezeichnung			
Insgesamt		Summenzeile (nicht immer vorhanden)	

M8 Schritte zur Analyse von Statistiken und Diagrammen

1. Statistiken werden oft als Faktenmunition für Auseinandersetzungen in Politik und Wirtschaft genutzt, und besonders grafisch aufbereitete Daten sollen immer etwas „zeigen". Nicht immer ist der erweckte Eindruck den tatsächlichen Verhältnissen angemessen, und manchmal muss man selbst den Verdacht der Manipulation hegen. Es ist daher bei Statistiken zunächst wichtig zu wissen:
   - Wer ist der Auftraggeber für die jeweilige Erhebung?
   - Wer hat die Erhebung durchgeführt?
   - Von wem stammen die Werte? Ist die Erhebung repräsentativ?
2. Versuchen Sie zunächst Klarheit über die Sache und damit auch über die Begriffe zu gewinnen, über die die Statistik Auskunft geben soll.
   - Wie lautet das Thema, die Tabellenüber- oder -unterschrift?
   - Was wird miteinander in Beziehung gesetzt?
   - Welche Kriterien werden dabei verwendet?
3. Überprüfen Sie den formalen Aufbau der Statistik!
   - Um welche Materialart handelt es sich (Säulendiagramm, Indexkurve ...)?
   - Welche Zahlenarten werden verwendet (absolute, relative Zahlen), Prozentangaben oder Beziehungszahlen (...), Messzahlen und/oder Indexzahlen?
   - Wie genau sind die Zahlenwerte?
   - Ermitteln Sie den Bezugsraum und die zeitlichen Komponenten der Statistik; achten Sie auch auf die Zeit, in der die Statistik selbst erstellt wurde!
   - Prüfen Sie die Maßeinheiten der Achsen! Gibt es Zeitsprünge oder Verzerrungen?
   - Sind die verwendeten Begriffe und die Art der Gruppenbildung (z. B. EU-Länder) eindeutig?
4. Analysieren Sie die Aussage der Statistik:
   - Benennen Sie Minimal- und Maximalwerte!
   - Benennen Sie Häufigkeitsverteilungen!
   - Beschreiben Sie zeitliche Entwicklungen (gleichmäßig, sprunghaft?) und unterschiedliche Verlaufsphasen (Zunahme, Abnahme, Stagnation?)!
   - Prüfen Sie beim Vergleich von Zahlen, was verglichen wird! Es gibt Sachverhalte, die grundsätzlich oder zumindest mit bestimmten statistischen Methoden nicht vergleichbar sind.
   - Vergleichen Sie Daten untereinander und zeigen Sie Zusammenhänge auf; formulieren und belegen Sie mögliche Tendenzen und Arbeitshypothesen!
5. Bewertung und Kritik
   - Ist die gewählte grafische Darstellung geeignet?
   - Sind bei relativen Zahlenangaben die Grund- bzw. Bezugswerte angegeben?
   - Sind die gewonnenen Aussagen aufgrund des Zeitraums, der Zeitpunkte, des Bezugsraumes oder der Aufarbeitung mit zusätzlichem Material vergleichbar?
   - Überlegen Sie stets, ob das vorgelegte statistische Material dem Aussagewert entspricht, den man ihm unterstellt!

Bernd Kolossa: Methodentrainer, Berlin (Cornelsen) 2010, S. 76

M9 Lügen mit Statistik

Statistik ist ein komplexes Werkzeug. Eines mit verschiedenen Methoden und Vorgehensweisen, mit vielen Stellschrauben für den, der mit ihr arbeitet. (...)
Eines der vielen Missverständnisse um die Statistik ist, dass man mit ihr kausale Zusammenhänge beweisen könnte. Das kann man nicht. Um zu beweisen, dass aus einem bestimmten Umstand A mehr oder weniger zwingend ein Umstand B folgt, muss man A und B inhaltlich verstehen und über die reine Beobachtung hinaus einen Blick sozusagen unter die messbare Oberfläche werfen. Die Statistik wagt diesen Blick nicht. Sie kann nur beobachten, ob und wie häufig A und B empirisch zusammen auftreten. Das kann auf eine Kausalbeziehung hindeuten, muss aber nicht.
Für diese Beobachtung gibt es eine ganze Reihe statistischer Maßzahlen. Eine der einfachsten und bekanntesten ist die sogenannte Korrelation. Sie misst den Zusammenhang zwischen zwei Messgrößen, die man mit einer kontinuierlichen Skala beschreiben kann, wie z.B. Temperatur, Körpergröße usw. Die Korrelation ist auf das Intervall von −1 bis +1 normiert. Liegt sie nahe bei 1, dann treten hohe Werte der Messgröße A sehr häufig zusammen mit hohen Werten der Messgröße B auf, und analog niedrige mit niedrigen; es handelt sich also um einen positiven Zusammenhang, mit A steigt auch B. Liegt die Korrelation nahe bei −1, liegt ein negativer Zusammenhang vor, steigt A, so fällt also B, und umgekehrt. Bei Werten nahe 0 liegt meistens kein Zusammenhang vor.
Klassischerweise kann man bei hoher Korrelation sehr gut Regressionskurven durch die empirische Datenwolke legen, eine Gerade z. B.; bei niedriger Korrelation sind die Datenpunkte mehr oder weniger gleichmäßig im Raum verteilt.
Für andere Skalentypen, qualitative Merkmale (etwa Farben: rot, grün, blau) oder auch ordinale (Rangstufen wie z.B. Schulnoten), gibt es in der Statistik andere Maßzahlen, die ein ähnliches Funktionsprinzip haben und meistens ähnlich angenehm zu handhaben sind. Gerade dass diese Maßzahlen relativ einfach gestrickt sind, verleitet allerdings dazu, sie sehr häufig zu verwenden und auch überzuinterpretieren. Das führt aber in die Irre und oft zu grotesken Ergebnissen. Ein Forscher hat sich beispielsweise einmal den Spaß erlaubt, für eine bestimmte Region zwei Zeitreihen zu vergleichen, nämlich die Geburtenentwicklung und die Storchenpopulation. Beide verliefen nahezu parallel, und eine Berechnung ergab eine Korrelation von 0,7 – also einen recht starken positiven Zusammenhang. Daraus könnte man nun einen statischen „Beweis" für die alte Kindermär deuten, nach der der Storch die Kinder bringt. Nun: Wer daran glauben will, mag das tun; man kann aber auch nach einer dritten Größe, einer ‚erklärenden Hintergrundvariable" suchen, um den Zusammenhang plausibel zu deuten. In diesem Fall stößt man auf die wirtschaftliche Entwicklung, auf Industrialisierung und Verstädterung, die sowohl den Störchen ihren Lebensraum nahmen als auch die Lebensstile so veränderten, dass die Geburtenrate sank. (...)
Die Korrelation und ihre Verwandten können also ein Indiz dafür sein, wo man nach kausalen Zusammenhängen durch fachwissenschaftliche Forschung suchen sollte; aber sie ersetzen diese sachlogischen Überlegungen nicht. Das muss man sich klarmachen und von manchem bequemen Begründungsmuster Abschied nehmen. Dass man nachweisen kann, dass sich die globale Durchschnittstemperatur und die CO_2-Konzentration in der Atmosphäre in der Erdgeschichte nahezu parallel entwickelt haben, und das à la Al Gore auch dramatisch grafisch veranschaulichen kann, beweist also noch nicht, dass die CO_2-Konzentration die Temperatur wirklich bestimmt. Und dass in einem Langzeitexperiment diejenigen Probanden, die regelmäßig genau ein Glas Wein am Tag tranken, im Mittel einige Jahre länger lebten als die übrigen, sagt noch nicht, dass moderater Weinkonsum wirklich gesundheitsfördernd ist. Es ist ein Hinweis darauf. Mehr aber nicht.

Christian Roth: Wie lügt man mit Statistik?, Akademische Blätter, 18.1.2011, in: http://akademische-blaetter.de (Zugriff: 20.2.2012)

1 Sammeln Sie Beispiele für Manipulationen mit Statistiken.
2 Erläutern Sie die Art der Manipulation

Arbeiten mit Texten

M 10 Lesen, Notizen machen, Zusammenfassen

Im Folgenden geht es darum, Ihnen beim Lesen und Bearbeiten wissenschaftlicher oder sonst schwieriger Texte zu helfen und die Schwierigkeiten bewusst zu machen. (...)

Vorbereitung der Lektüre
Eine große Gefahr (Verführung!) besteht darin, dass man, sobald die Texte vorliegen, unverzüglich mit Lesen beginnt. Um einen Überblick zu gewinnen, das Verständnis zu verbessern, eine Beurteilung zu ermöglichen und das Gedächtnis zu unterstützen, ist es von Vorteil, das Lesen und Bearbeiten der Texte erst vorzubereiten. (...)

Überblick gewinnen
Auch wenn das richtige Buch, der richtige Artikel vorliegt, auch wenn ich genau weiß, wonach ich suche und was ich mir erarbeiten möchte, so beginne ich immer noch nicht mit Lesen. Ich verschaffe mir zuerst einmal einen Überblick. Ich mache mir anhand des Inhaltsverzeichnisses, der Kapitelüberschriften und Untertiteln ein Bild vom Aufbau des Buches oder Artikels etc. Ich untersuche, was gewichtet wurde, die Ausführlichkeit, den wissenschaftlichen Stil, z. B. arbeitet der Autor eher quantitativ (Zahlen, Statistik etc.) oder qualitativ (Beschreibungen, Schätzungen etc.). Ich mache mir anhand des Literaturverzeichnisses ein Bild, in welchem fachlichen Kontext der Text verfasst wurde und bearbeitet werden will.

Von eigenen Fragen ausgehen
Bevor ich mit dem Lesen beginne, stelle ich mir Fragen zum Inhalt. Was erwarte ich genau? Was weiss ich schon? Wo knüpft dieser Text bei meinem Wissen an? Wo sind allenfalls Schwierigkeiten zu erwarten – bei meinen evtl. mangelnden Vorkenntnissen oder beim Text?
Ein Tip! Nehmen Sie den Titel und das Inhaltsverzeichnis zu Hilfe. Fragen Sie sich zu jeder Überschrift: Was müsste hier dargestellt werden? Welche Auffassung wird der Autor vertreten? Was erwarte ich als deren Begründung? Versuchen Sie das Buch sozusagen im Geiste selber zu „schreiben".
Mit diesen Vorbereitungen haben Sie eine Übersicht und wissen nun, wonach Sie suchen. Somit sind Sie gut vorbereitet, um mit der Lektüre zu beginnen.

Lesen und Bearbeiten des Textes
Eigenheiten wissenschaftlicher Texte: Wissenschaftliche Texte besitzen ihre Zielsetzungen in der Informations-, Wissens- und Erfahrungsvermittlung. Sie sind infolgedessen um äußerste Klarheit und Verständlichkeit bemüht (oder sollten es sein). Folgende Eigenheiten zeichnen einen wissenschaftlichen Text aus:
- *Fachsprache* (Fachterminologie, Wissenschaftsstil etc.);
- *Struktur* (wissenschaftliche Texte besitzen einen bestimmten Aufbau, eine bestimmte Darstellungsweise);
- *Referenzen* auf schon geleistete Forschung, Untersuchungen, Berichte etc.

Fachsprache
Fachterminologie und allgemeine Fremdwörter stellen für verständnisvolles Lesen und Bearbeiten oft ein Hindernis dar. Deren Kenntnisse setzen wissenschaftliche Texte normalerweise voraus. Und das ist legitim, denn Fachleute wollen sich nicht in jedem Texte mit für sie bereits bekannten Bedeutungserklärungen beschäftigen. Fachbegriffe dienen ja gerade dem Ziel der knappen Ausdrucksweise und dem der höchsten Klarheit und Deutlichkeit. Stößt man beim Lesen auf Fachbegriffe, die man nicht versteht, so versucht man vorerst einmal durch den Kontext ein vorläufiges Verständnis zu gewinnen. Aber Achtung! Man darf sich nicht dabei zufrieden geben. Am besten, man sucht mit Hilfe des Begriffs-Indexes (nicht immer vorhanden) alle Textstellen auf, die den Fachbegriff enthalten. So kann man sich ein präziseres Bild von seiner Bedeutung machen. Den besten Aufschluss über die Bedeutung erhält man allerdings erst in Handbüchern des betreffenden Fachgebietes. Für allgemeine Fremdwörter benütze man ein entsprechendes Wörterbuch. Das Ziel ist, dass Sie Ihren Wortschatz sukzessive erweitern.

Struktur
Wissenschaftliche Texte sind stark strukturiert: Kapitel, Unterkapitel, Abschnitte. Jeder dieser Teile besitzt eine bestimmte bedeutungstragende Funktion:
- Jeder Abschnitt drückt einen Hauptgedanken aus.
- Unterkapitel verbinden die Hauptgedanken zu einem umfassenderen Bedeu-

tungsgebilde, z. B. zu einer Beschreibung eines Vorganges, eines Modelles, einer Theorie etc.

- Kapitel verbinden diese Gebilde wieder zu einer umfassenderen Bedeutungseinheit, z.B. Entwicklung einer wissenschaftlichen Hypothese, Beschreibung eines Experimentes etc.

Für die Textbearbeitung ist es unerlässlich, dass man sich den Hauptgedanken jedes Abschnittes genau erarbeitet. Ein Abschnitt besteht in der Regel aus folgenden Aussagearten:

- Kernaussage = Träger des Hauptgedankens (hier sind die Schlüsselwörter anzutreffen);
- Erläuterungen zur Kernaussage (Definitionen, Erklärungen etc.);
- Beispiele zur Kernaussage oder zu den Erläuterungen;
- Strukturangaben: „Wir betrachten zuerst ....“ oder „Eine Konsequenz besteht darin....“

Zusätzliche Darstellungen:

- Tabellen, Grafiken, Realbilder, Mikroskopische Aufnahmen etc.

Achten Sie genau darauf, welche Funktionen und Informationen diese Darstellungen im Einzelnen besitzen. Dienen sie der Veranschaulichung, zeigen sie Funktionen auf, sind sie Nachweise für etwas Bestimmtes?

Referenzen

Forschungsresultate und Gedanken gründen oft auf Arbeiten anderer Personen, oder werden durch Aussagen anderer Personen bestätigt. Wenn immer solche Zusammenhänge bestehen, wird in wissenschaftlichen Texten versucht, die korrekte Referenz anzugeben. Wie beim Wortschatz, gilt auch hier, dass, je besser Sie die Literatur eines Fachgebietes kennen, desto einfacher wird das Lesen. Es ist wichtig, dass Sie sich die Namen von Autoren und Wissenschaftern merken. Versuchen Sie die wissenschaftliche Position dieser Personen zu ergründen, damit Sie deren Aussagen zuordnen können.

Markieren

Um sich im Text beim Bearbeiten (oder zu einem späteren Zeitpunkt) schneller orientieren zu können, ist es nützlich, am Textrand Markierungen oder Notizen anzubringen. Es ist ratsam, dies wirklich nur am Rande zu tun, und zwar nur mit Bleistift. Der Text sollte frei bleiben, denn man sollte ihn immer wieder „neu“ lesen können. Hat man hingegen im Zuge einer ersten Lektüre in allen Abschnitten mit Leuchtstift oder Kugelschreiber die falschen Sätze als Kernaussagen gekennzeichnet, so ist der Text in der Folge fast nicht mehr lesbar.

Es ist auch hilfreich, einen eigene Markierungskode zu entwickeln: z.B. „!“ für Kernaussage, „Def“ für wichtige Definitionen, „F“ für Fachbegriff etc.

Lesenotizen

Wer beim Lesen laufend Notizen macht, prägt sich nicht nur den Inhalt besser ein, sondern liest auch sorgfältiger. Es ist aber ratsam, nicht einfach Sätze abzuschreiben, sondern eine eigene Formulierungen und Darstellungsformen zu wählen, die einen weiteren Arbeitsschritt umfassen. Zum Beispiel mittels einer skizzenhaften Darstellung der Zusammenhänge können Sie einen Überblick über die einzelnen Informationen erhalten.

Kritisches Lesen

Wissenschaftliche Texte bemühen sich zwar, möglichst objektiv zu sein. Trotzdem ist es wichtig, auf folgende Dinge zu achten:

- Unterschied zwischen Aussagen, die Tatsachen ausdrücken oder bloß Meinungen oder Mutmaßungen des Autors wiedergeben. Hypothesen sollten als solche sorgfältig gekennzeichnet sein. Dabei ist auf die Begründungen und auf allfällige Referenzen auf die Forschung oder Untersuchungen zu achten.
- Auch wissenschaftliche Texte besitzen rhetorische Komponenten. Sie vertreten eine bestimmte Auffassung, verfolgen eine bestimmte Absicht, wollen überzeugen etc.
- Wissenschaftliche Texte sind geprägt durch die historische Entwicklung und evtl. durch die Kultur, in der sie entstanden sind.

Leonard Lutz/Maia Egeli: Arbeiten mit Texten – Anleitungen und Tipps, Zeitschrift „Technische Dokumentation“ 9/2001, in: http://www.doku.net (Zugriff: 20.2.2012)

1 Lesen Sie einen längeren Text aus dem Buch nach Absprache im Kurs einzeln streng nach den Angaben in der Anleitung.

2 Tauschen Sie Ihre Erfahrungen aus.

Gruppenpuzzle (Jigsaw)

M 11 Form kooperativen Lernens

Die Jigsaw-Methode (auch: *Mosaikspiel*) wurde 1978 vom Sozialpsychologen Elliot Aronson in den USA entwickelt und wird auch als Puzzle-Methode oder Gruppenpuzzle bezeichnet. Als Methode für die Textarbeit in Gruppen wurde sie ursprünglich im schulischen Kontext eingesetzt, eignet sich aber auch für die Verwendung in der Hochschullehre.

Bei der Jigsaw-Methode handelt es sich um eine Form kooperativen Lernens, welche „durch die Verschränkung dreier pädagogischer Prinzipien (Kooperation, Interdependenz, Lernen durch Lehren) den Zusammenhalt und die Ergebnisse einer Lerngruppe verbessern" soll. Ziel der Methode ist, Lernen durch Lehren zu initiieren. Deshalb erfolgt bei der Textarbeit nach der Jigsaw-Methode ein Wechsel zwischen verschiedenen Rollen der Lernenden und der Sozialformen, sodass die Lernenden Erfahrungen auf verschiedenen Ebenen erwerben können. Sie nehmen die Rolle des Lernenden, aber auch die des Lehrenden ein und arbeiten in verschiedenen Gruppenzusammensetzungen auch in Einzelarbeit.

Die Abfolge der verschiedenen Phasen der Jigsaw-Methode verläuft in folgenden sechs Schritten:

1. Schritt: Textauswahl und Textaufteilung:
Der Dozent wählt den Text aus und teilt diesen in die durch die Lernenden zu bearbeitenden Abschnitte auf.

2. Schritt: Erläuterung der Methode und Bildung der Stammgruppen (SG):
Die Lernenden werden vom Dozenten über die nun zum Einsatz kommende Jigsaw-Methode und die damit verbundenen Lernziele informiert. Das Plenum wird in sogenannte Stammgruppen aufgeteilt.

3. Schritt: Verteilen der Texte und Bildung der Expertengruppen (EG):
Der Dozent übergibt jeder SG einen Satz der Texte, d. h. jede SG hat die gleiche Textgrundlage. Innerhalb der SG einigen sich die Gruppenmitglieder, wer welchen Textabschnitt bearbeiten wird. Mit der Aufteilung der Texte innerhalb der SG werden automatisch die EG gebildet, sie setzen sich jeweils aus den Personen der verschiedenen SG zusammen, die den gleichen Textabschnitt zur Bearbeitung gewählt haben.

4. Schritt: Selbststudium der Texte:
Jeder Lernende liest nun seinen Text und eignet sich ihn mit dem Ziel an, ihn zu verstehen, um ihn später den Mitgliedern seiner SG vermitteln zu können.

5. Schritt: Textarbeit in den EG:
Die Lernenden diskutieren den Text in den EG, erarbeiten ein gemeinsames Textverständnis und überlegen, wie sie dies als Experten in den SG vermitteln können.

M 38 Die einzelnen Phasen

Erste Phase:
Stammgruppen
- Erstinformation
- Problemstellung

Zweite Phase:
Expertengruppen
- Spezifische Themen

Dritte Phase:
Stammgruppen
- Gegenseitige Information über Arbeitsergebnisse

Nach: http://lehrerfortbildung-bw.de (Zugriff: 22.2.2012)

6. Schritt: Wissensvermittlung der Experten in den Stammgruppen:
Die Experten kehren in ihre SG zurück. Nun geben alle ihr Expertenwissen aus ihren Texten an die anderen Mitglieder der SG reihum weiter.
www.wikipedia.de (Zugriff: 22.2.2012)

M 13 Die grundlegende Vorgehensweise des Kooperativen Lernens

Think–Pair–(Square)–Share

- Zuerst die individuelle Auseinandersetzung mit einer Aufgabe/Anforderung;
- danach der Austausch im Paar, die wechselseitige Ergänzung, die Kontrolle des eigenen Verständnisses im sicheren Kontakt mit dem Partner und
- (eventuell) sodann in der – immer noch schützenden – Vierer-Gruppe;
- erst am Schluss der Schritt in die Öffentlichkeit der Klasse, der Bericht, die Demonstration des Gelernten vor den (kritischen) Augen der ganzen Lerngruppe und des Lehrers.

1. Schritt: Think (Denken)

Die einzelne Schülerin, der einzelne Schüler bearbeiten einen Auftrag, z. B. einen Text zu lesen, ein Bild zu deuten oder dazu zu assoziieren, ein erweitertes Namensschild zu erstellen etc. Normalerweise bearbeiten in dieser Phase alle Schülerinnen und Schüler eine Aufgabe, die im folgenden Schritt einen sinnvollen Austausch ermöglicht. In der Regel wird die Lehrerin/der Lehrer für diesen Arbeitsschritt eine knapp bemessene Zeit angeben, um eine angemessene Arbeitshaltung zu erzeugen. Nach der angekündigten Zeitspanne folgt der nächste Schritt:

2. Schritt: Pair (Paare bilden)

Die Schülerinnen und Schüler werden nun paarweise zusammengesetzt und darüber informiert, dass jeder nach dieser Phase in der Lage sein soll, den Bericht ihres Partners der Gesamtgruppe vorzustellen. Es ist sinnvoll, das gewünschte Verhalten der Schülerinnen und Schüler in dieser Phase klar zu modellieren. Dann tauschen sich die Paare über ihre Arbeitsergebnisse aus. Dies geschieht in der Regel in einer etwas ritualisierten Form: Zuerst wird der Partner A seine Aufgabe und sein Arbeitsergebnis vorstellen, während Partner B sich Notizen macht, danach vice versa. Auch in diesem Schritt ist die Zeit üblicherweise knapp bemessen.

3. Schritt: Square (Vierergruppen bilden)

In diesem Schritt verbinden sich je zwei Paare zu einer Vierergruppe, in der dann – in knapper Form – jedes Mitglied seinen Paar-Partner mit seinen Arbeitsergebnissen vorstellt. Insbesondere, wenn eine neue Gruppenbildung angestrebt wird, ist dieser Weg sehr nützlich, da hier die Chance besteht, Kontaktivität und inhaltliche Arbeit problemlos zu verknüpfen.

4. Schritt: Share (sich aufteilen)

In dieser Phase präsentieren Schülerinnen und Schüler Ergebnisse der früheren Arbeitsphasen der gesamten Lerngruppe. Dies kann die Form annehmen, dass nach der Partnerarbeit einzelne Schülerinnen und Schüler jeweils die Arbeitsergebnisse ihres Partners vorstellen; es kann sein, dass nach einer Gruppenarbeitsphase Schülerinnen und Schüler als Sprecher der einzelnen Gruppen die Gruppenergebnisse präsentieren. In allen Fällen ist es so, dass die Präsentatoren Arbeitsergebnisse präsentieren, die sie nicht allein zu verantworten haben.

Nach: http://www.kooperatives-lernen.de (Zugriff: 22.2.2012)

Politische Urteilsbildung

M 14 Politisches Urteilen

Das politische Urteilen ist eine Kunst, die man erlernen kann. Auf dieser Methodenseite finden sich Hinweise, nach denen etwa die Aufgabe des Beurteilens eines Sachverhalts oder einer These besser bewältigt werden kann.

Das Urteil ist ganz allgemein eine begründete Stellungnahme zu einer Frage oder einem Problem. Die Urteilsbildung, also der Prozess der Begründung, steht dabei im Mittelpunkt. Vier Komponenten sind für ein politisches Urteil wichtig:

- Kriterien müssen verfügbar sein, mittels derer Stellungnahmen geäußert werden können;
- Kategorien sind Leitbegriffe, die es ermöglichen, Kriterien zu ordnen und einzuordnen;
- Betrachtungsebenen verdeutlichen, für welchen Ausschnitt der Realität die gefällten Urteile gelten sollen;
- Perspektiven berücksichtigen die Tatsache, dass es unterschiedliche Sichtweisen auf ein und dieselbe Sache gibt.

M 52 Aspekte politischer Urteilsbildung

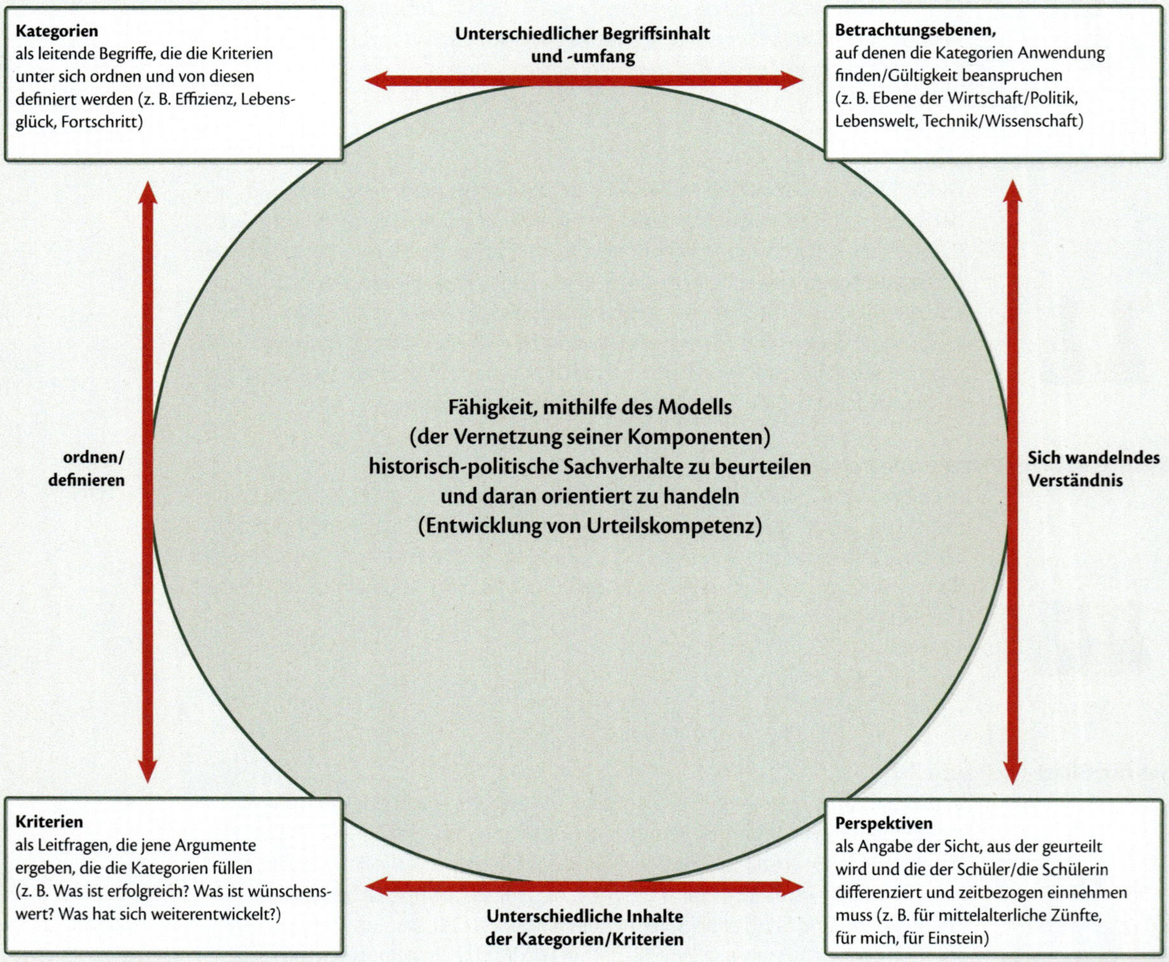

Quelle: J. Kayser/U. Hagemann (Hg.): Urteilsbildung im Geschichts- und Politikunterricht, Berlin 2005, S. 42

M16 Stufen des moralischen Urteilens nach Kohlberg

I. Das präkonventionelle Stadium

Moralische Wertung beruht auf äußeren (...) Geschehnissen, schlechten Handlungen oder auf quasi-physikalischen Bedürfnissen statt auf Personen und Normen.

Stufe 1: Orientierung an Bestrafung und Gehorsam. Egozentrischer Respekt vor überlegener Macht oder Prestigestellung bzw. Vermeidung von Schwierigkeiten. Objektive Verantwortlichkeit.

Stufe 2: Naiv egoistische Orientierung. Richtiges Handeln ist jenes, das die Bedürfnisse des Ich und gelegentlich die der anderen instrumentell befriedigt. Bewusstsein für die Relativität des Wertes der Bedürfnisse und der Perspektive aller Beteiligten. Naiver Egalitarismus und Orientierung an Austausch und Reziprozität.

II. Das konventionelle Stadium

Moralische Wertung beruht auf der Übernahme guter und wichtiger Rollen, der Einhaltung der konventionellen Ordnung und der Erwartung anderer.

Stufe 3: Orientierung am Ideal des „Guten Jungen". Bemüht, Beifall zu erhalten und anderen zu gefallen und ihnen zu helfen. Konformität mit stereotypischen Vorstellungen vom natürlichen oder Mehrheitsverhalten, Beurteilung aufgrund von Intentionen.

Stufe 4: Orientierung an Aufrechterhaltung von Autorität und sozialer Ordnung. Bestrebt, „seine Pflicht zu tun", Respekt vor der Autorität zu zeigen und die soziale Ordnung um ihrer selbst willen einzuhalten. Rücksicht auf die Erwartungen anderer.

III. Das postkonventionelle Stadium

Moralische Wertung beruht auf Konformität des Ich mit gemeinsamen (oder potenziell gemeinsamen) Normen, Rechten oder Pflichten.

Stufe 5: Legalistische Vertragsorientierung. Anerkennung einer willkürlichen Komponente oder Basis von Regeln und Erwartungen als Ausgangspunkt der Übereinstimmung. Pflicht definiert als Vertrag, allgemein Vermeidung der Verletzung von Absichten oder Rechten anderer sowie Wille und Wohl der Mehrheit.

Stufe 6: Orientierung an Gewissen oder Prinzipien. Orientierung nicht nur an zugewiesenen sozialen Rollen, sondern auch an Prinzipien der Entscheidung, die an Universalität und Konsistenz appellieren. Orientierung am Gewissen als leitendem Agens und an gegenseitigem Respekt und Vertrauen.

Lawrence Kohlberg: Zur kognitiven Entwicklung des Kindes. Frankfurt 1974. S. 60; zit. nach: Sybille Reinhardt: Werte-Wandel und Werte-Erziehung. Perspektiven politischer Bildung. In: Silvia Buchen, Elke Weise (Hg.): Schule und Unterricht vor neuen Herausforderungen, Weinheim 1995, S. 138 f.

M17 Regeln des Urteilens

1. Die Kriterien zur Beurteilung des konkreten Falles sind so zu wählen, dass sie auch für die Beurteilung ähnlicher Fälle Gültigkeit beanspruchen können.

Erläuterung: Ohne Kriterien ist keine praktische Entscheidung möglich. Sie können aus tradierten oder vorläufigen Urteilen eruiert werden. Angesichts neuer Entscheidungsprobleme, die sich z. B. infolge von technischem Fortschritt ergeben, sind innovative und besonders intensive Bemühungen um die Entwicklung neuer Beurteilungskriterien notwendig.

2. Die für die Bearbeitung des Falles relevanten Aussagen über die Wirklichkeit (Sachverhaltsfeststellungen) müssen auf sachliche Richtigkeit, auf ihren Wahrheitsgehalt hin überprüft werden. Hierfür ist die theoretische Vernunft zuständig.

Erläuterung: Ausgehend von den Kriterien zur Beurteilung des Falles sind die Sachverhaltsfragen zu klären. Es muss gleichsam eine Beweisaufnahme durchgeführt werden.

3. Die Passung von Beurteilungskriterien und Aussagen auf die Wirklichkeit ist schrittweise zu verbessern.

4. Die Gesamtentscheidung ist so zu fällen, dass die Einzelurteile angemessen berücksichtigt werden.

Erläuterung: Das Gesamturteil sollte nicht nur logisch und stilistisch aus „einem Guss" sein, sondern auch inhaltlich eine angemessene Berücksichtigung der einzelnen Urteile widerspiegeln.

Wolfgang Sander: Sieben Regeln zur Urteilsbildung (gekürzt), www.pbnetz.de

Sach- und Werturteile

M18 Werturteile in Wissenschaft und Politik

Gesellschaftliche Grundwerte finden sich zum Beispiel im Grundgesetz, in Gesetzestexten, in politischen Programmen sowie in Reden von Parlamentariern, Regierungsvertretern oder anderen Persönlichkeiten des öffentlichen Lebens. Grundwerte stellen Werturteile dar und unterscheiden sich damit von Sachurteilen:

- Sachurteile sind Aussagen über Erkenntnisse und Informationen. Sie beziehen sich auf das, was ist, und wollen erklären, warum die Wirklichkeit so ist, wie sie ist, zum Beispiel, wie Arbeitslosigkeit entsteht.
- Werturteile beziehen sich dagegen auf das, was sein soll. Sie formulieren Bekenntnisse und Appelle und beinhalten eine Stellungnahme, wie beispielsweise: „Die Bekämpfung der Arbeitslosigkeit sollte das wichtigste Ziel der Wirtschaftspolitik sein".

Die Wirtschaftswissenschaftler früherer Jahrhunderte haben Sach- und Werturteile vermischt: Sie beschrieben die Realität, stellten Theorien über ökonomische Zusammenhänge auf (= Sachurteile) und gaben gleichzeitig Empfehlungen zur Gestaltung der Wirtschaft (= Werturteile). Zu Beginn des 20. Jahrhunderts erhob der deutsche Soziologe und Philosoph Max Weber (s. S. 29) dagegen die Forderung, Sachurteile und Werturteile zu trennen.

Nach seiner Ansicht kann Wissenschaft nicht vorgeben, was getan werden soll, sondern nur aufzeigen, welche Mittel zur Verwirklichung welcher Ziele taugen. Werturteile bleiben der Politik vorbehalten, die entscheiden muss, welche Ziele angestrebt werden sollen. Wenn es zum Beispiel einen Konflikt zwischen den Zielen Vollbeschäftigung und Preisstabilität gibt, dann muss die Politik festlegen, welches Ziel in der gegebenen Situation als wichtiger anzusehen ist. Die Wissenschaft kann die Politik dabei auf der Grundlage der jeweils vorgenommenen Bewertung beraten.

Heute hat sich Max Webers Auffassung weitgehend durchgesetzt, wenngleich sie nie gänzlich unumstritten geblieben ist. Das liegt auch daran, dass es im konkreten Einzelfall keineswegs einfach ist, Wert- und Sachurteile auseinanderzuhalten. Dies ist aber sehr wichtig, wenn man zum Beispiel versteckte Beeinflussung, also Manipulation, erkennen will: Wer Werturteile als Sachurteile „tarnt", erweckt den Eindruck, eine Aussage sei wissenschaftlich begründet und daher „objektiv wahr", obwohl es sich tatsächlich um ein Werturteil handelt, das man teilen mag oder auch nicht. Es muss erkennbar sein, welche Aussagen Werturteile und welche Sachurteile sind. Dies ist die Forderung nach „Werttransparenz". Zum Beispiel könnte sich hinter der Aussage, der internationale Handel gefährde Arbeitsplätze in Deutschland und müsse deshalb beschränkt werden, ein Werturteil zugunsten von nationaler Autarkie verstecken, die einer modernen, arbeitsteiligen Weltwirtschaft nicht angemessen ist. Das Werturteil würde so durch eine scheinbar ökonomische Sachaussage getarnt.

Hans-Jürgen Schlosser: Werturteile in Wissenschaft und Politik, in: Informationen zur politischen Bildung, H. 294 (2007)

M19 Gegen die Verletzung humaner Werte

Demonstranten protestieren am Brandenburger Tor in Berlin gegen den syrischen Machthaber Assad, Februar 2012

Deskriptive und präskriptive Aussagen

Aussagearten oder Aussagetypen sind Klassifikationskategorien, die helfen sollen, Typen von sprachlichen Äußerungen bzw. deren Gehalt zu unterscheiden. Beispiel hierfür ist die Unterscheidung von beschreibenden (deskriptiven) und vorschreibenden (präskriptiven) Sätzen.

M20 Deskription und Präskription

Deskriptiv (von lat. describere, beschreiben, umschreiben) bezeichnet einen beschreibenden bzw. abbildenden Text oder Standpunkt, der den Anspruch einer wertfreien Betrachtung erhebt. Gefragt wird durch Seiens-Fragen nach der Faktizität von etwas. Dargestellt wird der Seins-Zustand. Beim wissenschaftlichen Arbeiten wird besonders zwischen normativen und deskriptiven Betrachtungen unterschieden, um intersubjektiv nachvollziehbare Grundlagen zu entwickeln, beispielsweise in der Betrachtung politischer Systeme. Beispiele für Deskription sind u. a. empirische Erhebungen, die dazu dienen, Aussagen über den gegenwärtigen Zustand der Gesellschaft zu machen (Arbeitslosenzahl), aber auch Analysen menschlichen Verhaltens im Rahmen der Soziologie, Psychologie oder Philosophie. Normative Aussagen wären dahingegen solche, die einen Soll-Zustand beschreiben, etwa Mindestlöhne oder das „ideale" Verhalten von Menschen.
Das Ziel der Präskription ist die Festlegung von Strukturmerkmalen, die im Rahmen wissenschaftlicher Beobachtungen als wiederkehrende, typische Merkmale zu erfassen sein müssen. Die Präskription ist also eine wissenschaftliche Methode zur Herausbildung einer These, die im Anschluss an die Thesenbildung durch empirische (allgemeine) Beobachtung oder durch ein Experiment abgesichert werden muss.
Wikipedia.de (Zugriff: 15.8.2012)

M21 Typen von Aussagen

Aussagetyp	Zweck	Erläuterung	Beispiel
Empirisch bzw. deskriptiv	Beschreibt das, was man vorfindet oder vorfinden wird.	Empirische Information kann gewiss oder ungewiss sein; deskriptive Information ist gewiss, sofern sie auf empirischen Erhebungen beruht; prognostische Information ist ebenfalls empirische Information, aber sehr ungewiss, nur unter Wahrscheinlichkeit richtig.	„Das Wirtschaftswachstum der Gemeinde hat sich verlangsamt."
Normativ	Enthält ein Werturteil über das Vorgefundene.	Streng genommen kann normative Information in deutende und urteilende Information unterteilt werden: Deutende Information ordnet die empirische Information ein und sagt etwas über ihre Relevanz aus. Urteilende Information sagt etwas über die Wertigkeit von Variablen, Phänomenen etc. für einen bestimmten Akteur aus.	„Das Wirtschaftswachstum der Gemeinde sollte sich erhöhen."
Präskriptiv	Soll einen Adressaten zu einem bestimmten Handeln bewegen; gibt Handlungsanweisungen.	Spielt in Plänen naturgemäß eine große Rolle.	„Die Gemeinde soll ein Technologiezentrum einrichten, um Klein- und Mittelunternehmen den Technologietransfer zu erleichtern."

Normative und präskriptive Aussagen sind nicht immer auf den ersten Blick zu trennen, sie haben aber unterschiedliche rechtliche und politische Konsequenzen. Je nach der Formulierung können Planaussagen normativ oder präskriptiv gemeint sein. Ein häufiges Argument von Städten im Widerspruch gegen Regionalpläne ist, dass normative und präskriptive Aussagen (an die die Gemeinden gebunden sind) sprachlich nicht exakt genug voneinander getrennt sind.
Nach: Dietrich Fürst/Frank Scholles: Wirtschafts- und kommunikationstheoretische Grundlagen der Planung (2000); in: http://www.laum.uni-hannover.de (Zugriff: 16.1.2009)

1 Formulieren Sie deskriptive, normative und präskriptive Aussagen zu einem soziologischen Thema.

Recherche

Die Recherche ist eine Arbeitstechnik des Journalismus und bedeutet die Beschaffung von neuen und wichtigen Informationen. Die journalistische Recherche kann als Vorbild für die Informationsbeschaffung dienen, die in der Schule wichtig ist. An Information herrscht spätestens seit dem Siegeszug des Internets kein Mangel. Information ist anscheinend schnell beschafft. Aber ist es auch die richtige, ist sie korrekt und noch aktuell, trifft sie auf die Fragestellung zu? Die eigentliche Arbeit der Informationsrecherche muss sich mehr und mehr solchen Fragen widmen. Die Informationsbeschaffung erschöpft sich nämlich nicht im mehr oder weniger zufälligen Auffinden. Entscheidend ist die Prüfung und Einordnung der Information.

M 22 Vorgehen bei der Recherche

Um die unüberschaubare Datenmenge vorzustrukturieren, empfiehlt sich folgendes Vorgehen.

1. Schritt: Planung

Nach der Festlegung eines Themas prüft der politische Bildner, ob überhaupt genügend brauchbare Online-Dokumente verfügbar sind und stellt eine Sammlung von Internet-Adressen zusammen, die als Ausgangspunkt für die Recherche dienen können. Die Internet-Adressen sollten möglichst kommentiert werden. Ob sich ein Online-Dokument als Informationsquelle eignet, lässt sich mit den Kriterien aus M 2 feststellen.

2. Schritt: Erste Recherche

Grundlage der ersten Recherche ist ein klar formulierter Recherche-Auftrag. Dieser Auftrag fordert dazu auf,

- vorgegebene (Start-)Seiten zu besuchen,
- evtl. weitere Online-Seiten ausfindig zu machen,
- die gefundenen Seiten zu selektieren,
- online gefundenes Material durch Abspeichern oder Ausdrucken festzuhalten und
- den Rechercheweg detailliert zu dokumentieren.

Entscheidend ist, dass das festgehaltene Material nur wenige Seiten umfasst.

3. Schritt: Auswertung

Das Ergebnis der ersten Recherche wird ausgewertet, indem

- das festgehaltene Material noch einmal selektiert und bewertet,
- sprachlich erschlossen und
- hinsichtlich der Themenstellung aufbereitet wird.

4. Schritt: Weitere Recherchen

Der Sinn weiterer Recherchen durch den Einsatz zusätzlicher Suchwerkzeuge liegt in der Vertiefung des erworbenen Informationsstandes und der Optimierung der Suchstrategie.

5. Schritt: Aufarbeitung und Vorbereitung der Präsentation

Wie im 3. Schritt werden die Resultate der weiteren Recherchen ausgewertet; zusätzlich geht es nun aber darum, eine Präsentation vorzubereiten

6. Schritt: Präsentation und Diskussion

Entsprechend der Arbeiten in Phase 5 werden die Recherche-Resultate präsentiert und in der Gesamtgruppe kritisch gewürdigt.

Frank Langner: Internet. Methodische Hinweise zum Medieneinsatz, 2002; http://www.sowi-online.de (Zugriff: 16.1.2009)

M 23 Wichtige Fragen zur Recherche auf Internet-Seiten

- Enthält die Seite relevante Informationen?
- Sind die Informationen sachlich korrekt und seriös?
- Sind die Informationen aktuell? Ist ein Aktualisierungsdatum angegeben?
- Ist die Strukturierung der Inhalte transparent, logisch und der Sache angemessen?
- Sind Informationen über den Anbieter gegeben? Wer, welche Einrichtung?
- Werden Quellen und Zitate korrekt angegeben?

Eugen Baacke/Gisela Ruprecht: Politische Bildung @Netz, in: Herbert Kubicek u. a.: Jahrbuch Telekommunikation und Gesellschaft 2000, S. 7 f.

1 Führen Sie eine Recherche durch zu einem selbstgewählten soziologischen Thema.

Umgang mit Theorien

M 24 Was ist eine „Theorie"?

Eine Theorie ist ein vereinfachtes Bild eines Ausschnitts der Realität, der mit diesem Bild beschrieben und erklärt werden soll, um auf dieser Grundlage möglicherweise Prognosen zu machen und Handlungsempfehlungen zu geben. Jeder Theorie liegen mehr oder weniger deutlich ausformulierte Annahmen zugrunde. Es lassen sich Alltagstheorien und wissenschaftliche Theorien unterscheiden. Letztere unterscheiden sich von Ersteren durch höheren Grad an Bewusstheit, ausdrückliche Formulierung, größeren Umfang und meist durch die Einbeziehung von systematischer Beobachtung, die der Prüfung der Theorien dient (empirische Prüfung)

Wikipedia.de (Zugriff: 20.12.2009)

M 25 Soziologische Theorieansätze

Es gibt vor allem die folgenden Ansätze:

- mikrosoziologische Theorieansätze: Sie sind auf die Handlungen von Individuen und Kleingruppen bezogen;
- makrosoziologische Theorieansätze: Sie gehen von größeren gesellschaftlichen Strukturzusammenhängen aus;
- Theorien mittlerer Reichweite: Das (…) Theorie- und Erkenntnisprogramm der Theorien mittlerer Reichweite geht davon aus, dass die mikrosoziologischen Theorien zu kurz greifen, weil sie Gesellschaftsstrukturen gar nicht oder nur unvollkommen in den Blick bekommen, und weil die makrosoziologischen Theorien zwar wünschenswert, aber (gegenwärtig) auf einer wirklich konsistenten (*widerspruchsfreien*) Basis nicht formulierbar sind.

Nach: Bernhard Schäfers (Hg.): Grundbegriffe der Soziologie, 6. Aufl. Opladen 2000, S. 340 ff.

mikro (griech.)**:** klein
makro (griech.)**:** groß

M 26 Zur Analyse von soziologischen Theorien

Zur Analyse einer Theorie gehören auf jeden Fall die folgenden Aspekte:

- Von welchem Faktenmaterial, von welchen Beobachtungen geht die Theorie aus?
- Welche Zusammenhänge zwischen dem Beobachteten weist die Theorie als wesentlich aus?
- Welche Kriterien stellt die Theorie für diese Zusammenhänge heraus bzw. wie sucht sie diese Zusammenhänge zu deuten?
- Welchen Anspruch hat die Theorie, was will sie erklären?
- Welche Reichweite beansprucht die Theorie und woran kann man die Gültigkeit dieser Theorie messen (z. B. durch eine aus der Theorie hervorgehende Vorhersagbarkeit gesellschaftlicher Ereignisse)?

Gegenüber allen Theorien ist in der Wissenschaft Skepsis angebracht. Zur Kritik von Theorien sollte man sich u. a. folgende Fragen stellen:

- Ist die Auswahl der Theorie aus dem Faktenmaterial richtig und nachvollziehbar?
- Sind die durch die Theorie hergestellten Zusammenhänge gültig?
- Sind die von der Theorie aufgestellten Kriterien passend und erklärend?
- Genügt die Theorie ihren Ansprüchen?
- Erklärt sie wirklich, was sie zu erklären sucht?
- Hat sich die Theorie in der Praxis bestätigt?

Autorentext

1 Fertigen Sie ein Schema zur Einordnung soziologischer Theorien nach dem Text von Schäfers an (M 25).

2 Recherchieren Sie, welchen Theorieansatz der Marxismus hat. Ordnen Sie ihn anschließend als soziologische Theorie begründet in das Schema M 25 ein.

3 Beurteilen Sie, ob der Marxismus plausible Erklärungen für die heutige Gesellschaft liefert.

Methode: Präsentation

Besonders dann, wenn unterschiedliche Aufgabenstellungen in Einzel- oder Gruppenarbeit erarbeitet wurden, bietet es sich ab einem gewissen Zeitpunkt an, einen Austausch der jeweiligen Arbeitsergebnisse zu organisieren. Eine gute Möglichkeit hierzu bietet die Präsentation. Hierbei geht es um die strukturierte und anschauliche Vermittlung von Informationen an ein Publikum, das selbst nicht an der Informationsgewinnung beteiligt war und dementsprechend einen Erkenntnisgewinn durch die Präsentation erwartet. Um diesem Anspruch gerecht werden zu können, sind einige zentrale Arbeitsschritte und Regeln zu beachten.

M27 Checkliste: Präsentation

Recherche- und Arbeitsergebnisse ordnen und verknüpfen:

- Im Anschluss an die inhaltliche Recherche- und Erarbeitungsphase macht es Sinn, die erhaltenen Ergebnisse nach Relevanz für die übergeordnete Themenstellung zu ordnen und soweit möglich miteinander zu verknüpfen (ggf. kann hier die Erstellung einer Mindmap hilfreich sein).

Struktur für die Präsentation festlegen:

- Nun geht es darum festzulegen, welche konkreten Aspekte im Rahmen der Präsentation in welcher Reihenfolge behandelt werden sollen.
- Legen Sie zunächst die Zielsetzung Ihrer Präsentation fest. Bestimmen Sie z. B. diejenigen Inhalte, deren Vermittlung Sie als besonders wichtig ansehen.
- Hierbei ist besonders zu beachten, dass die dargebotenen Inhalte auch für Außenstehende nachvollziehbar und interessant sind. Stellen Sie hier also insbesondere Zusammenhänge zwischen einzelnen Aspekten heraus, überlegen Sie, wo ggf. zusätzliche Erklärungen hilfreich sein könnten, und trauen Sie sich auch, evtl. weniger relevante Aspekte zu vernachlässigen.
- Halten Sie die geplante Struktur Ihrer Präsentation schriftlich fest.

Die Präsentation erarbeiten:

- Dieser Arbeitsschritt umfasst die Festlegung dessen, was Sie zu den einzelnen Gliederungspunkten Ihrer Präsentation sagen möchten.
- Es empfiehlt sich, die erarbeiteten Präsentationsinhalte stichpunktartig festzuhalten. Sie können hierzu beispielsweise Karteikarten oder auch eine Stichwortliste erstellen. Darauf können Sie dann während Ihrer Präsentation zurückgreifen.

Inhalte visualisieren und zusammenfassen:

- Informationsgehalt und Anschaulichkeit einer Präsentation werden entscheidend gesteigert, wenn Sie Ihre Inhalte nicht nur mündlich, sondern auch in schriftlicher Form anbieten. Sie können hierzu wichtige Eckpunkte und Kernthesen Ihrer Präsentation auf eine OHP-Folie schreiben bzw. drucken oder eine Powerpoint-Präsentation anfertigen.
- Es bietet sich auch an, ein zusammenfassendes Thesenpapier anzufertigen, das wichtigste inhaltliche Aspekte in knapper Form enthält und den Zuhörern während der Präsentation oder im Anschluss daran zur Verfügung gestellt wird.

Die Präsentation vorbereiten und durchführen:

- Es ist sehr sinnvoll, die Präsentation zunächst zu erproben. Hierdurch gewinnen Sie Sicherheit im Umgang mit der Thematik und können zudem erkennen, an welchen Stellen ggf. noch Optimierungsbedarf besteht. Am besten ist es, wenn Sie Ihre Präsentation vor Freunden/Familie erproben. So erhalten Sie unmittelbar wertvolle Rückmeldungen, welche die Präsentation abschließend verbessern helfen.
- Bevor Sie Ihre Präsentation schließlich durchführen, denken Sie an die Vorbereitung der Präsentationsumgebung (Materialien, Karteikarten, Medienausstattung) und beachten Sie die wichtigsten Grundregeln des Präsentierens/Referierens (s. S. 117).

Autorentext

Die „goldenen" Regeln des Referierens

1. Reden Sie so frei und ungezwungen wie möglich.

- Hier gilt: Übung macht den Meister. Je öfter Sie referierend vor einer Gruppe stehen, desto mehr Sicherheit werden Sie erlangen.

2. Denken Sie immer an Ihr Publikum. Überfordern und unterfordern Sie es nicht.

- Suchen Sie während der Präsentation Blickkontakt mit Ihrem Publikum. Sie werden in der Regel feststellen können, welche Wirkung der Vortrag auf Ihr Publikum hat.
- Bitten Sie Ihr Publikum nach der Präsentation um ein Feedback. So erhalten Sie wichtige Rückmeldungen und können diese bei der nächsten Gelegenheit berücksichtigen.

3. Versuchen Sie Ihr Publikum ebenso im Blick zu behalten wie die Uhr.

- Achten Sie darauf, während der Präsentation Ihren Blick nicht nur auf einen Teil des Publikums zu richten. Lassen Sie Ihren Blick ruhig wandern. Das Publikum erhält so das Gefühl, direkt angesprochen zu sein.
- Stellen Sie am besten einen Wecker in Ihr Blickfeld. So können Sie unauffällig den zeitlichen Verlauf Ihrer Präsentation überprüfen. Vom ständigen Blick auf die Armbanduhr ist abzuraten.

4. Konzentrieren Sie sich auf das Wesentliche, indem Sie wichtige Punkte besonders betonen.

- Kennzeichnen Sie diese wichtigen Punkte deutlich sichtbar auf Ihren Karteikarten/Ihrer Stichwortliste. So haben Sie sofort im Blick, wann eine besonders relevante Stelle Ihrer Präsentation erreicht ist.

5. Visualisieren Sie, was wichtig ist. Aber erschlagen Sie das Publikum nicht mit Abbildungen, Folien oder Powerpoint-Folien.

- Achten Sie darauf, Ihre (Powerpoint-)Folien möglichst übersichtlich zu gestalten. Denken Sie an eine ausreichende Schriftgröße und verzichten Sie möglichst auf Verzierungen und aufwändige Animationen.

6. Geben Sie am Anfang bekannt, wie Ihr Referat aufgebaut ist.

- Es bietet sich etwa an, Ihre Gliederung zu Beginn mithilfe einer gesonderten Folie vorzustellen.

7. Sagen Sie bei Übergängen, zu welchem Punkt Sie nun kommen.

- Hier könnte jeweils wieder die Gliederungsfolie zum Einsatz kommen.

8. Trennen Sie Ihre eigene Meinung und die Wiedergabe fremden Gedankenguts.

- Achten Sie insbesondere auch darauf, Zitate ausreichend kenntlich zu machen.

9. Fassen Sie am Ende die wesentlichen Ergebnisse und/oder Aussagen Ihres Referates zusammen.

- Hier bietet sich insbesondere das ergänzende Verteilen eines zusammenfassenden Thesenpapiers an.

Nach: Siegfried Frech: Das Referat. In: Bundeszentrale für politische Bildung: Methodentraining II für den Politikunterricht, Bonn 2007, S. 47 (erweitert)

Klausuren

Klausuren im Fach Sozialwissenschaften sind in aller Regel in einem Dreischritt aufgebaut. Es sollen nämlich drei verschiedene Anforderungsbereiche geprüft werden: die Reproduktions-, die Reorganisations- und die Reflexionsleistung. Die drei Anforderungsbereiche sind in ihrem Schwierigkeitsgrad steigernd angelegt. Die Reproduktion gilt als die einfachste Art der Leitung. Deshalb wird es in der Regel nicht ausreichen, einen Text oder anderes Material einfach nur wiederzugeben. Vielmehr muss es analysiert, eingeordnet, in einen Zusammenhang gestellt werden usw. Auf keinen Fall wird es für eine mindestens ausreichende Leistung hinreichen, sich ausschließlich auf das in der Klausur vorgelegte Material zu beziehen. Im Zentralabitur beispielsweise wird in aller Regel ausdrücklich Wissen aus dem Unterricht der Qualifikationsphase der gymnasialen Oberstufe eingefordert und mit entsprechend hoher Punktzahl bewertet.
Die Operatoren helfen die Anforderungen zu verstehen und einzuordnen.

M28 Operatoren

Operatoren, die Leistungen im *Anforderungsbereich I* (Reproduktion) verlangen:	
aufzählen **nennen** **wiedergeben** **zusammenfassen**	Kenntnisse (Fachbegriffe, Daten, Fakten, Modelle) und Aussagen in komprimierter Form unkommentiert darstellen
benennen **bezeichnen**	Sachverhalte, Strukturen und Prozesse begrifflich präzise aufführen
beschreiben **darlegen** **darstellen**	Wesentliche Aspekte eines Sachverhaltes im logischen Zusammenhang unter Verwendung der Fachsprache wiedergeben

Operatoren, die Leistungen im *Anforderungsbereich II* (Reorganisation und Transfer) verlangen:	
analysieren	Materialien oder Sachverhalte kriterienorientiert oder aspektgeleitet erschließen, in systematische Zusammenhänge einordnen und Hintergründe und Beziehungen herausarbeiten
auswerten	Daten oder Einzelergebnisse zu einer abschließenden Gesamtaussage zusammenführen
charakterisieren	Sachverhalte in ihren Eigenarten beschreiben und diese dann unter einem bestimmten Gesichtspunkt zusammenführen
einordnen	Eine Position zuordnen oder einen Sachverhalt in einen Zusammenhang stellen
erklären	Sachverhalte durch Wissen und Einsichten in einen Zusammenhang (Theorie, Modell, Regel, Gesetz, Funktionszusammenhang) einordnen und deuten
erläutern	Wie „erklären", aber durch zusätzliche Informationen und Beispiele verdeutlichen
herausarbeiten **ermitteln** **erschließen**	Aus Materialien bestimmte Sachverhalte herausfinden, auch wenn sie nicht explizit genannt werden, und Zusammenhänge zwischen ihnen herstellen
interpretieren	Sinnzusammenhänge aus Materialien erschließen
vergleichen	Sachverhalte gegenüberstellen, um Gemeinsamkeiten, Ähnlichkeiten und Unterschiede herauszufinden
widerlegen	Argumente anführen, dass Daten, eine Behauptung, ein Konzept oder eine Position nicht haltbar sind

Operatoren, die Leistungen im *Anforderungsbereich III* (Reflexion und Problemlösung) verlangen:	
begründen	Zu einem Sachverhalt komplexe Grundgedanken unter dem Aspekt der Kausalität argumentativ und schlüssig entwickeln
beurteilen	Den Stellenwert von Sachverhalten oder Prozessen in einem Zusammenhang bestimmen, um kriterienorientiert zu einem begründeten Sachurteil zu gelangen
bewerten Stellung nehmen	Wie „beurteilen", aber zusätzlich mit Reflexion individueller und politischer Wertmaßstäbe, die Pluralität gewährleisten und zu einem begründeten eigenen Werturteil führen
entwerfen	Ein Konzept in seinen wesentlichen Zügen erstellen
entwickeln	Zu einem Sachverhalt oder zu einer Problemstellung ein konkretes Lösungsmodell, eine Gegenposition, ein Lösungskonzept oder einen Regelungsentwurf begründend skizzieren
erörtern	Zu einer vorgegebenen Problemstellung eine reflektierte, kontroverse Auseinandersetzung führen und zu einer abschließenden, begründeten Bewertung gelangen
gestalten	Produktorientierte Bearbeitung von Aufgabenstellungen. Dazu zählen unter anderem das Entwerfen von eigenen Reden, Strategien, Beratungsskizzen, Karikaturen, Szenarien, Spots und von anderen medialen Produkten sowie das Entwickeln von eigenen Handlungsvorschlägen und Modellen
problematisieren	Widersprüche herausarbeiten, Positionen oder Theorien begründend hinterfragen
prüfen überprüfen	Inhalte, Sachverhalte, Vermutungen oder Hypothesen auf der Grundlage eigener Kenntnisse oder mithilfe zusätzlicher Materialien auf ihre sachliche Richtigkeit bzw. auf ihre innere Logik hin untersuchen
sich auseinandersetzen diskutieren	Zu einem Sachverhalt, zu einem Konzept, zu einer Problemstellung oder zu einer These etc. eine Argumentation entwickeln, die zu einer begründeten Bewertung führt

Kultusministerium des Landes Nordrhein-Westfalen: Sozialwissenschaften und Sozialwissenschaften/Wirtschaft, 2007, in: http://www.standardsicherung.schulministerium.nrw.de (Zugriff: 16.8.2012)

Soziometrie

M29 Die drei Schritte des Soziometrie-Verfahrens

Soziometrie- Erfassungsbogen

Kita: Huckepack **Datum:** 08.03.2010

Gruppengröße: 5 **Gruppe:** Wackelzähne

Name	Mit wem spielst du am liebsten in deiner Gruppe?	Mit wem spielst du gar nicht in deiner Gruppe?
Felix	Toni, Peter	Laura
Toni	Peter	Kai
Peter	Laura	Toni, Felix
Laura	Kai	Toni

Die Soziometrie ist ein Verfahren, welches sich besonders gut dafür eignet, Beziehungen zwischen Mitgliedern einer Gruppe darzustellen. Das Verfahren funktioniert insbesondere auch bei Kindern (ab 4 Jahren) sehr gut. Die Soziometrie kann folglich sehr präzise Angaben zur Struktur einer Gruppe liefern. Dies betrifft beispielsweise die Stellung einzelner Mitglieder innerhalb der Gruppe (Wahlstatus versus Ablehnungsstatus). Diese Strukturen können unter anderem grafisch abgebildet (Soziogramm) und statistisch in einer Aufstellung (Soziomatrix) sichtbar gemacht werden. Auf dieser Basis können wichtige Aussagen über die Gruppenstrukturen gemacht werden, wodurch letztendlich Ausgangspunkte für Veränderungsprozesse offensichtlich werden.

Im Folgenden werden drei grundlegende Schritte zur soziometrischen Aufstellung anhand eines konkreten Beispiels beschrieben.

Schritt 1: Der Soziometrie-Erfassungsbogen
Schritt 2: Die Soziomatrix
Schritt 3: Der Soziogramm-Editor

1. Soziometrie-Erfassungsbogen

Der Soziometrie-Erfassungsbogen (kurz SoEr) versteht sich als Erhebungsprotokoll, d. h. hier sollen zunächst einmal die wichtigsten Daten und Aussagen gesammelt werden. (...)

Im Anschluss daran wird jedes Kind gefragt, mit wem es am liebsten und mit wem es gar nicht (aus der Gruppe) spielt. Dabei sind auch Mehrfachnennungen möglich.

Die Erfahrung zeigt hier, dass auch in größeren Gruppen selten mehr als 2 bis 3 Kinder genannt werden. (...)

2. Soziomatrix

Mit der Soziomatrix erhalten Sie eine Möglichkeit, Ihre Daten aus Schritt 1 darzustellen.

Soziometrisches Verfahren

(Namentabelle)

Name der Kindertagesstätte:
Kindergartengruppe:
Anzahl der Kinder: 25

Legende: nicht beachtet = o, gewählt = +, abgelehnt = -

Nr.	Namen	1	2	3	4	5	6	7	8	9	10	11	12	13	14	15	16	17	18	19	20	21	22	23	24	25	Σ ni.be.	Σ gew.	Σ abg.
1																											0	0	0
2																											0	0	0
3																											0	0	0
4																											0	0	0
5																											0	0	0
6																											0	0	0
7																											0	0	0
8																											0	0	0
9																											0	0	0
10																											0	0	0
11																											0	0	0
12																											0	0	0
13																											0	0	0
14																											0	0	0
15																											0	0	0
16																											0	0	0
17																											0	0	0
18																											0	0	0
19																											0	0	0
20																											0	0	0
21																											0	0	0
22																											0	0	0
23																											0	0	0
24																											0	0	0
25																											0	0	0
Σ nicht beachtet		0	0	0	0	0	0	0	0	0	0	0	0	0	0	0	0	0	0	0	0	0	0	0	0	0	0		
Σ gewählt		0	0	0	0	0	0	0	0	0	0	0	0	0	0	0	0	0	0	0	0	0	0	0	0	0		0	
Σ abgelehnt		0	0	0	0	0	0	0	0	0	0	0	0	0	0	0	0	0	0	0	0	0	0	0	0	0			0
Wahlstatus		1,00	1,00	1,00	1,00	1,00	1,00	1,00	1,00	1,00	1,00	1,00	1,00	1,00	1,00	1,00	1,00	1,00	1,00	1,00	1,00	1,00	1,00	1,00	1,00	1,00			
Ablehnungsstatus		1,00	1,00	1,00	1,00	1,00	1,00	1,00	1,00	1,00	1,00	1,00	1,00	1,00	1,00	1,00	1,00	1,00	1,00	1,00	1,00	1,00	1,00	1,00	1,00	1,00			

Die Soziomatrix ist auf eine Gruppengröße von maximal 25 Kindern beschränkt. Sie ist daher geeignet, alle Gruppengrößen (in unserem Beispiel: 5 Kinder) bis zu dieser maximalen Zahl auszuwerten.
Wenn Sie alle Daten eingetragen haben, sehen Sie in den letzten 3 Spalten, wie viele Kinder durch Kind X gewählt, abgelehnt und nicht beachtet werden. Am Beispiel: Toni beachtet 2 der 4 anderen Kinder gar nicht, während er jeweils ein Kind ablehnt und ein Kind wählt.

24	25	Σ ni.be.	Σ gew.	Σ abg.
		1	2	1
Toni ->		2	1	1
		1	1	2

Das Soziogramm
Insgesamt ist eine Matrix aber wenig übersichtlich. Eine solche Übersicht wird durch das Soziogramm erhöht. Dabei werden die Wahlen durch Pfeile in einer mindmapartigen Darstellung angedeutet. Positive Wahlen sind durchgezogen, negative mit gestrichelten Linien symbolisiert. Dicker gezeichnete Pfeile entsprechen gegenseitigen (negativen oder positiven) Wahlen. (…)

Mögliches Soziogramm einer 12köpfigen Gruppe

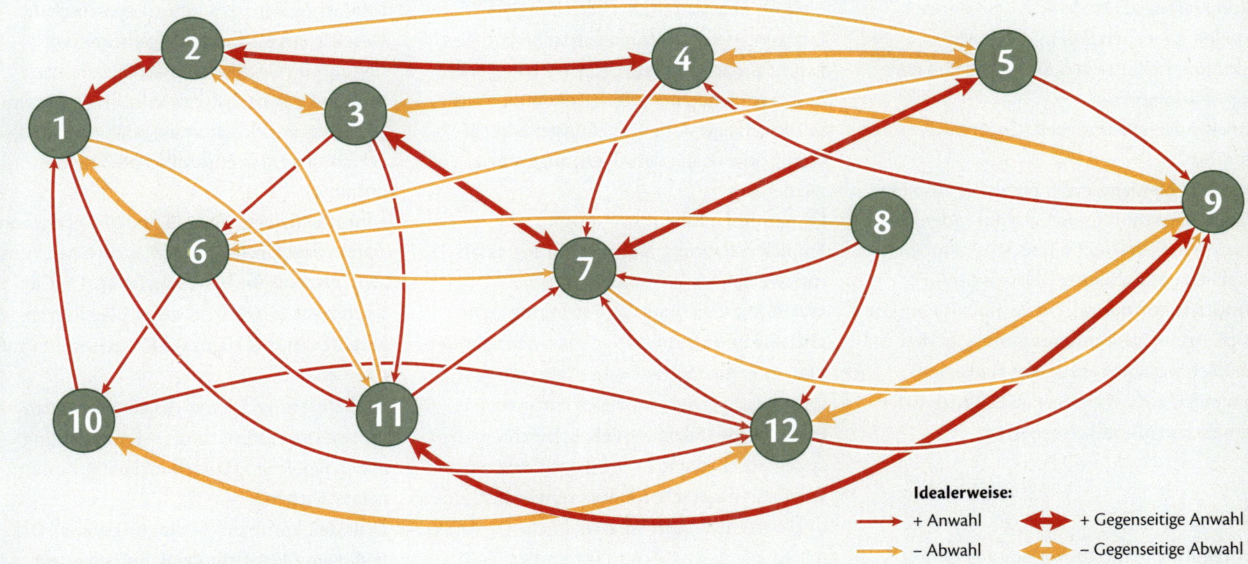

Nach: Steinegger-Sportpädagogik, in: www.sportpaedagogik.ch (Zugriff: 3.10.2012)

Nach: http://www.tu-chemnitz.de/hsw/psychologie/professuren/allpsy2/Soziometrie/Soziometrie_Anleitung.pdf (Zu-griff: 3.10.2012)

Glossar

A

Adaption: Anpassung, Umarbeitung.
Affektiv: Auf Gefühlen beruhend.
Aggregation: Zusammenfassung von vielen (möglichst gleichartigen) Einzelgrößen zu Gesamtgrößen.
Ambiguitätstoleranz: Liegt vor, wenn ein Mensch die Unterschiede und Widersprüche zwischen den an ihn gerichteten Verhaltenserwartungen und den eigenen Rollenvorstellungen aushalten kann. Sie ist Ausdruck erworbener Ich-Entwicklung.
Äquivalenzeinkommen: Das Äquivalenzeinkommen dient dem Vergleich von Einkommen in unterschiedlich großen Haushalten und wird mit Hilfe einer Äquivalenzskala berechnet. Diese misst die prozentuale Erhöhung des Einkommens bei Hinzukommen einer weiteren Person und gleichem Wohlfahrtsniveau.
Akteur/e: Sozial Handelnde. Das können Einzelne, aber auch „überindividuelle" Zusammenschlüsse von Menschen (Staaten, Organisationen) sein.
Altruismus: Selbstlosigkeit (Gegensatz: Egoismus).
Armut: Lebenslage, in der entweder absoluter Mangel herrscht (absolute Armut) oder das Einkommen ein Durchschnittseinkommen erheblich unterschreitet (relative Armut).
Armutsrisiko(-quote): Die Armutsrisikoquote (auch: Armutsgefährdungsquote) gibt den Bevölkerungsanteil an, dessen Nettoeinkommen pro Kopf weniger als 60 Prozent des statistischen Mittelwertes beträgt.

B

Bourgeoisie: Bürgertum. In ständischen Gesellschaften der so genannte dritte Stand nach Adel (Aristokratie) und Klerus (Kirche).

C

Chancengerechtigkeit: Ein breit gefächertes Chancensystem soll unterschiedlichen Begabungen gerecht werden. Während bei der Chancengleichheit der Schwerpunkt auf Gleichheit der Chancen liegt, stellt die Chancengerechtigkeit die Aufstiegschancen in den Vordergrund.

D

Demographie (griech. Volksbeschreibung): Als Wissenschaft von der Bevölkerung beschreibt die Demographie den Zustand der Bevölkerung (Größe, Altersaufbau, Geburtenhäufigkeit usw.) und leitet daraus Schlüsse für die Zukunft ab.
Devianz: Abweichung von der Norm.
Distinktion: Vornehmheit, hoher Rang, deutliche Unterscheidung.

E

Eigentum: Umfassendes Herrschaftsrecht an einer Sache. Einschränkung nur durch Gesetze möglich (z. B. Sozialbindung des Eigentums, Rechte des Mieters).
Eigenverantwortung: Pflicht, Möglichkeit und Fähigkeit, für das eigene Denken, Handeln, Reden und Unterlassen Verantwortung zu übernehmen.
Einkommen (verfügbares): Einnahmen eines Privathaushaltes abzüglich Steuern und anderer Abgaben. Steht für Konsum zur Verfügung.
Einkommensverteilung: Verteilung der Einnahmen auf die Wirtschaftssubjekte. Dies kann z. B. nach Altersstruktur, nach Regionen oder nach Einnahmearten (Einkommen aus selbstständiger Arbeit, abhängiger Beschäftigung oder -Kapitalerträgen) angegeben werden.
Empathie: Einfühlungsvermögen.
Empirie: Erfahrung, Sinneserfahrung, Erfahrungswissen
Erziehung: Erziehung will bestimmte Lernprozesse bewusst und absichtlich herbeiführen und unterstützen, die bestimmten, vorher festgelegten Erziehungszielen entsprechen.
Europäisches Sozialmodell: Es beschreibt den systematischen und in Form von Gesetzen und wohlfahrtsstaatlichen Einrichtungen institutionalisierten Versuch, wirtschaftliche Dynamik mit sozialem Ausgleich zu verbinden.
Existenzminimum (soziokulturelles): Das Mindestmaß an Nahrung, Kleidung, Wohnung, medizinischer Versorgung und kultureller Teilhabe.
Exklusion: Ausschluss, Ausgrenzung.
Experiment: Methodisch angelegte Untersuchungsmethode mit dem Ziel, eine (wissenschaftliche) Hypothese oder Theorie zu beweisen.

F

Fahrstuhleffekt: Mit Fahrstuhleffekt bezeichnet der Soziologe Ulrich Beck den Einfluss der Wohlstandsexplosion und des Wandels des Arbeitsmarktes auf die Gesellschaft Westdeutschlands seit dem Ende des Zweiten Weltkriegs. Beck sagt, dass sich die Einkommensunterschiede kaum verändert hätten, die Erhöhung des Wohlstands, der Zugewinn an Freizeit und die verbesserten Bildungschancen aber allen Bevölkerungsgruppen zuteil geworden seien. Das gesamte gesellschaftliche Gefüge befinde sich nun einige Etagen höher.

G

Gesellschaft: Geordnetes und bewusst organisiertes Zusammenleben und -handeln von Menschen. Gesellschaften können nach Ordnungskriterien unterschieden werden (s. Gesellschaftsordnung).
Gesellschaftsmodell: Gesellschaft umschreibt ein geordnetes und bewusst organisiertes Zusammenleben und -handeln von Menschen. Ein Gesellschaftsmodell befasst sich mit der Beschreibung eines Typs von Gesellschaft, wobei meist ein Teilaspekt als besonders wichtig erachtet wird, z. B. Industriegesellschaft.
Gesellschaftsordnung: Allgemeine Typisierung von Gesellschaft nach bestimmten Kriterien, z. B. nach ihrem Wirtschaftssystem (Kapitalismus, Sozialismus) oder ihrer sozialen Schichtung (Klassengesellschaft, Ständeordnung).
Gini-Koeffizient: Ein Maß für relative Konzentration bzw. Ungleichheit. Er kann einen Wert zwischen Null und Eins annehmen. Ein Gini-Koeffizient von Null bedeutet Gleichverteilung, ein Wert von Eins die Konzentration auf eine Person.
Globalisierung: Prozess der zunehmenden weltweiten Verflechtung und Angleichung in den Bereichen Wirtschaft, Politik, Kommunikation u.a.m.
Grundeinkommen (bedingungsloses): Das bedingungslose Grundeinkommen ist ein sozialpolitisches Modell, nach dem jeder Bürger unabhängig von seiner wirtschaftlichen Lage vom Staat eine gesetzlich festgelegte und für jeden gleich hohe finanzielle Zuwendung erhält, für die keine Gegenleistung erbracht werden muss. Die Höhe des Grundeinkommens soll existenzsichernd sein.
Grundsicherung: Seit 2003 in Deutschland bestehende bedarfsorientierte Sozialleistung zur Sicherstellung des notwendigen Lebensunterhalts für ältere Menschen ab dem 65. Lebensjahr und für Bezieher von Erwerbsminderungsrente, deren Rente/Einkommen und Vermögen nicht für den Lebensunterhalt reicht.
Gruppe, soziale: Eine Ansammlung von mindestens zwei oder drei Personen, die in

Beziehung zueinander stehen und sich miteinander austauschen können.

H

Hartz-Gesetzgebung: Vier Gesetze (Hartz I bis IV) zur Reform des Arbeitsmarktes, die auf Vorschlag einer von Peter Hartz geleiteten Kommission vom Bundestag 2003 bis 2005 beschlossen wurden. Kern der Hartz IV-Gesetzgebung war die Zusammenführung von Arbeitslosenhilfe und Sozialhilfe zum Arbeitslosengeld II und die Reduzierung des Geldbetrags auf eine Pauschale.
Haushaltseinkommen: Summe des Einkommens eines privaten Haushalts, das sich aus dem Einkommen der Haushaltsmitglieder zusammensetzt.
Heterogenität: Uneinheitlichkeit.
Humankapital: Alles Wissen und alle Fähigkeiten (Talente etc.), welche die Personen einer Volkswirtschaft haben.

I

Identität: Völlige Gleichheit bzw. Übereinstimmung; die Einmaligkeit einer Person.
Identitätstheorie: Politische Theorie, nach deren Verständnis die Identität von Regierenden und Regierten den Idealzustand bedeutet.
Ignoranz: Unwissenheit.
Index: Eine aus mehreren Größen errechnete Vergleichsgröße (Kennzahl).
Individualisierung: zunehmend individualistisch geprägte Lebensplanungen und Lebensweisen.
Indikator: Anzeiger, der Aussagen über die wirtschaftliche Situation erlaubt.
Industriegesellschaft: Eine Gesellschaftsform, in der das wirtschaftliche, soziale und kulturelle Leben wesentlich von den Bedingungen der industriellen Produktion geprägt ist. Charakteristisch für Industriegesellschaften ist z. B. eine hochgradige Arbeitsteilung.
Industriestaat: Ein Staat, in dem die Erwerbsbevölkerung vor allem im industriellen Sektor arbeitet.
Innovation: Neuerung, Erneuerung. Unspezifisch meist im Sinne von Erfindung(en) verstanden. In der Volkswirtschaftslehre (Schumpeter) auch im Sinne neuer Produktionsweisen zu verstehen.
Input: Aufwand/Einsatz von Mitteln zur Erzielung eines Ertrags (Output).
Institution: Bezeichnet soziologisch die sozialen Regelungsbereiche innerhalb des Gesamtsystems der Gesellschaft (z. B. Ehe, Beruf). Politologisch sind Institutionen Einrichtungen bzw. Organe oder Organisationen zur Regelung, Herstellung oder Durchführung bestimmter Zwecke. Zum Beispiel ist ein Gericht eine Institution der Rechtssprechung.
Institutionalismus: Ein wirtschaftswissenschaftlicher Ansatz aus den USA. Er analysiert die Wechselwirkungen von Wirtschaft und den Institutionen der Gesellschaft.
Integration: Einbindung in ein Ordnungs- und Wertesystem.
Interessengruppen: Lose Verbindung von Personen oder Gruppen, die gleiche Interessen haben.
Interdependenz: Wechselseitige Abhängigkeit.
Interessen (politische): Ökonomische, soziale und politische Absichten und Forderungen, die an das politische System herangetragen werden.
Interessenvertretung: Öffentliche und organisatorisch gebündelte Vertretung von politischen und wirtschaftlichen Interessen.
Intermediäre Institutionen: Organisationen, die zwischen der Regierung und dem Volk angesiedelt sind und zwischen diesen vermitteln, z. B. Parteien, Verbände, Massenmedien.
Item: Element eines Fragebogens oder einer Skala, zu der sich die Befragten äußern sollen.

K

Klassen: Große gesellschaftliche Personengruppen, die ein gemeinsames soziologisches oder ökonomisches Merkmal haben (z. B. Besitz bzw. Nichtbesitz von Produktionsmitteln).
Klassenkampf: In der marxistischen Theorie die sozialen und politischen Konflikte zwischen den gesellschaftlichen Klassen. Ursache der Konflikte sind die gegensätzlichen Interessen der Klassen.
Kohäsion: Bindekraft.
Konflikt: Streit, Zusammenstoß aufgrund widerstreitender Interessen.
Konformität: Gleichförmigkeit, Übereinstimmung.
Kongruenz: Übereinstimmung, Deckungsgleichheit.
Konsens: Übereinstimmung.
Konvention: a) Übereinkunft, Abmachung, b) Verhaltensregel, die auf Gewohnheit und unausgesprochener Übereinkunft beruht.

L

Langzeitarbeitslosigkeit: Arbeitslosigkeit, bei der ein Mensch ein Jahr oder länger ohne Arbeit ist.
Lebenswelt: Welt des Alltags und des individuellen Lebens im Gegensatz zur Welt der Wissenschaft.
Legitimität: Rechtmäßigkeit und Anerkennungswürdigkeit von Institutionen und Ämtern.
Leiharbeit: Liegt vor, wenn Arbeitnehmer mit einer Zeitarbeitsfirma einen Vertrag abschließen und von dieser an andere Unternehmen für eine bestimmte Zeit „ausgeliehen" werden.
Liberalismus: Gesellschaftskonzeption, die individuelle Freiheit und Selbstverantwortung betont.

M

Marxismus: Sammelbezeichnung für die von Karl Marx und Friedrich Engels entwickelte Wirtschafts- und Gesellschaftstheorie.
Massenmedien: Institutionen, die öffentlich Informationen, Unterhaltung und Meinungen verbreiten.
Materialismus: Alltagssprachlich eine Lebenseinstellung, die hauptsächlich nach materiellem Besitz und Wohlstand strebt.
Medien: Sammelbegriff für alle Mittel und Verfahren zur Verbreitung von Informationen, Bildern und Nachrichten. Zu den Medien zählen insbesondere die Presse, der Rundfunk (Hörfunk, Fernsehen) und das Internet.
Mediendemokratie: In der Mediendemokratie sind Medien nicht nur politische Informations- und Kommunikationsträger für die Akteure (Politiker, Parteien). Sie sind auch selbst Akteure in der politischen Meinungsbildung.
Menschenrechte: Die angeborenen und unveräußerlichen Rechte eines jeden Menschen. Sie sind höher gestellt als die Rechte des Staates. Zu den Menschenrechten gehören die so genannten liberalen Verteidigungsrechte, z. B. die Rechte auf Leben, Meinungs-, Glaubens-, und Gewissensfreiheit, und die so genannen demokratischen und sozialen Rechte, z. B. das Recht auf Freizügigkeit, das Wahlrecht und das Recht auf Bildung.
Menschenwürde: Das Grundgesetz erklärt die Würde des Menschen für unantastbar (Art. 1 GG): Kein Mensch darf wie eine Sache behandelt, entrechtet, unmenschlichen und erniedrigenden Strafen und Behandlungsweisen ausgesetzt, gefoltert oder als so genanntes lebensunwertes Leben vernichtet werden.
Migration: Alle Formen räumlicher Mobilität von Individuen, Gruppen, Minderheiten und Volksteilen.

Milieu: Umfeld, Umgebung, Lebensraum, in dem eine Person lebt oder aufwächst. Soziale Milieus fassen Menschen zusammen, die sich in Lebensweise und Lebensauffassung ähneln (Einstellung zu Freizeit, Arbeit, Familie, Politik).
Mindestlohn: Festsetzung einer Lohnuntergrenze (in einer bestimmten Branche) durch den Staat.
Mittelstand: Unternehmen bzw. Unternehmer, deren Unternehmensgröße die eines Großunternehmens unterschreitet und die in der Regel vom besitzenden Unternehmer geleitet werden.
Mittelstandsgesellschaft: Die These, dass sich die soziale Schichtung in der Bundesrepublik durch eine steigende Mobilität stark verändere. Immer mehr Menschen würden aus den Unterschichten in die Mittelschicht auf- und aus der Oberschicht in die Mittelschicht absteigen, sodass letztere erheblich an Bedeutung gewinne.
Modernisierungstheorie(n): Modernisierungstheorien sind Entwicklungstheorien. Ihnen gemeinsam ist die Annahme, Entwicklungshemmnisse würden nicht so sehr aus wirtschaftlichen Defiziten, sondern aus den Eigenarten und Wertvorstellungen traditionaler Gesellschaften entspringen. Grund für Unterentwicklung seien somit endogene Faktoren, wie z. B. mangelnde Investitionsneigung, Korruption, Misswirtschaft, Mangel an Good Governance.

N

Nettoeinkommen: Einkommen, das dem Einzelnen nach Abzug aller Abgaben und Steuern für private Nutzung zur Verfügung steht.
Norm/en: Beschreiben in der Soziologie (Wissenschaft von der Gesellschaft) Verhaltensweisen, die als anerkannt, üblich oder „normal" gelten. Rechtlich werden darunter Gesetze verstanden.

P

Paradigmenwechsel: Ersatz eines bisher gültigen Weltbildes durch ein anderes.
Pluralismus: Das friedliche und gleichzeitige Vorhandenseins verschiedener Systeme, Interessen, Ansichten und Lebensstile (Pluralisierung der Lebensformen).
Postfordismus: Der Fordismus basierte auf stark standardisierter Massenproduktion und -konsumtion von Waren mit Hilfe von Fließbandfertigung. Relativ hohe Arbeitnehmerlöhne, welche die Nachfrage ankurbeln, waren ebenfalls charakteristisch. Postfordismus bezeichnet die Wirtschaftsform, die in den westlichen Industrienationen den Fordismus ablöste. Seine Merkmale sind u. a. die Flexibilisierung der Arbeitsorganisation, die Produktion in kleinen Serien, die Verbesserung der Qualifizierung und die totale Inanspruchnahme der Arbeitenden.
Postindustrielle Gesellschaft: Die der Industriegesellschaft nachfolgende Gesellschaftsform. Sie ist gekennzeichnet durch die zentrale Stellung des theoretischen Wissens und das zunehmende Übergewicht der Dienstleistungswirtschaft über die produzierende Wirtschaft.
Postmaterialismus: Ein Wertesystem, das sein Hauptaugenmerk nicht (mehr) auf die Befriedigung materieller Bedürfnisse legt, sondern immaterielle Bedürfnisse (z. B. nach einer intakten Umwelt) für dringlicher hält.
Postmoderne: Bezeichnung für Auffassungen in Kunst, Literatur, Architektur und Film, die sich vom Fortschrittsdenken und vom hoch theoretischen Kunst- und Wissenschaftsverständnis der Moderne gelöst haben.
Prekariat: Ein soziologischer Begriff, der ungeschützte Arbeitende und Arbeitslose als soziale Gruppierung beschreibt.
Primäreinkommen: Bruttonationaleinkommen (BNE) abzüglich Abschreibungen.
Proletariat: Seit dem 19. Jahrhundert Bezeichnung für die abhängig beschäftigten Industriearbeiter.

Q

Qualifikation: Fähigkeiten von Personen.

R

Realeinkommen: Eine die Kaufkraft berücksichtigende Einkommensgröße. Maßstab ist die Menge an Waren und Dienstleistungen, die mit einem bestimmten Einkommen gekauft werden kann.
Reliabilität: Zuverlässigkeit.
Rentenversicherung: Regelmäßige Geldleistungen, die den Lohnausfall im Alter ausgleichen sollen. Dabei werden die Leistungen für die gegenwärtigen Rentnerinnen und Rentner immer von der derzeit erwerbstätigen Bevölkerung bezahlt („Generationenvertrag"). Die individuelle Höhe der Rente wird mit Hilfe der so genannten Rentenformel berechnet. In sie gehen u. a. Dauer und Höhe der Einzahlungen in die Rentenversicherung ein.
Replikation: Identische Vermehrung.
Repräsentant/in: Vertreter/in.
Rolle (soziale): Die soziale Rolle ist die Gesamtheit der einem gegebenen Status (z. B. Mutter, Vorgesetzter, Lehrer etc.) zugeschriebenen „kulturellen Modelle". Bestandteil der Rolle sind Erwartungen, Werte, Handlungsmuster und Verhaltensweisen, die auf dem sozialen System beruhen.
Rollendistanz: Fähigkeit, Normen oder Rollenerwartungen zu erkennen und mit ihnen umzugehen.
Rollentheorie: Sie beschreibt und erklärt, wie gesellschaftlich vorgegebene Rollen erlernt, verinnerlicht, ausgefüllt und modifiziert werden.

S

Schicht (soziale): Ausgehend von der Annahme, dass Gesellschaften grundsätzlich oder wenigstens in ihren heutigen Formen hierarchisch aufgebaut sind, werden verschiedene Stufen („soziale Schichten") angenommen, in denen sich jeweils die sozialen Akteure befinden. Dabei werden objektive und subjektive Kriterien zur Einordnung unterschieden. Je nach Analyse entstehen dabei grafisch unterschiedliche Modelle der sozialen Schichtung, z. B. das von dem deutschen Soziologen Karl Martin Bolte entwickelte Zwiebel-Modell.
Sozialbudget: Umfang aller Sozialleistungen und ihrer Finanzierung.
Soziale Differenzierung: Entstehung von mehr und neuen Lebensstilen in einer Gesellschaft.
Soziale Distanz: Geregeltes und respektvolles Verhältnis von Menschen untereinander.
Soziale Frage: Im 19. Jh. entstandener Begriff für die Verelendung der arbeitenden Klasse (Industriearbeiterschaft). Er wird heute auch verwendet, um die Not in den so genannten Entwicklungsländern zu problematisieren.
Soziale Gerechtigkeit: Leitbild einer Gesellschaft, das die Verteilung der Güter nicht nur von der Leistung der Menschen abhängig macht, sondern andere Aspekte mit einbezieht (z. B. Würde, Bildungschancen, gesellschaftlicher Friede).
Soziale Lage: Beschreibt die Lebensqualität und die Lebenschancen von Bevölkerungsgruppen. Bezugsgrößen sind beispielsweise (Aus-)Bildung, Beruf, Wohnen und Freizeit.
Soziale Marktwirtschaft: Wirtschaftsordnung, die auf der Basis kapitalistischen Wettbewerbs dem Staat die Aufgabe zuweist, negative Folgen des Marktes sozialpolitisch zu korrigieren.

Soziale Milieus: Die sozialen Bedingungen und das Umfeld – z. B. Wertmaßstäbe, Gesetze, wirtschaftliche und politische Faktoren –, denen ein Einzelner (oder eine Gruppe) ausgesetzt ist.
Soziale Mobilität: Allgemein die Bewegung von Individuen oder Gruppen zwischen unterschiedlichen sozialökonomischen Positionen (Schichten, Klassen). Vertikale Mobilität: Ab- oder Aufstieg zwischen zwei sozialen Schichten/Klassen. Horizontale Mobilität: Veränderung des Berufs oder der Tätigkeit, ohne dass sich dabei die Schichten- oder Klassenzugehörigkeit ändert.
Soziale Schichtung: Siehe Schicht (soziale).
Soziale Sicherung: Sammelbegriff für die drei Säulen des Sozialsystems in Deutschland: Die gesetzlichen Sozialversicherungen (z. B. Arbeitslosenversicherung), die sozialen Versorgungssysteme (z. B. Wohngeld) und die Sozialfürsorge (z. B. Sozialhilfe).
Soziale Ungleichheit: Ungleiche Verteilung von Rang, Status, Einkommen und Macht zwischen Menschen und Gruppen in einer Gesellschaft.
Sozialgesetzbuch: Das Sozialgesetzbuch (SGB) fasst das in Deutschland geltende Sozialrecht in einem Gesetzbuch zusammen. Es besteht derzeit aus zwölf Teilen (Büchern). Eines der bekanntesten ist das SGB II (Grundsicherung für Arbeitssuchende, Hartz IV).
Sozialhilfe: Sozialleistung, die ein menschenwürdiges Leben sichern soll, wenn keine anderen Einkünfte bestehen.
Sozialisation: Anpassung an gesellschaftliche Denk- und Gefühlsmuster durch die Übernahme entsprechender sozialer Normen.
Sozialisationsinstanz: Sozialer Raum, in dem und durch den Sozialisation stattfindet (z. B. Familie, Schule).
Sozialismus: Politische Theorie, die auf den Grundwerten Gleichheit, (soziale) Gerechtigkeit und Solidarität basiert.
Sozialleistungen: Oberbegriff für alle sozialen Leistungen des Staates.
Sozialpolitik: Überwiegend staatliche Maßnahmen zur Verbesserung der wirtschaftlichen und sozialen Lage von Teilen der Bevölkerung.
Sozialstaat: Ein Staat, der auch soziale Gegensätze und Spannungen abbaut oder ausgleicht.
Sozialstruktur: Die grundlegenden Wirkungszusammenhänge in einer Gesellschaft, in die die Individuen eingebunden sind (Familien-, Bildungs-, Wirtschafts-, Vermögens-, Bevölkerungsstruktur etc.). Die Sozialstruktur prägt die individuellen und kollektiven Verhaltensmöglichkeiten.
Sozialsysteme: Systeme der Absicherung der Bevölkerung gegen soziale Risiken, z. B. durch das Gesundheitssystem und das System der Alterssicherung.
Soziologie: Wissenschaft von den Voraussetzungen, Abläufen und Folgen des Zusammenlebens von Menschen in Gesellschaften.
Status: Rang, Stellung.
Stereotyp: Vorurteil, Klischee.
Stigmatisierung: Zuordnung von Individuen oder Gruppen in eine bestimmte Kategorie, die mit bestimmten, oft negativen Merkmalen verbunden ist.
Strukturwandel: Wirtschaftliche Vorgänge, die die Zusammensetzung und Struktur des wirtschaftlichen Lebens eines Landes oder einer Region verändern.
Symbolischer Interaktionismus: Soziologische Theorie, die sich mit der Interaktion zwischen Personen beschäftigt.

T

Taylorismus: Das von dem US-Amerikaner Frederick Winslow Taylor (1856–1915) begründete Prinzip einer Prozesssteuerung von Arbeitsabläufen. Zentrale Inhalte sind beispielsweise die detaillierte Vorgabe der Arbeitsmethode, die exakte Fixierung des Leistungsortes und -zeitpunktes sowie eine externe (Qualitäts-)Kontrolle.
Transfereinkommen: Einkommen, das durch den Staat ohne Gegenleistung in Form früherer Einzahlungen gewährt wird (Beispiel: ALG II).

U

Umfrage: Befragung von Menschen nach ihrer Meinung zu bestimmten Sachverhalten, Themen oder Produkten.
Umverteilung: Die Verteilung von Einkommen und Vermögen auf verschiedene Wirtschaftsbereiche oder Personen bzw. Personengruppen.

V

Vermögen: Die Gesamtheit aller Güter und Ansprüche auf Güter (Geld, Aktien) im Eigentum eines Menschen oder einer Organisation.
Verteilungsgerechtigkeit: Die Gerechtigkeit von Verteilungsregeln und ihren Ergebnissen.

W

Wissensklufthypothese: Beschreibt die strukturelle Ungleichverteilung von Wissen, das durch die Massenmedien transportiert wird. Dieser These zufolge wächst die Wissenskluft zwischen Menschen mit höherem und niedrigerem sozioökonomischen Status schneller, wenn der Informationsfluss der Massenmedien in der Gesellschaft (oder einem anderen Sozialsystem) wächst.
Wissens- und Informationsgesellschaft: Eine Gesellschaftsform in hochentwickelten Ländern, in der das individuelle und kollektive Wissen sowie seine Organisation zur Grundlage des sozialen und ökonomischen Zusammenlebens wird.
Wohlstandsgesellschaft: In den 1960er-Jahren entstandene Bezeichnung für eine Gesellschaft, die dem überwiegenden Teil der Bevölkerung die Befriedigung materieller Bedürfnisse weit über dem Existenzminimum bietet.

Z

Zivilgesellschaft: Raum innerhalb der Gesellschaft, der z. B. von Vereinen, Verbänden, Initiativen, NGOs usw. ausgefüllt wird.

Register

Bildquellenverzeichnis

Picture-alliance/JOKER/Foto: Petra Steuer; 7 o. l. picture-alliance/©dpa-Fotoreport/Foto: epa Penny; 7 o. m. picture-alliance/Pressefoto: ULMER/Claus Cremer; 7 o. r. picture-alliance/chromorange/Foto: Marc Heiligenstein; 7 u. l. picture-alliance/Bildagentur-online; 7 u. m. picture-alliance/Sueddeutsche Zeitung/Foto: Robert Haas; 7 u. r. picture-alliance/©dpa-Bildarchiv; 8. picture-alliance//©dpa-Report/Foto: Tim Brakemeier; 11. picture-alliance; 13. picture-alliance/Bildagentur-online; 14. picture-alliance/Foto: Frank Hoermann/Swen Simon; 15. picture-aliance/Norbert Schmidt; 19. picture-alliance/rtn-radio tele nord/Foto: Patrick Becher; 20. picture-alliance/©dpa/Foto: Jens Kalaene; 22. o. l. picture-alliance/Stop/Foto: Andreas Schlegel; 22 o. r. picture-alliance/©dpa/Foto: David Ebener; 22 o. l. picture-alliance/©dpa/Foto: Carolina Camps; 22 u. r. picture-alliance/imagestate HIP: 27 o. l. picture-allianceBildagentur/Huber: 27 o. m. picture alliance/Bildagentur-online/Beg 27 u. l. picture-alliance/SZ Foto: Stephan Rumpf 27 u. m. picture-alliance/©dpa/Foto: Tobias Kleinschmidt 27 u. r. bpk:28 picture-alliance/MAXPPP; 29 picture-alliance/SZ/Foto: Stefan Prager; 31. picture-alliance/©dpa/Foto: Caroline Seidel; 32 o. l. . picture-alliance/©dpa/Foto: Georg Wendt; 32 o. r. picture-alliance/Presse-Bild-Poss/Foto: R4113; 32 u. r. . picture-alliance/©dpa/Foto: Dominique Lepin; u. l. picture-alliance/Wildlife; 37 Foto: Annette Pflügner, Mörfelden-Walldorf; 40 o. l, o. r. picture alliance/United Archives; 46 o. l. stars-forever.com; 46 u. l. picture-alliance/©dpa/Foto: Wolfram Steinberg; 49 o. l. picture alliance/Foto: Gladys Chai von der Laage; 49 o. m. picture-alliance/©dpa/Foto: Franziska Kraufmann; 49 u. l. picture-alliance/©dpa/Foto: Tobias Hase; 49 u. m. picture-alliance/Foto: Digitalfoto Matthias; 49 u. r. Sueddeutscher Verlag/München; 58 o. Bernd Wittelsbacher/Frankfurt/Main; 58 m. picture-alliance/Sueddeutsche Zeitung; 59 o. picture-alliance/Berliner_Zeitung/Foto: Max Lautenschläger; 59. Picture-alliance©Foto: Jens Wolf; 67 o. l. picture-alliance/©dpa/Foto: Horst Ossinger; 67 o. m. picture-aliance/Foto: Klaus Ohlenschläger; 67 o. r. picture-alliance/chromorange/Foto: Zoltan Okolicsanyl; 67 u. r. picture-alliance/©dpa; 67 u. m. picture-alliance/©dpa/Foto: Frank Leonhardt; 67 u. r. picture-alliance/dieKleinert.de; 68 picture-alliance/©dpa/Foto: bc Tv; 73 picture-alliance/©dpa/Foto: Matthieu De Martignac; 74 picture-alliance/akg-images; 81 picture-alliance/Design Pics; 83 picture-alliance/Sueddeutsche Zeitung/Foto Stephan Rumpf; 85 o. l. picture-alliance/©dpa/Foto: Marijan Murat; 85 o. m. picture-alliance/©ZB/Foto: Jens Trenkler; 85 o. r. picture-alliance/JOKER/Foto: Walter G. Allgöwer; 85 u. l. picture-alliance/©dpa-Report/Foto: Hendrik Schmidt; 85 u. m. picture-alliance; 85 u. r. picture-alliance/maxppp; 88. Picture-alliance/©dpa/Foto: Jörg Schmitt; 91 picture-alliance/JOKER/Foto: Helmut Metzmacher; 95 picture-alliance/©dpa/Foto: Andreas Gebhardt; 99 o. l. picture-alliance/Foto: Becker & Bredel; 99 u. m. picture-alliance/©dpa/Foto: Julian Stratenschulte; 99 o. r. picture-alliance/©dpa/Foto: Jens Büttner; 99 u. l. picture-alliance/©dpa/Foto: Bernd Settnik; 99 u. m. picture-alliance/©dpa/Foto: Jens Kalaene; 99 u. r. . picture-alliance/©dpa/Foto: Frank Rumpenhorst; 101. picture-alliance/akg-images; 106. picture-alliance/©dpa/Foto: Maurizio Gambarini; 108. picture-alliance/akg-images; 114. Picture-alliance/JanewSweeney/Robert Harding; 115. picture-alliance/©dpa/Foto: Wöstmann; 119 o. l. picture-alliance/AP/Foto: Jan Pitman; 119 o. m. picture-alliance/©dpa/Foto: Wolfgang Krumm; 119 o. r. picture-alliance/©dpa/Foto: Stephanie Pilick; 119 u. l. picture-alliance/©dpa/Foto: Peter Kneffel; 119 u. m. picture-alliance/ZB/Foto: Jan-Peter Kasper; 119 u. r. picture-alliance/Sueddeutsche Zeitung; 125 u. l. picture-alliance/maxpp©/Lemage; 125 o. r. picture-alliance/united archives; 125 m. r. picture-alliance/akg-images; 128 picture-alliance/©dpa/Foto: Thomas Lehmann; 131 l. picture-alliance/©dpa/Foto: Oliver Berg; 131 m. picture-alliance/chromoorange/Foto: Peter Raider; 131 r.

Nicht in allen Fällen war es uns möglich, die Rechteinhaber der Abbildungen ausfindig zu machen. Für eventuell entstandene Fehler oder Auslassungen bitten wir um Verständnis. Berechtigte Ansprüche werden selbstverständlich im Rahmen der üblichen Vereinbarungen abgegolten.